Georg Milzner

Von fliegenden Kindern und grässlichen Monstern

Georg Milzner

Von fliegenden Kindern und grässlichen Monstern

Was Träume über unsere Kinder verraten

BELTZ

Dieses Buch ist erhältlich als:
ISBN 978-3-407-86555-7 Print
ISBN 978-3-407-86567-0 E-Book (EPUB)

MIX
Papier aus verantwortungsvollen Quellen
FSC® C089473

1. Auflage 2019

Illustration: Rhea Lippenstift, www.raum-mannheim.com
Umschlaggestaltung: www.anjagrimmgestaltung.de, www.stephanengelke.de (Beratung)
Bildnachweis: Kelly Knox / stocksy.com, Kirasolly/ Shutterstock.com
Lektorat: Katharina Theml / Petra Dorn
Herstellung: Sonja Frank
Satz: Publikations Atelier, Dreieich
Layout: www.anjagrimmgestaltung.de
Gesamtherstellung: Beltz Grafische Betriebe, Bad Langensalza
Printed in Germany

Weitere Informationen zu unseren Autor_innen und Titeln finden Sie unter: www.beltz.de

… natürlich für Ferdinand

»Die Geschichten, mit denen
sie aufgewachsen waren,
kreisten über ihnen zwischen
den Sternen.«

Cornelia Funke,
Reckless. Das goldene Garn

Inhalt

Einleitung: Zeit für Kinderträume

An welche Träume unserer Kindheit erinnern wir uns? Viel mehr als ein oder zwei sind es meist nicht, aber diese Träume, die dann eben doch übrig bleiben, haben es in sich.

Im Traum, an den ich mich als Erstes erinnere, kam Pippi Langstrumpf durch unseren Garten geritten. Ich sehe das Bild noch vor mir: Das weiße Pferd mit Pippi darauf, im Schritt über den mit Platten belegten Weg in meine Richtung kommend. Und ich fühle die glückliche Überraschung noch: dass das möglich ist …

Albträume erinnere ich allerdings auch, wie wir uns oft vor allem an das Angsterzeugende erinnern, das uns nächtlich heimsucht.

*

Jede Zeit bringt ihre eigenen Träume hervor, und jede Zeit hat ihre eigenen Stärken und Schwächen. Wenn unsere heutige Zeit so vieles gut macht in Hinsicht auf die Abkehr vom Strafen, das Würdigen kindlicher Eigenheiten und die Sensibilität für eine gesunde kindliche Entwicklung, so tun sich auf der anderen Seite neue Leerstellen auf. Dabei stoße ich immer wieder auf eine spezielle Leerstelle: Niemals scheinen Kinder so sehr allein zu sein wie nachts, wenn sie träumen. Doch spiegelt sich in den nächtlichen Träumen alles das wider, was unsere nach außen gerichtete Lebenswelt nicht sieht und was auch wir Eltern im Trubel des Alltags häufig übersehen. Das kann die Einsamkeit in der Kita ebenso sein wie die Sehnsucht nach Zugehörigkeit, es können märchenhafte Welten sein oder die wilde Freiheit eines Kindes, das alles ausprobieren will, was ihm unser elterliches Sicherheitsbedürfnis verbietet.

Die Welt der Träume ist ein so wesentlicher und prägender Teil der Kindheit, dass man ihn kaum hoch genug wertschätzen kann. Wer je ein Kind im Arm hielt, das, von einem Albtraum gepeinigt, Angst hatte, wieder einzuschlafen, wird das Gefühl der Hilflosigkeit nicht vergessen, das dabei entstand. Und wer je sah, wie die Augen eines Kindes nach einer Wunscherfüllung im Traum noch den halben Tag nachleuchten, dem bleibt auch das in Erinnerung.

Träume sind Schätze – gerade weil sie hochgradig emotionale Geschehnisse sind. Träume sind überdies immer Ausdruck der Beschäftigung mit sich selbst, und als solche öffnen sie uns wertvolle Einblicke in die Seelen unserer Kinder. Es ist die starke, sie begleitende Emotion, die dazu führt, dass wir auch lange zurückliegende Träume noch gut erinnern können.

Träume können die Kindheit für Erfahrungen öffnen, die sonst eher außerhalb der kindlichen Welt liegen. Mag das Kind auch tagsüber Lego bauen, Puppenwagen schieben, Memory spielen oder Tiere malen, in den Nächten finden andere Dinge statt. Und nicht alle sind so, dass wir sie, wenn sie etwa Videos wären, »kindgerecht« nennen würden. Ich bin selbst Vater von vier Kindern. Und ich habe sowohl mit meinen als auch mit anderen Kindern erlebt, wie reich das kindliche Innenleben ist. Wie unfassbar farbig die Kreativität ist, die in Träumen erkennbar wird. Und wie verstörend und fantasymäßig manches ist, was Kindern, die sich bei Tag mit Fußball, Puppentheater oder Minecraft beschäftigen, in den Nächten widerfährt.

Träume sind die Basis des kindlichen Vorstellungsvermögens und der kindlichen Kreativität. In ihnen finden Konfliktbewältigungen ebenso statt wie Wunscherfüllungen, sie enthalten Trainings ebenso wie die Möglichkeit der Erkundung neuer Welten. Dass Träume und Kreativität so eng zusammenhängen, bedeutet überdies, dass sie bizarrer, fantastischer und eben auch bedrohlicher sein können, als es die äußere Wirklichkeit ist.

Kann man ein Kind gut kennen, von dessen Träumen man gar nichts weiß? Ich glaube, nein. Weil Träume einen so unglaublich großen Anteil des kindlichen Lebens ausmachen. Und weil die Persönlichkeit eines Kindes sich in seinen Träumen auf ganz unverwechselbare Weise zeigt.

*

Um Eltern und Erziehenden Zugänge zur nächtlichen Welt ihrer Kinder zu öffnen, habe ich die wichtigsten Fragen, die Eltern tagtäglich an mich herantragen, zusammengestellt. Sie umfassen vieles, von der Frage, warum es überhaupt Albträume gibt, bis zu der Frage, ob Kinder im Schlaf eigentlich klüger werden können. Um dieser Vielfalt gerecht zu werden, habe ich Wissen aus unterschiedlichen Sphären zusammengebracht. Ich bringe für Sie Modelle, die wir über die kindliche Psyche haben, mit konkreten Erfahrungen, wie ich sie als Psychologe in rund einem Vierteljahrhundert gesammelt habe, zusammen, um so zu verlässlichen Zugängen zur kindlichen Traumwelt zu gelangen und um Hinweise geben zu können, die im Umgang mit Ihrem träumenden Kind hilfreich sind. Was die in dieses Buch eingeflossenen Forschungsergebnisse und Sichtweisen angeht, so nutze ich diese ganz individuell auf die Situation der Eltern bezogen. Denn ich halte Erfahrungswissen für mindestens ebenso relevant wie Forschungswissen. Dies hat auch damit zu tun, dass die kindliche Erlebnisweise für den Umgang mit dem Traum das Entscheidende ist. Nur über ihr persönliches Erleben können wir Kindern helfen, mit ihren Träumen gut zurechtzukommen.

Als Hypnotherapeut und Hypnoanalytiker beschäftigt mich das unbewusste Potenzial von Menschen viel, und ich habe eine Reihe von mentalen Zugängen entwickelt, wie man ihm näherkommen kann. Aber eigentlich muss ich wohl sagen: Ich arbeite nicht erst seit meiner Berufsfindung mit Träumen und dem Unbewussten. Das fing schon als Kind an. Als ich mir die Frage zu stellen begann, was an Träumen wahr war und was nicht. Und warum äußere Eindrücke so leicht in sie Eingang fanden. Da war zum Beispiel die Schlange, die aus einem Holzstoß hervorschoss, von dem ein Mann Scheite herunternahm, um den Kamin anzufeuern.

Ich hatte das Bild aus einem Comic, und es ging als angsterzeugende Szene in meine Träume mit ein. Ein andermal träumte ich von drei Sorten Eis in einem Hörnchen, wo es sonst immer nur eine oder maximal zwei Kugeln gab.

*

In den letzten Jahren scheint mir die Zahl derer, die von ihren Träumen nichts wissen, größer geworden zu sein. Das ist schade, denn wer sich nicht für seine Träume interessiert, verpasst so viel. Von Träumen überhaupt nichts zu wissen, bedeutet eine Einbuße an menschlichem Potenzial. Das gilt insbesondere für alle, die mit Kindern leben. Denn hier merkt man ziemlich schnell: Ganz ohne Träume geht es nicht. Erwachsene können sich entscheiden, ihre Träume zu ignorieren. Kinder nicht. Träume sind ein so elementarer Bestandteil der Kindheit wie Spielen und Erzählen.

Zeit also dafür, das Wesen und insbesondere die Vielfalt des kindlichen Traums neu zu entdecken. In einer Welt, die von Stimuli wimmelt, ist der Bezug auf die eigene innere Bildwelt ein nicht zu stehlender Schatz und ein beständig wachsender Reichtum.

Denn Träume sind, wie auch die Hirnforschung bestätigt, gelebtes Leben. Unser Netzwerk nach innen, unser Intranet, wenn man so will, übersteigt bei Weitem das, was die Medienindustrien uns bieten können. Träume sind Geschichten, die wir uns ohne Absicht erzählen. Träume lassen uns erleben, wer wir sein könnten und was uns widerfahren mag. Träume können scheinbar banal sein. Und nicht selten stoßen sie das Tor zu einer Welt auf, die wir sonst nur aus der Fantasy kennen.

Was das Kind erlebt, ist für das Kind auch relevant. Kinder finden Träume daher auf natürliche Weise bedeutsam. Nicht wahr in dem Sinn, dass sie sich mit der äußeren Realität decken würden. Auch nicht wichtig in dem Sinn, dass sie ihnen etwas mitzuteilen hätten. Sondern bedeutsam, weil sie eben Teil ihres Lebens sind. Wenn wir genau hinsehen und hinhören, spüren wir das.

Es gibt nicht viele wissenschaftliche Arbeiten über die Träume von Kindern, und auch populäre Bücher über Kinder, die sich an eine größere Leserschaft wenden, beschäftigen sich nur sehr selten mit dem Thema des kindlichen Träumens. Manche Forscher mögen in den letzten Jahren geglaubt haben, die Beschäftigung mit Träumen werde allmählich obsolet. Neue Themen, insbesondere die Digitalisierung, haben den Blick nach innen, der für die Beschäftigung mit Träumen so wichtig ist, durch den Blick nach außen, auf das Messbare hin, ersetzt. Aber nichts könnte falscher sein, als die mediale Entwicklung gegen die Welt der nächtlichen Träume aufzuwiegen. Was Menschen immer getan haben – eben träumen –, werden sie fraglos auch weiterhin tun. Im Zeitalter der Digitalisierung sind unsere Träume wichtiger denn je. Denn je verlässlicher uns unsere seelischen Wurzeln zu halten vermögen, umso sicherer sind wir bei der Eroberung neuartiger Technologien.

Wo Kinder also in eine immer stärker durchtechnisierte Welt hineinwachsen, da ist die natürliche seelische Ressource der Träume von kaum zu überschätzendem Wert. In ihr heimisch zu werden, ihre Mysterien zu erkunden und so mit dem eigenen Unbewussten im Dialog zu stehen, macht Kinder stärker gegenüber dem, was die äußere Welt an Veränderungen vorsieht. Und sollten Sie als erwachsene Leserin oder erwachsener Leser dabei auch wieder ein Gefühl für Ihre eigenen Träume entwickeln, umso besser.

*

Um Ihnen den Überblick zu erleichtern, schließt diese Einleitung mit einem Rundgang durch das Buch. Im Mittelpunkt des ersten Kapitels stehen einige grundsätzliche Fragen zum kindlichen Träumen, zum Beispiel, ab wann Kinder eigentlich träumen und warum Träume für ein Kind echte Erlebnisse sind. Sie erfahren den Zusammenhang von Langeweile und kindlichem Traum; lesen, wie kindlicher Traum und kindliches Spiel miteinander verknüpft sind, und lernen den Traum als Vorstufe kindlichen Denkens kennen.

Kapitel zwei beschäftigt sich mit der Frage, wie Erwachsene mit Kinderträumen umgehen können und warum die elterliche Resonanz so wichtig ist. Kinderträume haben eine Vielfalt von Funktionen. So sind sie ebenso Problemlöser wie Übungsfelder der Kreativität, sie können auf vernachlässigte Bedürfnisse wie auf seelische Brennpunkte aufmerksam machen. Der Übergang vom Wachzustand zur Traumwelt Ihres Kindes gestaltet sich auf erstaunliche Weise, und ich werde beschreiben, wie kindliche Träume manchmal lebenslang weiterwirken.

Im dritten Kapitel kommen wir zu Albträumen, die – wie ich darlegen werde – keineswegs nur zum Fürchten sind. Kindliche Albträume sind ungeheuer vielfältig. Und ebenso vielfältig sind ihre Funktionen. Albträume haben zugleich eine evolutionäre und eine ganz persönliche Bedeutung. Außerdem gibt es bestimmte Lebensalter und auch gewisse Uhrzeiten, in denen mehr Albträume vorkommen. Überdies besteht zwischen Alltagskompetenzen und der Wahrscheinlichkeit, unter Albträumen zu leiden, ein Zusammenhang. Zum Beispiel können Träume vom Fallen sowohl konkret als auch symbolisch verstanden werden, und Sie werden sehen, wie man das erkennen kann.

Wie eng die Träume Ihres Kindes und seine Persönlichkeit verknüpft sind, ist Thema von Kapitel vier. Anhand einer Comicfigur wird sichtbar, wie Temperamente Träumen zuzuordnen sind und wie ein nach außen eher gehemmter Junge eine wilde Traumwelt erzeugen kann. Außerdem wird die Frage nach dem Zusammenhang von Traum und Krankheit beantwortet. Und dann: Träumen Jungen eigentlich anders als Mädchen? Auch dieser Frage gehe ich in Kapitel vier nach.

Dass Kinder im Schlaf und in ihren Träumen lernen können, ist noch eine eher junge Erkenntnis. Aber wie geschieht das? Und woran kann man echtes Traumlernen von eingebildetem unterscheiden? Kapitel fünf gibt Auskunft über das Wichtigste, was man als Mutter oder Vater über den Zusammenhang von Schlaf und kindlichem Lernen wissen muss.

Um kindliche Konfliktträume geht es im sechsten Kapitel. Konfliktträume und Albträume kann man leicht verwechseln. In beiden erleben Kinder schlimme Szenarien. Anders als der reine Albtraum zeigt der

Konflikttraum jedoch zugleich etwas auf, was dem Kind innere Spannung bereitet. Diese Spannung zu erkennen und behutsam mit ihr umzugehen, ist das Beste, was Eltern und Erzieher ihrem Kind bieten können.

Kapitel sieben zeigt, dass Kinderträume oft weniger symbolisch sind, als es scheinen mag – und dass die allzu schnelle Bereitschaft, einen Kindertraum zu deuten, dem Kind oft eher etwas nimmt als gibt. Symbole im Traum sind hochindividuell. Und Kindern zu erklären, dass der Traum etwas anderes meinen könnte, als er zeigt, ist eine anstrengende Sache. Daher ist hier eine Vorgehensweise, die sich aus konkretem Wissen über die Möglichkeiten der Symbolbildung speist, die beste.

Träume von Geistern, seltsamen Orten und anderen mysteriösen Begegnungen sind ein Phänomen, das Erwachsene selten, Kinder aber sehr häufig betrifft. Das achte Kapitel stellt dar, wie Traumwelt und äußere Realität sich hierbei vermischen. Bei Kindern, deren Vorstellungsvermögen besonders ausgeprägt ist, kann das zu Ängsten führen, die bis ins Alltagsleben hineinreichen. Dies zu erkennen, hilft Eltern, mit den Ängsten ihrer Kinder sicherer und kompetenter umzugehen.

Kapitel neun führt in noch völlig neue Möglichkeiten der Traumarbeit ein: Es mag überraschen, aber Computerspiele helfen bei Albträumen. Es ist durchaus möglich, Träume und virtuelle Welten aufeinander zu beziehen. Sie können einander ergänzen und für Kinder auf hilfreiche Weise nutzbar gemacht werden.

In luziden Träumen gehen Kinder dem nach, was sie sich ersehnen, aber real nicht leben können. Das luzide Träumen als Fähigkeit, sich des Träumens im Traum bewusst zu werden, kommt bei Kindern recht häufig vor. Überdies kann es regelrecht trainiert werden. Kapitel zehn zeigt, wie das möglich ist, und diskutiert Vor- und Nachteile des luziden Träumens bei Kindern.

Kapitel elf beschäftigt sich mit Übergangs-, Ablösungs- und Schwellenträumen. Mit den Übergängen zu neuen Reifungsstadien kommen gewöhnlich auch neue Träume ins Kinderleben hinein. Dabei dominieren die Ambivalenzen. Größere Kinder entwickeln zum Beispiel Schamträume, in denen es um ihre Würde geht. Das sind die, die sich beim

Erwachsenen oft als Nackträume zeigen – während alle anderen korrekt gekleidet sind, laufen wir nackt oder in Unterwäsche herum. Wie kann man hier helfen? Und gibt es Möglichkeiten, den Reifungsübergang bei einem Kind zu erkennen, sodass es leichter wird, sich ihm gegenüber adäquat zu verhalten?

Im Schlusskapitel »Erzähl mir von heute Nacht« möchte ich Ihnen Wege zu einem selbstverständlichen Umgang mit Träumen in der Familie vorstellen, bei dem nicht allein die Traumwelt der Kinder im Fokus steht, sondern auch die der Erwachsenen. Gemeinsam mit Ihrer Traumwelt in Kontakt zu bleiben, hilft, die seelischen Wurzeln aller Familienmitglieder zu pflegen. Gerade angesichts des vielfachen Auseinanderdriftens kindlicher und erwachsener Lebenswelten ist der lebendige Austausch über Träume eine sich immer neu bewährende Möglichkeit, um Nähe und Vertrauen in der Familie wachsen zu lassen.

1

Willkommen im Traumland

Warum die nächtlichen Welten so wichtig sind

Männer mit tief geschnallten Revolvern und in die Stirn gezogenen Hüten. Pferde wieherten, Staub wehte über die Main Street. Schüsse, Schreie. Ich war mitten in einer Schießerei gelandet, so als sei ich von meinem Traum in einen jener Western mitgenommen worden, die ich als Kind so liebte, aber nicht sehen durfte. Ich muss ungefähr acht gewesen sein, und mein waffenfeindlicher Vater verbot jede Fernsehsendung, in der Schusswechsel auch nur vorkommen konnten. Im Traum nun also erlebte ich, was mir im Fernsehen entging, und besser noch: Ich sah nicht nur zu, sondern nahm teil. Seit diesem Traum weiß ich, wie Schießpulver riecht.

Ganz offenbar hat unser Unbewusstes eigene Vorstellungen von dem, was für Kinder angemessen ist. Manche Träume, die für uns wie Überforderungen wirken, trotzen dem Kind etwas ab, was es sonst vielleicht nicht hervorbrächte. Andere, schreckliche Träume haben einen evolutionsbiologischen Hintergrund, der anscheinend noch nicht erledigt ist. Und wieder andere Träume sind so gebaut, dass das Kind Beistand braucht, um mit ihnen fertigzuwerden.

Was sind eigentlich Träume?

Wenn man nicht weiß, was etwas ist, dann vergleicht man es gern, um dem Wesen der Sache näherzukommen. Träume werden sehr oft mit etwas verglichen. Mit Briefen zum Beispiel, die aus dem Unbewussten kommen. Aber auch mit Schaum, wie in dem berühmten Satz »Träume sind Schäume«. Was für Schaum charakteristisch ist: Er hat nicht so viel Substanz, wie es scheint. Träume sind nach dieser Volksmeinung also Unsinn.

Das finden Märchen nicht. In ihnen wird viel geträumt. Dabei heißt es meist »ihm träumte« oder »mir hat geträumt« – ein Hinweis darauf, dass man damals, als die Märchen entstanden, noch nicht gewiss sagen konnte, dass Träume etwas mit Hirngeschehen zu tun haben. Es war schlicht mysteriös.

Eine schöne Metapher für das Träumen ist auch das Reisen. Sie kommt in unserer Zeit häufiger vor, hat aber ältere Vorläufer. Da sind Träume eine »wilde Reise durch die Nacht«, wie Walter Moers ein Buch genannt hat, in dem der kleine Gustave in seinen Träumen gewaltige Abenteuer erlebt.[1] Oder Träume bieten »Eine Reise in unsere innere Wirklichkeit«, wie der Journalist Stefan Klein schreibt.[2] Und dann ist Träumen vielleicht auch eine Reise zu sich selbst, wie manche Psychoanalytiker meinen. Oder auch eine Reise ins gänzlich fremde Traumland, wie es manche Kinder erleben. Allein das Wort »Traumland« (in einigen Gegenden ist auch noch das Wort »Traumreich« geläufig) weist auf die Idee hin, dass Kinder, wenn sie träumen, nicht mehr »hier« sind. Sondern anderswohin gereist.

Im Unterschied aber zu jenen Reisen, die Kinder mit uns in der äußeren Welt tun – vom Zoobesuch über die Ferien auf Borkum bis hin zum ersten Auslandsaufenthalt –, reisen Kinder in ihrer inneren Welt immer allein. So schön mitunter die Vorstellung ist, einander im Traumreich zumindest besuchen zu können, so abgeschottet und fern ist uns das doch, was da allnächtlich unter der Schädeldecke unserer Kinder geschieht.

Eigentlich möchten wir als Eltern überall dabei sein, um helfen zu können. Aber der Traum ist die erste unüberhörbare Aufforderung an uns loszulassen. Denn wir können nun einmal nicht mit. Das ist nicht leicht auszuhalten. Aber andererseits bedeutet loszulassen ja nicht, dass man nicht da wäre, wenn etwas passiert. Und man kann von den Reisen, die man nächtlich tut, ja auch immer erzählen – wenn man möchte. Oft gibt es da Abenteuerliches zu berichten. Manches wirkt vielleicht eher banal, wenn die nächtliche Reise das Kind lediglich in sein Klassenzimmer geführt hat. Manches ist so erschreckend, dass das Kind sich sicher ist, dass es da nie wieder hinwill. Und anderes gemahnt an ein Wunschland, in dem einfach alles super ist.

Die andere Seite des Seelenmondes

Vom Mond können wir immer nur einen Teil erblicken. Es gibt etwas an ihm, das sehen wir nie. Und obschon wir den Mond seit Kindertagen kennen und ihn mal wie einen runden Käse, dann wie eine silberbleiche Münze und dann wieder als golden schimmernde Sichel am Himmel bestaunt haben, gibt es eine Seite des Mondes, die wir niemals gesehen haben.

Unsere Kinder wachsen bei uns auf. Wir erleben sie tagtäglich, und als engagierte Mütter oder Väter ist es für uns selbstverständlich, dass wir unsere Kinder gut kennen. Ihre Eigenheiten, ihre Leidenschaft und das, was sie fürchten.

Aber wir wissen auch, dass es eine Seite gibt, die wir nicht kennen können. Das ist die, die zum Vorschein kommt, wenn wir nicht dabei sind. Kinder sind ohne ihre Eltern immer ein kleines bisschen anders. Und das ist auch gut so.

Nehmen wir an, Sie sind junge Eltern. Bei all dem, was Sie für Ihr Kind tun, steht dessen Wohlergehen ganz selbstverständlich oben an. Das bedeutet, dass Sie sich von Anfang an auch für die Besonderheit Ihres Kindes interessieren. Denn was immer die Ratgeber sagen und die Kinderärztin empfiehlt: Es gibt immer Dinge, die sind bei Ihrem Kind einfach anders. Weil es eben dieses eine besondere Kind ist.

Mit diesem Buch möchte ich Ihnen dazu verhelfen, die nächtliche Erlebnisweise Ihre Kindes besser zu verstehen. Träume gehören zu den wichtigsten Erfahrungen im Leben eines Kindes. Und oft genug erschließt sich erst viel später, was es mit ihnen auf sich hatte. Das ist insbesondere dann der Fall, wenn ein Kind seine Träume gleichsam ins Leere erzählt. Oder sie, obschon womöglich belastend, für sich behält, weil es den Unwillen oder die Unfähigkeit damit umzugehen bei den Erwachsenen spürt.

Zu den vielen guten Gründen, sich mit den Träumen schon in der Kindheit zu beschäftigen, kommen in unserer Zeit einige neue hinzu. Diese Gründe kann man in drei Gruppen aufteilen:

* Träume sind *identitätsbildend*. Was im Traum geschieht, erleben wir als wirklich. Und zwar umso mehr, je weniger wir die Unterscheidung von äußerer Realität und Traumgeschehen kennen. Das bedeutet aber, dass wir auch unser Handeln im Traum als wirklich erleben. Unsere Entscheidungen, unsere Begegnungen. Wenn Kinder dies zu berücksichtigen lernen, entwickeln sie ein Gefühl für sich selbst und die eigene Besonderheit unabhängig von dem, was in der rein extrovertierten Welt des Internets geschieht.

* Träume sind *Komplementärwelten*. Sie bilden die Gegenwelt zur Welt der Technologie und führen uns, wo wir uns in dieser verlieren können, verlässlich zu uns zurück. Ein Kind, das mit seinen Träumen zu leben lernt, ist daher einer Welt der Reizüberflutung gegenüber resilienter und vermag stärker, bei sich zu bleiben.

* Träume sind große *Problemlöser*. Wie wir noch sehen werden, enthalten Träume ein mächtiges Potenzial an Kreativität und Entscheidungskompetenz. Der alte Satz, dass man bei wichtigen Entscheidungen lieber eine Nacht darüber schlafen solle, hat hier seinen Ursprung. Wer früh die nächtliche Intelligenz der Träume zu nutzen lernt, ist dem eigenen Potenzial näher und hat bessere Chancen, neuartigen Aufgaben gewachsen zu sein.

Mit etwas umgehen, was man nicht kennt

Die Metaphern fürs Träumen machen klar, dass man sich nicht sicher ist über das, was Träume eigentlich sind. Und wohl auch nie wirklich sicher war. Das ist heute noch so, selbst unter Experten. Es gibt aber Dinge, die wahrscheinlicher sind als andere. Zum Beispiel, dass Träume vielleicht nicht unbedingt etwas sind, wofür man immer einen Traumdeuter braucht. Aber sehr wohl etwas, was einen hohen Erlebniswert hat. Und was, gedeutet oder nicht, ein Leben tief prägen kann.

Von daher brauchen träumende Menschen – und das sind wir alle! – so etwas wie einen Zugang zu Träumen. Und wir brauchen Wege, um mit ihnen umzugehen. Das betrifft die Träume der Kinder ganz besonders. Denn Kinderträume haben oft ein langes Nachleben.

Manchmal ist der Umgang mit Träumen ganz leicht. Zum Beispiel bei Träumen der Wunscherfüllung. Das klingt dann so: »Mama, letzte Nacht habe ich mit dem Concrafter alle Minecraft-Mods durchgezockt!« Und ob die Mutter dann weiß, dass der Concrafter ein bekannter Youtuber ist, oder ob sie je in Minecraft hineingeschaut hat, spielt kaum eine Rolle – die Begeisterung des Kindes spricht für sich.

Ebenso bei den Bedrohungsträumen. Wenn das verweinte Kind fragt: »Papa, können die Schleichriesen hier nicht rein?«, dann muss der Vater gar nicht wissen, wie die Schleichriesen im Traum denn aussahen, um entschlossen zu sagen: »Nein, können sie nicht!«

Wie erkläre ich meinem Kind, woher die Träume kommen?

»Mama, warum träume ich überhaupt?« Das ist eine große Frage, die wie so oft von einem kleinen Kindermund gestellt wird und auf die es vielfältige Antworten gibt. Welche das sind – und welche man Kindern am besten vermitteln kann, darum geht es in diesem Kapitel.

Viele Erwachsene merken bei sich selbst, dass sie sich um die großen Warum-Fragen lieber herumdrücken. Das ist nur allzu verständlich, denn Kinder stellen Fragen, die einem Wissenschaftler schon mal Kopfzerbrechen bereiten können. Andererseits: Die großen Fragen der Wissenschaft sind eben auch Kinderfragen. Und die bedeutendsten Wissenschaftler haben das auch immer gewusst.

Für das ganz kleine Kind scheint noch alles eins zu sein. Es erlebt keinen so deutlichen Unterschied zwischen seiner Traumwahrnehmung, der Fantasie und der realen Orientierung. Was es erlebt, erlebt es eben. Egal,

wo seine kleine Psyche sich gerade aufhält. Mit wachsendem Alter aber kommen die Fragen. Nämlich, woher die Träume eigentlich kommen. Und warum man sie träumt. Manche Kinder fragen recht explizit, andere sind mit dem Thema beschäftigt, ohne klare Fragen zu formulieren. Das hängt damit zusammen, dass Träume keine von vielen geteilte Wirklichkeit darstellen, wie zum Beispiel unsere Küche oder unser Wohnzimmer, der Himmel, in den wir blicken, oder die Sonne, die wir unter-, und den Mond, den wir aufgehen sehen.

Zu alldem stellen Kinder ganz selbstverständlich Fragen. Warum kann der Herd nicht in meinem Schlafzimmer stehen? Antwort: Weil wir viel Strom dafür brauchen und der Starkstromanschluss nun einmal nur in der Küche ist. Was für ein Baum ist in diesem Tisch? Antwort: Eine Eiche, darum ist er so dunkel und so schwer. Wohin geht die Sonne, wenn sie weg ist? Antwort – ja, hier wird es anspruchsvoller. Wenn wir sagen, dass die Erde sich dreht, kommt unweigerlich die Frage, warum wir dann nicht hinunterfallen.

Mit den Träumen ist es ähnlich. Zu erklären, dass unser Gehirn sie macht, wäre eine erste Lösung. Aber wie geht es dann weiter? Warum macht das Gehirn sie denn? Und macht es das bei allen Leuten? Ist da also jemand drin in meinem Kopf?

Wie hat man Kindern früher erklärt, woher Träume kommen? Manches würden wir wohl heute als Antwort eher verwerfen. Zumindest bei den eher jüngeren Kindern. Dass es im alten Griechenland sogenannte Oneironautiker gab, »Traumfahrer«, deren Aufgabe darin bestand, den göttlichen Gehalt eines Traums zu entschlüsseln, werden wir ihnen nicht unbedingt erzählen. Dass die keltische Mythologie die Göttin Caer Ibormeith kennt, die als Traumgöttin zu Samhain, das wir als Halloween kennen, Schwanengestalt annimmt, auch nicht. Aber schon Zwölfjährige könnte beides durchaus interessieren. Sofern sie bereits über eine Vorstellung über den Hintergrund unseres Träumens verfügen.

Meist hat man Träume auf andere Instanzen zurückgeführt. Zum Beispiel auf den Sandmann. Der ist im Volksglauben eine sehr zwiespältige Figur, denn einerseits bringt er den Kindern die Träume, indem er ihnen

Schlafsand in die Augen streut. Am Morgen finden sie dann die Reste vom Sand in den Augenwinkeln, und sie erinnern sich an ihre Träume.

Die andere Seite des Sandmanns ist heikler. Er steht im Volksglauben nämlich auch für jemanden, der den Kindern die Augen stiehlt. Und zwar denen, die nicht einschlafen wollen. Man ahnt schon, was für Drohungen da ein empfindsames Kind mit in die Nacht nehmen konnte.

Immerhin, Geschichten wie die vom Sandmann sind mit denen vergleichbar, nach denen der Klapperstorch die Babys bringt. Es werden Instanzen erfunden, die für etwas zuständig sind, was man entweder einem Kind nicht erklären kann oder einem Kind nicht erklären will.

Aufgeklärte Eltern versuchen mitunter, ihre Kinder auf eine andere Ebene zu geleiten. Sie sagen dann vielleicht, dass man nachts seine Träume nur für sich haben möchte. Dass man träumt, weil man es will. Auch wenn man das selbst gar nicht merkt. In dieser Erklärung ist das Konzept eines Unbewussten versteckt, das eine eigene Dynamik besitzt. Dieses Konzept ist zwar in vielem nützlich, aber einem Kind noch kaum zu vermitteln.

»Mama hat gesagt, ich träume, weil ich das selbst so will.« Hilda hört sich skeptisch an, als sie das sagt. »Aber ich kann das doch gar nicht wollen!«

»Warum denn nicht?«, fragt die Großmutter, die der Mutter nicht in den Rücken fallen will.

»Na, weil ich ja schlafe.«

»Na ja, aber dann willst du das eben anders.« Die Großmutter gibt sich nicht geschlagen.

»Wie denn?«

»Du willst es, ohne zu merken, dass du es willst.« *

* Alle Namen sind frei erfunden und die Beispiele wurden verfremdet.

Versuche wie dieser sind nicht selten in unserer sehr rationalitätsgläubigen Zeit. Sie haben den Vorteil, die fremden Instanzen, vor denen man sich auch fürchten kann, nicht mehr zu benutzen. Aber dafür erzeugen sie auch sehr schnell Verwirrung.

Ich finde es am einfachsten und auch am hilfreichsten, dem Kind die Zusammengehörigkeit von Schlaf und Traum zu erklären. Wenn wir wach sind, machen wir draußen etwas. In der Welt. Wir laufen herum, wir basteln, wir schaukeln und klettern, wir arbeiten, wir essen. Wenn wir schlafen, geht das nicht mehr. Deswegen träumen wir da.

So besehen erscheint alles recht sinnreich eingerichtet. Immer macht man etwas. Auch wenn man müde ist und schlafen muss. Man macht dann nur *anders* etwas. Denn man kann noch so müde sein, im Traum ist man nie zu müde. So können wir immer etwas tun.

Die Erklärung leuchtet Kindern ziemlich leicht ein. Und zwar, weil sie oftmals zum Schlaf ein gespaltenes Verhältnis haben. Es gibt ihn, klar. Aber eigentlich will man ihn nicht. Wenn man nun erfährt, dass auch im Schlaf etwas los ist und dass dafür die Träume da sind, ist das irgendwie gut eingerichtet.

Zudem hat es den Vorteil, dass es stimmt. Aus der Hirnforschung wissen wir nämlich, dass unser Gehirn niemals inaktiv ist. Auch im Schlaf, ja, in der Ohnmacht und sogar noch im Koma arbeitet das Gehirn. Wir, als primär tagaktive Wesen, werden müde. Aber unsere Gehirne nicht. Wir träumen also, weil unser Gehirn niemals Pause macht.

Können Babys träumen?

Ja, das können sie. Schätzungen zufolge träumen Babys sogar häufiger als Erwachsene. Ihre Gesichtsausdrücke in den Traumphasen sind denen Erwachsener ziemlich ähnlich.

Lange Zeit glaubte man, Babys könnten weder träumen noch denken. Auch hielt man sie kaum für sozial kommunizierende Wesen, sondern begriff sie mit dem Wort des Schweizer Kinderpsychologen Jean Piaget als »solipsistisch«, das heißt, in einer ganz eigenen Welt lebend. Zu Beginn der 1970er-Jahre entwickelte der französische Psychoanalytiker Jean-Bertrand Pontalis die Idee, nach der das Träumen infolge des Abschieds von der Mutter entsteht. Nach Pontalis versucht der Traum des Babys und des Kleinkinds die Einheit mit der Mutter wiederherzustellen.[3]

Nichts davon lässt sich heute so aufrechterhalten. Eher schon weisen diese Zuordnungen darauf hin, wie man Babys damals sah – und vor allem, wie man mit ihnen umging. Heute wissen wir: Babys kommunizieren, sie verarbeiten Information, zeigen frühe Formen von Denken und träumen auch.[4] Und zwar anders, als Pontalis glaubte, offenbar bereits vor der Geburt.

Denn es gibt Hinweise darauf, dass Frühformen des Träumens sich schon im Mutterleib ereignen. Immerhin entwickelt sich im Kind in den ersten neun Monaten mehr als jemals wieder.[5] Die »International Society for Pre- and Perinatal Psychology and Medicine« zum Beispiel weist darauf hin, dass schon in der 24. Woche des Kindes im Mutterleib Hirnstrukturen vorliegen, die auf Traumtätigkeit hindeuten. Forscher nehmen überdies an, dass die Erfahrungen des heranwachsenden Kindes zeitlebens eine Art »Hintergrundfilm« in unserem Leben bilden.[6]

Versuchen Babys womöglich schon, von ihrem Traumerleben etwas mitzuteilen? Letzteres können wir nicht beantworten. Aber möglich wäre das schon. Babys sind, wie wir heute wissen, von Beginn an soziale Wesen. Ihre Blicke nehmen nicht nur wahr, sondern teilen auch etwas mit. Schon wenige Wochen alte Babys probieren Imitationsverhalten, indem sie etwa auch die Nase krausziehen, wenn ihre Mutter das tut, oder indem sie das Füßchen drehen, wie sie das beim Vater sehen, der eben seinen Fuß unter der Bettdecke hervorgestreckt hat. Und wer mit Babys lebt, der kennt das ungemein ausdrucksvolle Angeschautwerden, in dem etwas liegt, was noch nicht mit Worten gesagt, aber doch mimisch übermittelt werden kann.[7]

Dass Babys also etwas von sich mitzuteilen versuchen, scheint ziemlich gewiss zu sein. Man kann auch beobachten, dass sogenannte »Schreibabys« ruhiger werden, wenn man ihrem Schreien »zuhört«. Wenn man also signalisiert, dass man ihr Schreien nicht in erster Linie wegbekommen

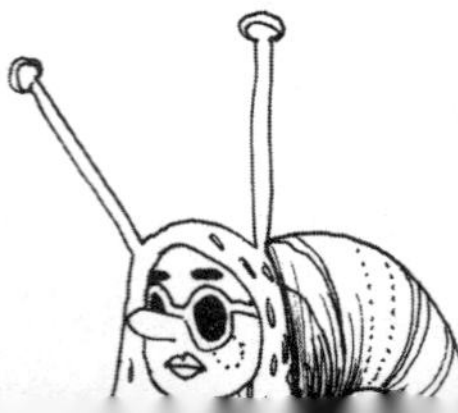

möchte, was erst einmal die natürliche Reaktion der Eltern ist. Denn das Schreien nervt ja nicht nur, es bedeutet auch, dass es dem Baby nicht gut zu gehen scheint. Dabei verkennen wir oft, dass Babys tatsächlich etwas mitzuteilen haben. Und dass es sich lohnt, da mit dem emotionalen Ohr hinzuhören.

Wovon aber mögen Babys träumen? Ich habe erlebt, wie meine Diskussionspartner den Kopf schüttelten, wenn ich über Babyträume sprach. Sie haben ja noch nichts erlebt, was also sollte da sein? Und dass sie so etwas wie ein Unbewusstes haben sollten, ist doch ziemlich unwahrscheinlich.

Nun, ich glaube, sie haben durchaus schon etwas erlebt. Sie fallen ja nicht einfach in die Welt hinein. Das Neugeborene hat, wie Otto Rank bereits vor ungefähr einem Jahrhundert meinte, eine Art Heldenreise hinter sich. Hat es sich doch von einem Wasserwesen, das es im Mutterleib war, zu einem Landbewohner entwickelt. Und damit in kurzer Zeit große evolutionäre Schritte getan, die es mächtig gefordert haben und die natürlich auch Erinnerungsspuren hinterlassen.[8]

Ranks Darstellung mag von heute aus gesehen etwas mythisch erscheinen. Aber dass dieser Analytiker schon vor einem Jahrhundert Zugänge zum Erlebnis des Auf-die-Welt-Kommens legte, die das kindliche Erleben nachvollzogen, das ist schon ziemlich großartig. Auch dass eine Geburt für das Baby Trauma-Charakter haben könnte, geht auf Rank zurück.[9]

Heute gehen wir nicht unbedingt davon aus, dass eine Geburtserfahrung traumatisch ist, wohl aber davon, dass sie es sein *kann*. Dass von ihr bis ins Erwachsenenalter etwas bleibt, habe ich in einer Selbsterfahrung mit dem Gynäkologen und Geburtshelfer David Cheek einmal selbst erlebt. David, der damals schon ein alter Mann war, lud uns in einer therapeutischen Trance ein, Kontakt mit unserer unbewussten Geburtserinnerung aufzunehmen. Ich war neugierig, was wohl geschehen würde – würde ich wirre Bilder eines chaotischen Geschehens sehen, oder würde ich womöglich heftige Gefühle entwickeln? Oder würde einfach überhaupt nichts passieren? Kurz nach der Einleitung der Trance wurde ich auf Kopf- und Nackenbewegungen aufmerksam, die ohne kontrollierende Absicht direkt aus meinem Körper zu kommen schienen. Mein

Kopf bewegte sich nach hinten, drückte gegen etwas Unsichtbares, drehte sich, kam wieder nach vorn, dann zur Seite, wieder im Kontakt mit etwas, was ich nicht sah, wohl aber spürte. Ich registrierte dies, ohne zu wissen, was es war. David, der viele Geburten begleitet hatte, erklärte, dass dies die Bewegungen eines Kindes im Geburtsvorgang seien, synchron verlaufend zu den Bewegungen des mütterlichen Körpers. In meinem Körpergedächtnis seien sie erhalten geblieben, auch wenn meinem Bewusstsein nichts davon bekannt war.

Babys verfügen also über Erfahrungen, und die können durchaus in ihre Träume mit eingehen. Und was nun das Unbewusste angeht, über das wir ja auch nur Modelle bilden können, so haben Babys durchaus schon eine Form des Selbst, also eine echte Persönlichkeit, wie der Psychoanalytiker und Säuglingsforscher Daniel Stern darlegte.[10] Sie sind keine reinen Reiz-Reaktionsmechanismen oder lustorientierte Reflexbündel, wie man das früher glaubte. Sondern sie haben, obschon sie darüber kaum nachdenken dürften, doch eine rudimentäre Vorstellung davon, wer sie sind.

Wenn Babys träumen, bleiben uns die Inhalte dieser Träume verschlossen. Wir bekommen nur die die Träume begleitenden Gefühle mit. Und werden dabei von unseren Instinkten geleitet, das Richtige zu tun.

Oft ist das Richtige sehr einfach: Körpernähe. Hier wird der Bezug zur Tierwelt, aus der wir ja kommen, ganz deutlich. Denn auch Säugetiere träumen, wie man mittels hirnbiologischer Ableitungen nachweisen kann. Aber jede Katzenhalterin und jeder Hundefreund weiß ohnehin, dass die Laute, die ihr Haustier im Schlaf vernehmen lässt, sich meist klar Erlebnissen zuordnen lassen. Und wenn das Wolfsjunge im Schlaf winselt, weil es träumte, dass über ihm ein gewaltiger Adler kreist, dann ist die Nähe des Rudels das Einzige, was ihm wirklich hilft.

Träume sind für Kinder viel stärker wirkliches Leben als für uns Erwachsene. Die Unterscheidung zwischen der einen und der anderen Welt müssen sie erst lernen. Und selbst dann, wenn sie die »Ist doch nur ein Traum«-Ebene kennenlernen, bedeutet das für ihr Erleben kaum etwas. Was hilft es denn einem kleinen Kind zu wissen, dass etwas nur im Traum geschieht, wenn es sich dort aber umso intensiver ereignet?

Eine Familie mit drei Kindern am Abend. Das Baby ist schon eingeschlafen, die Mutter liest dem dreijährigen Sohn eine Geschichte vor, während der Vater die Holzeisenbahn sortiert, die er am Wochenende aufbauen will. Plötzlich kommen kleine »Eh-eh«-Laute aus dem Schlafzimmer und signalisieren, dass das Baby aufgewacht ist.

Der Vater legt sich neben das Baby auf eine Decke. Es ist noch nicht wirklich wach, merkt er, die Augen sind noch geschlossen. Kleine, unruhig hervorgestoßene Laute weisen aber darauf hin, dass nicht alles in Ordnung ist. Was kann der Vater tun?

Als er beginnt, ruhig auf das Baby einzusprechen, wird die Unruhe in dem kleinen Lebewesen nicht weniger, sondern mehr. Der Vater begreift: Er, den das kleine Wesen bei Tag mit Freude als Spielkameraden begreift, ist als Nachtgefährte noch unvertraut. Seine tiefe Stimme signalisiert dem Baby nicht Sicherheit, sondern etwas zur Nacht Fremdes, Unvertrautes. Als der Mann aber schweigt und stattdessen, wie es seine Frau mitunter tut, dem Baby kreisend den Bauch streichelt, sinkt dieses in einen ruhigen Schlaf zurück und entspannt sich fühlbar.

Träumen gegen die Langeweile

Auch Säuglinge können sich langweilen. Sie liegen ohne Stimulation herum und zeigen deutliche Anzeichen von Unruhe, so als suchten sie etwas. Das wird als unangenehm erlebt, aber es hat auch Potenzial. Einige Forscher glauben nämlich, dass der Traum auch die Funktion hat, im Gehirn auf lange Sicht keine Ödnis, keine Langeweile entstehen zu lassen.

Der Anthropologe Lionel Tiger nimmt als Ursprung des religiösen Bedürfnisses und möglicherweise auch der Träume die sogenannte »brain pain« an. »Brain pain« entsteht bei einem einerseits unausgelasteten, andererseits von den Widersprüchen der Welt überforderten Gehirn. Träume könnten hier eine Abhilfe sein. Was auch zu der Erkenntnis passt, dass Kinder in reizarmer Umgebung oder wenn sie in den Ferien keine Herausforderungen haben, intensiver träumen.[11]

Manche Kinder halluzinieren auch. Sie nehmen Gestalten wahr, die gar nicht da sind. Ich habe mehrere Kinder kennengelernt, die Begleiter mit sich führten, die für andere unsichtbar waren. Oftmals sind dies Kinder, die sich einsam fühlen oder Verständnis suchen. Das erzählen sie kaum jemandem – und auch die Erwachsenen, die in ihrer Kindheit solche halluzinierten Begleiter hatten, behalten das eher für sich. Dahinter steckt die Scham, dass das vielleicht doch ein wenig krank sein könnte, irgendwie verrückt. Aber dem ist nicht so. Die betreffenden Kinder wissen durchaus, dass das etwas merkwürdig ist und anderen schwer vermittelbar. Anders aber als bei einem krankhaften Geschehen können sie ihre Begleiter jederzeit wieder verschwinden lassen und werden nicht von ihnen heimgesucht.

Wie entwickeln sich Kinderträume?

Wir gehen ganz selbstverständlich davon aus, dass sich die Kompetenzen von Kindern und Erwachsenen stark unterscheiden. Ein Kind kann erst einmal weder kochen noch Auto fahren, keine chemischen Strukturformeln erkennen und keine Nähmaschine bedienen. Daher sind die Aufgaben, die wir Kindern stellen, auch ihrem jeweiligen Alter angemessen. Wir wissen, dass sich ihre Vorstellung von der Welt erst formt und dass ihre Denkprozesse es noch nicht erlauben, zum Beispiel Kants *Kritik der reinen Vernunft* zu lesen.

Erstaunlicherweise können ihre Träume jedoch schon in frühem Alter erstaunlich vielfältig sein. Zwar nehmen wir an, dass insbesondere sehr frühe Träume nichts wirklich Dramatisches enthalten – aber wir nehmen das eben bloß an, ohne es wirklich zu wissen. Und mit Beginn der Zeit, in der Kinder über ihre Träume Auskunft geben können, zeigen Träume schon eindrucksvolle Szenarien, spannende Verläufe und eine auffallende Komplexität.

Ganz offenbar entspricht das, was im Kind vorgeht, dem, was es wiedergeben kann, nicht immer so ganz. Kinder erleben mehr, als sie manchmal mitteilen können – aber sie versuchen es, wenn sie Gelegenheit dazu finden. Wo diese allerdings ausbleibt, da werden sie später auch kaum mehr erzählen, was sie jetzt mitteilen könnten. Einfach weil sie die Erfahrung verinnerlicht haben, dass ihr Träumen nicht relevant ist.

Was die Entstehung der kindlichen Kreativität angeht, so kann man sie sich wie einen Dreischritt vorstellen: träumen, spielen, zeichnen. Diese drei Aktivitäten bilden die Wurzeln der kindlichen Kreativität. In ihnen vollzieht sich der Übergang von etwas, was ganz innen geschieht, zu etwas, was dann äußere Welt wird und gezeigt werden möchte.

Das Spielen stellt zwischen dem ganz Inneren – dem Traum – und dem ganz Äußeren – dem gemalten Bild – die Verbindung her. Denn es kann sowohl innen wie außen sein. Ein Kind kann in sich selbst ein Spiel spielen, von dem niemand etwas mitbekommt. Und es kann einladen, doch bitte mit ihm zu spielen.

Träumen geschieht. Das Kind »tut« dabei nichts, um den Traum zu ermöglichen. Weswegen die in Märchen und Sagen noch anzutreffende Wendung »Mir hat geträumt …« eigentlich auch zutreffender ist als das moderne »Ich habe geträumt …«.

Anders beim Spiel: Für das Kind ist Spielen das, was beim Erwachsenen Arbeit ist, erkannte der Schweizer Pädagoge Edouard Claparède vor mehr als einem Jahrhundert.[12] Das bedeutet: Hinter dem Spiel findet sich eine Motivation.

Spiel ist vielgestaltig. Vom Wortspiel des Babys bis hin zum Entwickeln von gemeinsamen Spielen mit ihren Regelwerken führt ein ähnlich eindrucksvoller Weg wie der von den sich erst langsam bebildernden und wenig szenischen frühkindlichen Träumen zu den Abenteuer- und Fantasieträumen der späteren Kindheit. Aus Lauten müssen erst Wörter werden, und ebenso werden aus visuellen Reizen erst allmählich Bilder, auch wenn schon das wenige Tage alte Baby das Gesicht der Mutter verlässlich erkennt.

Im Traum wie im Spiel variiert das Kind auch seine Gefühle und

Affekte. Es erprobt, wie es mit seiner Wut umgehen kann, mit seinem Haben-Wollen, mit seiner Frustration. Je leichter wir ihm hierbei die Variationen der Affektmuster machen, indem wir gelassen auch mit heftigen oder für uns merkwürdigen Verhaltensweisen umgehen, desto verlässlicher verhindern wir, dass es zu einer Fixierung immer derselben Verhaltensmuster kommt.[13]

Wenn Kinder dann mit ungefähr drei Jahren zu zeichnen beginnen, ist das Spiel längst zu etwas Vertrautem geworden. Mit dem Zeichnen kommt nun eine neue Kompetenz hinzu, die auch mit dem Traum, mit dem inneren Sehen nämlich, zu tun hat. Denn das zeichnende Kind zeichnet ja nicht bloß ab. Es zeichnet auch, was ihm einfällt. Und mit diesem Schritt ist es in der Lage, etwas aus seiner eigenen inneren Bildwelt in die äußere Welt zu bringen. Aus dem Traum wird ein Bild.

Träumen als Vorform des Denkens

Unsere Lebensform ist stark vom Denken gesteuert, und wenn man einen Blick in die schulische Bildung wirft, findet man, dass dort die Denkfunktion allen anderen deutlich übergeordnet ist. Da liegt eine Frage nahe, nämlich: In welchem Verhältnis stehen eigentlich kindliches Denken und kindliches Träumen? Schließen sie einander aus oder ergänzen sie sich womöglich? Der Philosoph Thomas Metzinger hat geschrieben, Träumen sei wirres Denken.[14] Das könnte zweierlei meinen: Erstens, dass Träumen doch etwas mit dem Denken zu tun hat. Zweitens, dass ihm die Stringenz fehlt.

Ich würde den Ausdruck »wirr« hier gern ersetzen. Und zwar durch das Wort »assoziativ«. Träume sind nämlich keineswegs ungeordnet, wie der Begriff »wirr« nahelegt. Sie sind aber gewissermaßen noch unerzogen, sie funktionieren nach ihren eigenen Gesetzmäßigkeiten. Und die entsprechen in der Tat keineswegs dem, was wir als logisches Denken kennen.

Logisches und insbesondere abstrakt-logisches Denken erfordert Disziplin. Es entsteht nicht einfach so, sondern wird geübt. Man muss dabei

Regeln wie in der Mathematik befolgen. Gerade kleinere Kinder haben mit Logik noch nicht so viel im Sinn. Deswegen verstehen sie übrigens auch keine Ironie, denn Ironie arbeitet mit dem logischen Denken entnommenen Mitteln, zum Beispiel der doppelten Verneinung.

Man könnte sich das logische Denken wie ein Pferd vorstellen, das von einem Reiter dirigiert wird und exakt dem folgt, was dieser will. Beim Dressurreiten folgt das Pferd nicht mehr seinen ursprünglichen Bewegungsmustern, sondern es nimmt neue an, die beständig bestärkt werden, um sie auf Kommando abrufen zu können. Dressurreiten hat daher etwas Künstliches, was aber so gewollt ist. So graziös und exakt es auch immer sein mag: ursprüngliches Pferdeverhalten ist es nicht.

Auch das logische Denken entsteht durch ein Zusammenspiel von ursprünglichen Bewegungen des menschlichen Geistes und einer Art Dressur. Wo wir streng logisch denken, da disziplinieren wir uns zugleich. Denn eigentlich liebt unser Geist die Abschweifung, das berühmte »Vom-Hölzchen-aufs-Stöckchen«.

Das Träumen nun ist von den Dressurmechanismen des logischen Denkens frei. Es geschieht nicht stringent, sondern springt gewissermaßen. Dabei ist es aber durchaus strukturiert. Nur folgt die Struktur assoziativen und nicht logischen Gesichtspunkten. Beim Assoziieren geht unser Geist nicht auf festen Wegen, sondern schafft beständig neue Verbindungen. Diese aber sind nicht willkürlich (also wirr), sondern durch innere Bezüge bedingt, die der logische Verstand übersieht.

»Guck mal«, ruft Nele, »ein Autoschwan!«

Was soll denn das sein? Als die älteren Geschwister auf Neles Ruf herbeieilen, ist ihnen völlig unklar, was die kleine Schwester wohl gemeint haben könnte. Da steht ein geparkter weißer Mercedes, weiter nichts.

»Nee«, bekommt das Kind vom schon fast jugendlichen Bruder zu hören, »das ist doch kein Tier, das ist eine Maschine.«

Und er imitiert das Brummen des Motors und das Steuern des Wagens.

»Autofahren, weißt du?«

Nele lacht. Aber sie weiß ganz genau, dass sie recht hat …

Wer selbst ein bisschen assoziativ denkt, ahnt sofort, was Nele zu ihrer Assoziation brachte. Das Auto ist weiß, größer als viele andere, und es hat einen eleganten Schwung. Genau wie Schwäne im Verhältnis zu anderen Wasservögeln, oder? Nele sieht nicht zum ersten Mal einen Mercedes. Sie weiß, wie diese Autos sich bewegen. Und sie hätte bestimmt auch ein Beispiel für ein Entenauto, ein Taubenauto oder ein Teichhuhnauto.

Nele hat Bezüge hergestellt. Ihre Verbindungen sind weder wirr noch sinnlos. Man kann sie nachvollziehen, wenn man sich einen Moment in die Wahrnehmung des Kindes hineindenkt. Man nimmt an, dass gerade bei kleineren Kindern die Traumwahrnehmung noch sehr nah an der Wahrnehmung der äußeren Realität liegt. Ein Angsttraum, in dem das Kind vor einer bissigen »Schnappi« geflüchtet ist, könnte des witzigen Namens wegen den Erwachsenen zum Lachen reizen. Aber das Kind hat hier das Traumbild eines jagenden Untiers mit einem alltäglichen Begriff verknüpft, den es vielleicht vom Spielen her kennt – schnapp, ich hab dich! Ebenso wie die Denkwege kleiner Kinder noch ungebahnt und ohne feste Schrittfolge sind, so lassen auch ihre Träume mitunter eigenwillige Verknüpfungen von äußerer und innerer Realität erkennen. Schon bei größeren Kindern wird der Unterschied sehr viel stärker erlebt. Neles Bruder kann nicht mehr nachvollziehen, was seine kleine Schwester da sagt.

Träume erscheinen als wirr – wohlgemerkt, sie *erscheinen* so –, wohingegen das Denken geordnet ist. Psychologen sprechen aber von einer »Traumlogik«: Der Traum folgt eigenen Gesetzen. Und Kunstschaffende haben immer gewusst, dass ihre bildnerischen Prozesse Überschneidungen mit Träumen aufweisen. Insofern könnten wir sagen: Ja, Kinder denken auch in ihren Träumen. Aber sie denken assoziativ und damit kreativ. Grammatik lernt man so eher schlecht. Aber man kommt auf Ideen.

2

Warum die Resonanz der Eltern so wichtig ist

Mit Kinderträumen leben

Kinder erfahren in der Schule von berühmten Träumen. Sie hören aus der Bibel, dass Jakob die Himmelsleiter mit den Engeln im Traum erschien. Dass Josef im Traum die Anweisung bekam, Maria und den kleinen Jesus mit sich zu nehmen und zu flüchten, damit der Kleine nicht umgebracht würde. Vielleicht lesen sie davon, dass Kriemhild in der Nibelungensage den Tod Siegfrieds vorausträumt. Dass Lancelot in den Geschichten um König Artus den Gral wegen eines Traums nicht zu sehen bekommt. Oder sie erfahren, dass der Prophet Muhammad allmorgendlich nach dem Morgengebet seine Gefährten fragte, was sie geträumt hätten, um ihnen dann ihre Träume auszulegen.[1]

Vielleicht wird ihnen später im Philosophie- oder im Pädagogikunterricht auch von Freud erzählt. Und davon, dass der glaubte, Träume könne man deuten. Sie hätten nämlich einen offensichtlichen Inhalt und einen darunter verborgenen.

Wenn aus diesen Informationen etwas wird – *wenn* –, dann meist eine Art von Gesellschaftsspiel, in dem man einander unterstellt, irgendwelche besonders komischen oder besonders peinlichen Träume zu haben. Denn mal ehrlich, glaubt heute noch jemand daran, dass Träume eine Bedeutung haben?

Die Beispiele, die in der Schule gelehrt werden, sind allesamt schon ziemlich alt. Dennoch: Die Fantasybücher von Joanne K. Rowling und Cornelia Funke, von Walter Moers und Kerstin Gier stammen aus unserer Zeit. Und sie sind reich an Träumen. Sehr reich sogar.

In der *Silber*-Reihe von Kerstin Gier zum Beispiel bilden die Träume die Schlüssel zum Verständnis der betreffenden Personen. Und man kann einander in Träumen begegnen. Die Träume sind nämlich durch Gänge miteinander verknüpft, und jeder persönliche Traumraum ist durch eine Tür gesichert, die wiederum ganz und gar individuell ist. Dass dies Individuelle in unserer Zeit von großem Wert ist, wird in Claudia Pietschmanns *Good Dreams. Wir kaufen deine Träume* und in *Die Macht der verlorenen Träume* von Sarah Beth Durst thematisiert. Beide Bücher haben bei aller Unterschiedlichkeit ein gemeinsames Thema. Und zwar das Verkaufen von Träumen an Menschen, die etwas Besonderes und Unverwechselbares erleben möchten. Und die selbst womöglich keine Träume mehr haben.

Noch ein Beispiel: In Walter Moers' *Wilde Reise durch die Nacht* kann man nach einem erfüllten Leben zu einem »Traumprinzen« oder einer »Traumprinzessin« werden. Und zwar unabhängig davon, ob man glatzköpfig ist oder dick, klein oder schwächlich. Denn Traumprinzessin oder Traumprinz sind Begleiter des Träumens, Kundige in der unbewussten Welt sozusagen.

Dass Walter Moers ein erfülltes Leben mit dem Traum zusammenbringt, verweist darauf, dass Träume eine tiefe Bedeutung für unser Lebensgefühl haben. Eine, die weitab von der Welt der Wettbewerbe und des Geldverdienens liegt und die gleichwohl unverzichtbar ist. Denn in Träumen ist das Lebensgefühl von einer Dichte, die dem nach außen gerichteten Alltag oft fehlt. Verdichtetes Lebensgefühl aber ist etwas, zu dem die meisten von uns hinstreben. Wenn Kinder sich vorstellen, Harry Potter zu sein, dann wollen sie ja nicht von Voldemort mit Folter und Tod bedroht werden und erleben, dass sie von Draco Malfoy und seinen Kumpanen gemobbt werden. Nein, was sie in der Identifikation suchen, ist das hochintensive Lebensgefühl, das neben der Magie und der tiefen Freundschaft in den Harry-Potter-Büchern gefunden werden kann.

Viele Wege führen zum Traum

Wie gehen Kinder mit ihren Träumen um? Meist vor allem erlebnisorientiert. Sie erzählen mit glühenden Wangen davon, wenn es toll und aufregend zuging. Und sie sprechen stockend und mit gesenktem Blick, wenn im Traum schlimme Dinge passiert sind oder Konflikte offenbar wurden. Manche Kinder weinen, wenn sie schlimme Traumdetails mitteilen. Andere sind oft wie entrückt von einem Erleben, das zu begreifen ihnen Mühe macht.

Nach einer Weile zeigt sich dann, wie Kinder ihre eigenen Strategien entwickeln, um mit Träumen umzugehen. Manche malen, was sie geträumt haben. Einige bemühen sich, den Traum der letzten Nacht so schnell wie möglich wieder zu vergessen.

Es gibt verschiedene Disziplinen, die sich mit Träumen befassen. Kinderbuchautoren bauen sie in ihre Bücher ein. Kinderpsychotherapeuten und -analytikerinnen bearbeiten sie im Rahmen von Therapien. Und Schlafforscher untersuchen das Traumgeschehen im Labor.

Die moderne Schlafforschung entstand in den frühen 1950er-Jahren im Labor des US-amerikanischen Wissenschaftlers Nathaniel Kleitman. Ihr Ableger, die Traumforschung, ergab sich dabei wie nebenbei, als sich nämlich die Möglichkeiten schärften, Traumphasen im Schlaf anhand diagnostischer Messmethoden zu identifizieren. Was will die moderne Schlafforschung? Sie untersucht den Bezug von Schlaf und Traum, sie bestimmt die Phasen des Schlafgeschehens, und sie misst, was während des Schlafens mit uns geschieht.

Das Messen erlaubt es, Phänomene zu ergründen, die wir als Einschlafende nicht registrieren. Zum Beispiel erleben wir den Übergang vom Wachzustand in den Schlaf hinein niemals bewusst mit. Den Übergang in den Dämmerzustand einer Narkose kann man gerade noch wahrnehmen – ein bisschen. Wer das einmal erlebt hat, wird wissen, dass plötzlich dabei etwas »weg« ist – und wir sagen umgangssprachlich ja auch, wir seien »weg«. Aber beim Schlaf ist die Grenze erstens diffuser, und zweitens vollzieht sich der Übergang oft langsamer.

Es ist uns unmöglich, den Moment deutlich zu erfassen, in dem wir einschlafen. Wir können zwar registrieren, dass eine Traumtätigkeit einsetzt. Aber es gelingt uns nicht zu bestimmen, ab wann wir schlafen und wann wir noch wach sind. Das hat auch damit zu tun, dass unser Bewusstsein dabei gleichsam seinen Ort wechselt. Auch im Traum verfügen wir ja über ein Bewusstsein und erleben uns gewöhnlich auch als die, die wir sind. Wie aber findet der Übergang von der wachen Erlebniswelt zur Traumwelt statt? Gibt es da eine klare Grenze? Und wie kann man Kindern das Einschlafen und Träumen erklären?

Ruhe im Schloss: Wie Kinder ins Traumland gehen

»Kannst du das Licht noch ein bisschen anlassen?«

Ja, natürlich können wir das. Vielleicht fügen wir aber noch hinzu, dass jetzt bitte alle Comics an ihrem Platz bleiben und die Augen zugemacht werden. Schlaf schön und viel Freude im Traumland.

Wer nun schon einmal in der Nähe geblieben ist, womöglich auf der Bettkante saß oder noch einmal ins Kinderzimmer zurückkehrte, der hat vielleicht erlebt, dass das Kind kurz die Augen öffnet, sie wieder schließt, erneut öffnet, seufzt und sich umblickt, die Augen wieder zumacht und nun offenbar doch zu schlafen beginnt. Vielleicht sehen wir noch ein Lächeln auf seinem Gesicht, vielleicht dreht das Kind sich zur Seite. Und irgendwann merken wir am Atemrhythmus: Jetzt ist es so weit.

Warum dauert das eigentlich manchmal so lange? Und warum zieht sich der Weg vom Wachsein zum Träumen mitunter ziemlich hin? Wir sehen ein Lächeln im Gesicht unseres Kindes, es nimmt spürbar schon etwas wahr, was wir nicht mehr teilen, aber so richtig tief schläft es auch noch nicht. Wo ist es? Was macht es? Und träumt es schon?

Möglicherweise, ja. Denn erste Traumaktivitäten zeigen sich auch schon in leichteren Schlafphasen. Lange hat man geglaubt, es gebe eine klare Grenze zwischen dem Wach- und dem Schlafzustand. Aber das stimmt nicht so ganz. Die Analogie, die wir hier unbewusst benutzen – Licht an, Licht aus –, stimmt nicht.

Vielleicht kennen Sie das schöne Bild vom »Haus der Seele«. Es ist ein sehr altes Bild, das ebenso wie das Bild vom Traum als Reise immer wieder benutzt worden ist. Nach und nach gehen in diesem Haus, wie Stefan Klein schreibt, des Abends die Lichter aus. Der Ausgangspunkt ist dabei der Thalamus, eine Struktur inmitten unserer Gehirne, die man von der Wortherkunft her auch mit dem inneren »Schlafzimmer« vergleicht.[2]

Um den Prozess des kindlichen Einschlafens und des Übergangs ins Traumreich Kindern und Eltern gleichermaßen nahezubringen, können wir diesen auch etwas märchenhafter erzählen. Stellen Sie sich das Gehirn Ihres Kindes wie ein Schloss vor. Ein kleines Schloss, gewiss, aber es wird schon vielfältig bewohnt, und in allen seinen Räumen ist einiges los. Wenn der Abend kommt, ist es hell erleuchtet, denn überall will noch gespielt, geplaudert und umhergeschaut werden. Bis sich mit dem Eintreffen des inneren Nachtwächters ankündigt, dass das Schlafbedürfnis näher kommt. Ihr Kind reibt sich die Augen, gähnt, verwechselt Wörter oder zieht sich selbst an den Haaren, um nicht einzuschlummern. Jetzt werden im Schloss die Lichter gelöscht. Aber eben nicht alle auf einmal. Das Kind selbst hätte unter Umständen nichts dagegen, wenn es bloß hieße: Licht aus, Traum an. Aber so ist es eben nicht.

Vielmehr geht der Nachtwächter Raum für Raum durch, zumeist in einer festen Reihenfolge. Ein Licht nach dem anderen wird gelöscht, die Räume werden still. Manchmal flackert noch etwas nach, dann muss der Nachtwächter wieder zurück. So kann es eine ganze Weile dauern, bis alle Lichter gelöscht sind. Dann erst ist Ruhe. Aber auch das ist trügerisch. Ihr Kind schläft nun, das wohl. Aber wenn im Schloss wirklich Ruhe herrscht, fangen die Traumkobolde an zu tanzen.

Der französische Neurophysiologe Michel Magnin und seine Kollegen konnten zeigen, dass die Funktionen unserer Gehirne beim Einschlafen tatsächlich erst nach und nach abgeschaltet werden. Man begreift nun leicht, warum Kinder oft nicht schlagartig einschlafen, sondern so, als würden sie innerlich noch ein wenig umherwandern. In Wirklichkeit ist es das allmähliche Abstellen der Tagaktivitäten in verschiedenen Hirnarealen: eben der kleine Nachtwächter, der im Schloss Licht um Licht löscht.[3]

Die REM-Phasen

Bei all ihren zeitgenössischen Untersuchungen orientiert sich die Schlafforschung am Hirngeschehen.[4] Das hat einerseits Nachteile, denn insbesondere bei Kindern lässt sich nicht alles, was sie erleben, im Labor messen. Es hat aber auch große Vorzüge, denn die Möglichkeit, gemessene Schlafphasen dem Traumgeschehen zuzuordnen, kann zum Beispiel zeigen, wann wie viel geträumt wird. So zeigen Studien etwa, dass in den sogenannten »REM-Phasen« besonders viel geträumt wird.

Die REM-Phasen sind als Schlafphänomene erst 1953 entdeckt worden – ziemlich spät, wenn man bedenkt, dass Menschen immer schon träumten und man sich schon in der Antike fragte, was im Schlaf eigentlich passiert. Aber damals beobachtete man nicht so systematisch wie heute. Die moderne Schlafforschung arbeitet nämlich kaum noch introspektiv – das heißt, sie erkundet weniger als andere Formen der Traumforschung, was jemand eigentlich erlebt. Dafür misst und beobachtet sie mehr. Und die Entdeckung der REM-Phasen verdankt sich einer solchen, eher zufälligen Beobachtung.

Die Abkürzung REM steht für »rapid eye movement«, also schnelle Augenbewegungen bei geschlossenen Lidern. Diese kommen tatsächlich nur in einigen speziellen Schlafphasen vor – eben denen, die wir heute als »REM-Phasen« bezeichnen. Sie wurden bei den Kindern von Eugene Aserinsky im Labor des Schlafforschers Nathaniel Kleitman entdeckt, dessen Assistent er war.[5] Erst später fand man heraus, was dabei im Gehirn geschieht. Und das war ein ziemlich aufsehenerregender Befund. REM-Phasen unterscheiden sich nämlich physiologisch kaum von den Hirnmustern, die am Tag gemessen werden – außer natürlich, was die tatsächliche körperliche Aktivierung angeht. Die der sinnlichen Erfahrung zugeordneten Hirnareale jedoch – es gibt zum Beispiel für das Sehen oder das Hören bestimmte Hirnareale, deren Reizung den Eindruck von Sehen und Hören vermitteln, auch wenn Augen und Ohren verschlossen sind – sind in REM-Phasen ausgesprochen aktiv.

Stellen wir uns einen Laptop im Standby-Modus vor. Ein dunkler Raum, der Laptop scheinbar inaktiv. Plötzlich aber fährt er hoch, der Bildschirm glüht auf, die Lüftung beginnt zu summen, Programme werden aktiv. Wer einmal erlebt hat, wie nachts plötzlich ein Computer hochfuhr, wird sich an den Schrecken erinnern. Alles scheint auf Ruhe eingestellt, aber plötzlich gibt es ein Signal, das die Ruhe als trügerisch entlarvt.

So etwas geschieht in unserem Nachtschlaf vier- bis fünfmal in jeder Nacht. Das Gehirn arbeitet in diesen Perioden auf Hochtouren und verbraucht auch jede Menge Energie. Anders als in unserer Vorstellung, für die der Nachtschlaf Passivität und Energieersparnis bedeutet, sind die REM-Phasen alles andere als energiesparend. Das wird dadurch erklärlich, dass in den REM-Phasen die am dichtesten geballte Traumaktivität stattfindet.

Lange Zeit dachte man, Träume wären tatsächlich an den REM-Schlaf gekoppelt. Aber Traumgeschehen kommt durchaus auch in anderen Schlafphasen vor. Vielleicht stößt Ihr Kind einmal in der Einschlafphase mit dem Fuß ins Leere und wird wieder wach. Das kommt häufig zu Beginn einer Traumaktivität vor. Die Kinder träumen meist, sie würden zum Beispiel eine Treppe hinuntergehen und dabei eine Stufe verfehlen.

Therapeutinnen und Analytiker nehmen dies als Anzeichen dafür, dass die Bereitschaft, die Wachkontrolle gänzlich aufzugeben, noch nicht erreicht ist. Das Kind benötigt noch ein bisschen waches Klären und Denken, muss womöglich auch noch eine Frage loswerden. Erst dann kann es, um im Bild der Treppe zu bleiben, ganz in die tieferen Schlafphasen hinuntersteigen.

Sind Träume »Seelenmüll«?

In den folgenden Absätzen möchte ich einige Meinungen heutiger Traumforscher anschauen. Um zu prüfen, ob wir für die Begleitung von Kindern etwas daraus gewinnen können, möchte ich Sie nicht mit abstrakten Fragestellungen langweilen, sondern schauen, welche *Konsequenzen* diese oder jene Forschermeinung bezüglich des kindlichen Träumens hat.

Viele Wissenschaftler weisen heute die Überzeugung weit von sich, dass Träume etwas zu bedeuten haben könnten. Einer der bekanntesten Traumforscher ist der Psychiater und Schlafforscher John Allan Hobson. Hobson hält das Träumen als reine Folge wirrer neuronaler Impulse während des Schlafs für weitgehend sinnlos. Träume mögen persönliche Inhalte mit sich tragen, das ja. Aber das ändert nichts daran, dass ihre Basis reine Biochemie ist, vergleichbar mit einem Delirium.[6] An sich haben Träume daher auch keinen Sinn, sie richten sich allein nach dem, was die »Traum-Drogerie« bereitstellt.[7] Aber es gibt eben auch ein Bedürfnis nach Sinn und Bedeutung, weswegen unser Gehirn versucht, die Träume im Nachhinein als sinnvoll erscheinen zu lassen. Was aber nicht bedeutet, dass der so erfundene Sinn dann auch zutrifft.

Das ist Kindern, wie ich aus Erfahrung sagen würde, kaum beizubringen. Hobson war ursprünglich ein Anhänger der Psychoanalyse, brach aber mit diesem Hintergrund, da ihn insbesondere die Deutungsmacht des Analytikers störte.[8] Allerdings: Träume als wirre Signale zu beschreiben, die allein auf neuronale Impulse zurückgehen und völlig sinnfrei sind, ist auch nicht so ganz überzeugend. Und wenn man die Haltung der Psychoanalyse als anmaßend empfinden mag, so ist die, die Hobson dagegensetzte, ein bisschen platt.

Was wohl Rufus dazu sagen würde, ein Junge mit Verdacht auf AD(H)S, der Nacht für Nacht von gelben Autos träumt, die durch sein Zimmer rasen? Vielleicht würde er fragen, wie denn ein wirres Geschehen Nacht für Nacht vollkommen gleich ablaufen kann.

Rufus, neun Jahre, mag die Autos, die er in seinen Träumen sieht. Sie sind von einem leuchtenden, sonnigen Gelb. Gelber als alles, was er kennt. Trotzdem fragt er sich, wieso er immer wieder davon träumt.

Seine Therapeutin ist keine Anhängerin der Traumdeutung. Sie glaubt den Thesen mancher Neurowissenschaftler, dass der Traum vor allem Müll entsorgt, also das, was vom Tag geblieben ist, noch einmal durchsiebt und dann entsorgt, was nicht zu gebrauchen ist.

Rufus meint, dann müsste er aber viel Automüll sehen, oder?

Die Therapeutin lacht und sagt, daran könne etwas sein.

Vielleicht geht es Ihnen ähnlich – mir jedenfalls scheint, dass das von der Therapeutin vorgetragene Modell dem Traumgeschehen hier nicht ganz gewachsen ist. Zunächst einmal, weil Träume für Kinder einen echten Erlebnischarakter haben, was, wie wir gesehen haben, schon beim Baby so ist. Überhaupt stellt sich die Frage, wieso eine angeblich wirre neuronale Aktivität jene Serienträume hervorrufen sollte, die sehr viele Kinder erleben – und für die es wohl doch so etwas wie einer inneren Regie bedarf.

Eine andere Sichtweise könnte hier ergiebiger sein. Sie stammt von dem Psychiater und Psychoanalytiker Ernest Hartmann. Hartmann fand heraus, dass sich Träume gewöhnlich um einen emotionalen Brennpunkt herumgruppieren.[9] Dabei geht er von der Annahme aus, dass im Traum die Fähigkeit wächst, ungewöhnlich viele und dichte neuronale Flechtwerke zu aktivieren: Hartmann spricht von »Hyperkonnektivität«. Die verdichtete Netzwerkaktivität konzentriert sich dann auf besonders wichtige emotionale Inhalte.[10] Und zwar so, dass sich der Traum um ein »zentrales Traumbild« herum entfaltet, das gefühlsmäßig besonders stark aufgeladen ist. Das hieße in unserem Beispiel: Die gelben Autos, von denen Rufus träumt, haben ganz sicher irgendwas mit seinen Gefühlen zu tun.[11] Das hat auch die Mutter angenommen, der die Herangehensweise der Therapeutin missfiel.

Über einen befreundeten Kinderarzt kommen die beiden ein wenig später zu mir. Die durch Rufus' Träume fahrenden Autos sind zu diesem Zeitpunkt immer noch da.

Als ich mit Rufus und seiner Mutter zusammentreffe, frage ich sie, wie er denn wirkt, wenn er von seinen Träumen erzählt. Sie antwortet, er scheine fasziniert und verängstigt zugleich.

Mit Rufus allein, bitte ich ihn, sich die Traumsequenz einmal vorzustellen, jedoch in Zeitlupe. Und dabei zu schauen, wie es ihm geht. Nach ein paar Momenten höre ich ein »Alter …!«

Was ist geschehen? Der Junge erinnert sich an etwas, was hiermit anscheinend gar nichts zu tun hatte. An einen Raser nämlich, der den Schulweg seines Freundes gekreuzt hatte. Rufus sah nur, wie der Wa-

gen vorbeifegte. Und für einen Augenblick dachte er, seinem Freund sei etwas passiert.

War es zum Glück nicht. Aber so etwas bleibt haften. Dass da im Traum nachgearbeitet wird, leuchtet ein. Wie aber kam es zu der Umgestaltung des real eher unauffälligen Wagens in Richtung des leuchtfarbigen Traum-Autos? Solche Autos gibt es ja in Wirklichkeit nicht, aber …

In »Need for Speed« eben doch. Das Rennfahrer-Computerspiel bietet hochgetunte Wagen, die man selten auf den Straßen deutscher Städte sieht. Und in dem nach dem Game gedrehten Film gibt es noch mehr davon. Der entspricht zwar nicht ganz Rufus' Altersempfehlung, aber er hat den Trailer sehen dürfen – in dem in der Tat ein gelber Sportwagen vorkommt, den man mal als Fahrer, mal aber auch durch die Luft fliegend als Beobachter sieht.

In seinen Träumen hat Rufus das Auto, das seinem Freund hätte gefährlich werden können, nach dem Vorbild des Film-Autos »aufgemotzt«. So gestylt sind wirklich keine normalen Autos – aber das soll wohl auch nur zeigen, wie emotional aufgeladen das damit verbundene Thema war.

Wenn Träume vernachlässigte Bedürfnisse zeigen

Die Waliser Psychologin Netta Weinstein stieß mit ihren Kollegen an der Universität von Cardiff auf einen bemerkenswerten Befund. Wenn nämlich stärkere und unerfreuliche Gefühle in Träumen auftauchen – Traurigkeit, Zorn oder Angst –, dann deutet das darauf hin, dass wichtige Bedürfnisse in letzter Zeit zu kurz gekommen sind.[12]

Das ist nun eine ganz andere und auch überzeugendere Sichtweise. Träume lassen sich hier als Hinweisfunktion begreifen. Sie zeigen auf, dass irgendwo ein Mangel besteht, indem sie das dazugehörige negative Gefühl im Traum aufrufen.

In einer so überreizten Zeit wie der unseren ist das ein wichtiger Befund. Schon Kinder sind ja heute von ungewöhnlich vielen Reizfeldern umgeben und haben überdies eng getaktete Zeitpläne. Dass dabei auch wichtige Bedürfnisse untergehen können, ist ganz klar. Es lohnt sich also, wenn ein Kind unangenehme Gefühle aus Träumen mitbringt, einmal auf die Suche zu gehen, wo denn möglicherweise wichtige Bedürfnisse auf der Strecke geblieben sind.

Manchmal fragen mich Eltern, was vernachlässigte Bedürfnisse bei einem Kind denn sein könnten. Die meisten glauben, dass es hierbei besonders um Aufmerksamkeit geht. Vielleicht möchte sich ein Kind, das unschöne Träume hat, mehr gesehen fühlen. Aber das ist natürlich nur eine Möglichkeit. Denn Kinder haben viele Bedürfnisse, und alle haben sie ein gegensätzliches Bedürfnis, das ebenso wichtig ist. So wünschen sich Kinder einerseits Grenzen, andererseits möchten sie, dass man sie einfach mal machen lässt und die Leine locker hält. Die Kunst ist, jeweils herauszufinden, was die aktuelle Bedürftigkeit denn sein könnte. Und ob da nicht etwas Wichtiges übersehen wird.

Ich entwickle mit den Eltern meist eine Übersicht, auf der bis zu zehn elementare kindliche Bedürfnisse jeweils in Gegensatzpaaren angeordnet sind. Zum Beispiel steht dem Bedürfnis nach körperlicher Nähe ein Bedürfnis, den eigenen Körper für sich zu haben, gegenüber. Hier gibt es den Wunsch nach mehr Aufmerksamkeit, dort den ebenso berechtigten Wunsch, mal nicht so im Fokus zu stehen. Dem Bedürfnis nach Kontakt steht das Bedürfnis nach Für-sich-Sein gegenüber. Auf der einen Seite gibt es ein Bedürfnis, erzählen zu dürfen. Auf der anderen Seite das Bedürfnis, nicht ausgefragt zu werden. Manchmal gibt es ein Bedürfnis nach Stimulation (Musik, Filme, o. Ä.). Dann wieder eines nach Ruhe. Manchmal dominiert ein Bedürfnis nach Halt. Und dann wieder der Wunsch nach der Freiheit.

Für sich genommen leuchtet jedes dieser Bedürfnisse sofort ein, und es wirkt fast banal, es überhaupt aufzuführen. Wenn man aber diese zehn Bedürfnisse einander paarig gegenüberstellt und überlegt, welches Bedürfnis beim Kind zuletzt möglicherweise zu kurz gekommen ist, wird schnell manches klar. Natürlich, in der letzten Zeit war viel Besuch da, und alle wollten etwas von der Aufmerksamkeit des Kindes. Da hatte es kaum Platz, um für sich zu sein. Doch schon Säuglinge lassen das Bedürfnis erkennen, auch einfach mal für sich zu liegen – nicht unbedingt oft, aber eben manchmal. Oder es gab einfach keinen Raum zum Erzählen. Das obligatorische »Wie war's in der Schule?« natürlich schon, das ja. Aber das erleben Kinder ja oft eher als Ausgefragtwerden, während es zum Erzählen einen Rahmen braucht und die Zeit, sich einander zu öffnen.

Netta Weinstein ist keine klinische Traumforscherin oder Therapeutin. Sie befasst sich mit Fragen der Sozial- und Umweltpsychologie. Daher sind ihre Befunde auch so zu lesen, dass wir durch Träume auf das aufmerksam gemacht werden, was *um uns herum* verändert werden könnte. Die Unbehagensträume unserer Kinder lassen sich daher auf zwei Weisen lesen: Erst einmal so, dass wir hinschauen, was dem Kind womöglich fehlen könnte. Und so, dass wir unser Umfeld bezüglich dessen prüfen, was im Kind negativ weiterwirken könnte.

Wie kindliche Träume Störungen im menschlichen Umfeld signalisieren können, zeigt das Beispiel der kleinen Nora. Nora träumte wiederholt davon, dass ein seltsames Ding – Nora sagt selbst »Ding« und legt Wert darauf, dass es sich um kein Tier handelt – in ihrem Haus alles kaputt machen würde. Es rollt durch die Zimmer hindurch und zerstört, was es findet.

Noras Mutter glaubte zunächst, ihre Tochter habe möglicherweise einen Konflikt in der Kita. Aber die Erzieherinnen bestätigten einhellig, dass die Vierjährige dort hervorragend klarkommt. Eine der Erzieherinnen meinte dann, es gäbe doch manchmal auch Konflikte um das Kind herum, in der Nachbarschaft zum Beispiel. Und so etwas würden kleine Kinder oft mitverarbeiten.

Noras Mutter hat das sehr nachdenklich gemacht. Als sie sich fragte, wo um sie herum womöglich etwas Destruktives oder Aggressives sei, landete sie bei einer Freundin, die für Kinder wenig übrig hat. Sie meint sogar, Noras Mutter lasse sich von ihrer Familie »aussaugen« und hat sie auch schon als »Glucke« bezeichnet.

Noras Mutter fragt sich, ob die Themen, die die Freundin manchmal zu ihnen nach Hause bringt, womöglich in Nora weiterwirken. Als sie das Gespräch mit Nora sucht, zeigt sich, dass Nora über die Freundin nicht reden möchte. Warum nicht, will sie nicht sagen. Noras Mutter merkt, dass hier wirklich etwas nicht in Ordnung ist. Kann es sein, dass Nora Angst vor der Freundin ihrer Mutter hat? Oder dass sie sich mit dem wachen Ernst ihrer vier Jahre fragt, was das denn für eine Freundin ist, die ihre Mutter so ausschimpft?

In Träumen sind Kinder kreativ

George William Domhoff ist ein amerikanischer Traumforscher und Psychologe. In der Nachfolge des verstorbenen Psychologen Calvin Hall hat Domhoff versucht, im Traumgeschehen sinnvolles Handeln zu erkennen. Und zwar sinnvolles Handeln, das nicht in den Traum hineingedeutet wird, sondern sinnvolles Handeln, das für das Träumen als Tätigkeit überhaupt gilt.[13]

Auch Domhoff geht selbstverständlich davon aus, dass Traumaktivität Hirnaktivität ist und also mit der Arbeit neuronaler Verbände zusammenhängt. Zu dieser träumenden Aktivität werden jedoch verschiedene Hirnfunktionen zusammengezogen: Wahrnehmung und Denken, Problemlösungsversuche und Sprache, bildnerische Gestaltung etc. Ganz schön viel Aufwand für etwas angeblich Sinnloses, nicht wahr? Müsste man da nicht nachschauen, nach welchen Schemata, welchen geistigen Bauanleitungen Träume eigentlich gebildet werden?

Domhoff gelangt zu folgendem Schluss: Traumaktivitäten sind kreative und prinzipiell sinnvolle Aktivitäten. Sie sind so etwas wie die Fortsetzung – ich persönlich würde eher sagen, der *Ursprung* – des kreativen

Denkens im Schlaf.[14] Daher sind sie auch nicht mysteriöser, als schöpferische Prozesse eben sind. Aber natürlich transportieren sie Inhalte. Ihre nächsten Verwandten sind die *Tag*träume, die ja auch schöpferische Tätigkeiten sind und mit dem Leben des träumenden Menschen in enger Beziehung stehen.

Die wichtige Rolle der Eltern

Träume sind also ganz offenbar kein neurobiologischer Abfall, sondern sie sind für etwas da. Ob sie symbolhafte Bedeutungen mit sich tragen, werden wir später erörtern. Aber ganz offenbar leisten Träume etwas für das Kind, sogar ziemlich viel. Sie thematisieren zum Beispiel emotionale Brennpunkte und sorgen so dafür, dass diese nicht übersehen werden. Sie weisen auf vernachlässigte Bedürfnisse hin. Sie können eine Art Training im Schlaf sein, wenn Kinder im Schlaf etwa ihre Rolle für ein Theaterstück proben. Und sie sind ganz offenbar die Basis der kindlichen Kreativität.

Nicht wenig, würde ich sagen. Ganz offenbar sind Träume multifunktional, eine Art universales Werkzeug, dessen sich die kindliche Psyche im Schlaf bedient. Und hier setzt nun die Frage nach der Rolle der Eltern und Erzieher ein. Denn Träume ereignen sich natürlich, auch ohne dass Eltern auf sie eingehen. Aber die Art des Kindes, mit ihnen umzugehen und dieses Werkzeug unserer Psyche kennenzulernen, kann sich ganz anders formen, wenn Eltern sich mit den Träumen ihrer Kinder beschäftigen.

Man weiß zum Beispiel schon lange, dass das sogenannte »Traumgedächtnis« davon abhängt, wie viel Aufmerksamkeit Träume bekommen. Mit anderen Worten: Je mehr Träume wahrgenommen und angeschaut werden, desto leichter erinnern wir uns an sie. Wer sagt, er träume nie, sagt eigentlich nur, dass er seinen Träumen keine Aufmerksamkeit schenkt. Und das beginnt bereits in der Kindheit. Allerdings mit einem Unterschied: Die Träume wirken in Kindern anders nach als in Erwachsenen.

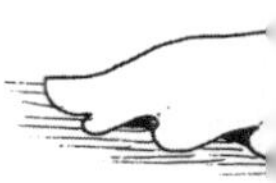

Der Kinderarzt Donald Winnicott fand, dass die elterliche Aufmerksamkeit für das Träumen der Kinder diesen einerseits ein Gefühl für den Umgang mit ihren Träumen vermittelt und ihnen andererseits dabei hilft, bewusster zu träumen.[15]

*

Manchmal freilich ist der Umgang mit Träumen alles andere als leicht. Wenn das Wissen der Eltern um die Bedeutung der Träume gering ist, dann bleibt das Kind mit seinen Träumen allein. Bei freudigen oder lustbetonten Träumen ist das nicht so gravierend. Aber immer dann, wenn Träume einen belastenden Charakter bekommen, ist das Alleinbleiben damit schlimm.

»Ich habe Jahre gebraucht, um mich von diesem Schrecken zu befreien«, sagt ein ärztlicher Kollege mittleren Alters und erzählt davon, wie zu Beginn seiner Grundschulzeit jede Nacht ein strenger dunkel gekleideter Mann in seinen Träumen erschien und einen Rohrstock zückte.

Wo kam der Traum her? Die einfachste Erklärung wäre die, dass in der Schule wohl geprügelt wurde. Doch dem war nicht so, die Lehrer waren eher freundlich zu den Kindern.

Die Lösung kommt mit dem Wilhelm-Busch-Hausbuch – jenem Buch voll mit Bildergeschichten, das sich früher so ziemlich in jedem Haushalt fand. Die in den berühmten Geschichten wie »Max und Moritz« oder »Die fromme Helene« dargestellte Welt ist witzig, aber sie ist auch ziemlich grausam. Der Opa hatte dem Jungen daraus vorgelesen.

Was dem Kollegen in seiner Kindheit haften geblieben war: Wenn man etwas anstellte, dann drohten Strafen. Eine Kindheit, in der keine Strafen vorkamen, war schlicht undenkbar. Und wie man von

Wilhelm Busch lernte, fielen die Strafen hart aus. Max und Moritz werden geschrotet und gebacken. Das klingt noch realitätsfern, aber anderes umso realistischer. Lang gezogene Ohren und, natürlich, vor allem Schläge. Schläge mit Ruten, Schläge mit Stöcken. Denn wenn bei Wilhelm Busch ein Lehrer auftaucht, dann hat der auch einen Stock. Und der Kollege, der in seiner Kindheit gern Streiche spielte (wenn auch viel harmlosere als die oftmals sadistischen Späße, die Wilhelm Busch reimte), baute sich – unwillentlich darin vom Großvater unterstützt – ein Traumbild auf, in dem er immerfort Strafe verdient hatte.

Wenn Kinder unter Träumen leiden, dann ist es hilfreich, die reale Welt der Kinder mit der ihrer Träume abzugleichen und dabei zu schauen, inwiefern möglicherweise die eine Welt in die andere hineinragt. Dass dabei auch Leseerfahrungen eine Rolle spielen können, scheint im Zeitalter von Youtube und Computerspielen fast etwas Unwirkliches zu haben. Es zeigt aber nur, aus was für verschiedenen Fäden sich der Teppich der inneren Wirklichkeit eines Kindes knüpft.

Nachwirkungen kindlicher Träume

Wie kindliche Träume manchmal lebenslang nachwirken, wird selten erzählt. Erwachsene reden ja außerhalb therapeutischer Situationen kaum mehr über die nächtlichen Träume ihrer Kindheit. Und Wissenschaftler befassen sich praktisch überhaupt nicht damit, denn der kleine kindliche Schrecken ist nichts, was man aus seiner Individualität lösen und zum Teil statistisch abgesicherter Forschungsprojekte machen könnte.

Wer etwas über die Nachwirkung kindlicher Träume erfahren will, kann aber in der Literatur fündig werden. Der Schriftsteller Ernst Jünger etwa, der an beiden Weltkriegen teilgenommen hatte und den viele als eher kalten, distanzierten Menschen beschrieben, wurde bis ins hohe

Alter von einem sehr charakteristischen Albtraum heimgesucht, in dem es hieß: »Schüler Ernst, an die Tafel …«[16]

In ähnlicher Weise wurde Hermann Hesse als schon berühmter Autor von schambesetzten Kindheitsträumen heimgesucht, in denen er sich befleckt oder mit Kot beschmiert hatte und nun die verunreinigte Hose vor seinen Kameraden wechseln musste. Er offenbarte diese für ihn grausamen Träume seinem Analytiker Josef Bernard Lang, in dem er ein Gegenüber gefunden hatte, das mit ihm auch die bis dato verborgenen Seiten von Hesses Leben auszuloten bereit war.[17]

3

Nicht nur zum Fürchten da: Albträume

Kinder haben öfter Albträume, als Eltern glauben

Von Säuglingskoliken und Pubertätsdebatten abgesehen gibt es wenig, was Eltern so belasten kann wie kindliche Albträume. Es ist, als ob das Kind einer Qual unterworfen würde, die der Erwachsene weder lindern noch verhindern kann. Sodass Mutter oder Vater hier erleben, wie das, was sie instinkthaft wollen – ihrem Kind helfen, es schützen, ihm beistehen –, nahezu unmöglich wird.

Kinder, die häufig von Albträumen gepeinigt werden, entwickeln oft eine Angst einzuschlafen. Wer je selbst Albträume hatte, womöglich wiederkehrende, der kennt das. Und weiß auch, dass die sonst normale Sehnsucht danach, sich hinzulegen und in einen erholsamen Schlaf zu sinken, sich hierbei oft in ihr Gegenteil verkehrt. Aus dem Ort der Ruhe und der Sehnsucht wird ein Ort des Entsetzens und der schrecklichen Begegnungen.

Fatalerweise wirkt die Angst, die in kindlichen Albträumen erlebt wird, auf das Erleben im Wachzustand zurück. Kinder mit Albträumen wirken daher auch als wache Kinder ängstlicher: Es ist, als sei ihre Grundsicherheit erschüttert und als könnten sie sich weder hier noch dort geschützt fühlen.

Können Eltern dabei helfen? Ja, aber um hier hilfreich zu sein, braucht es ein paar Kenntnisse über kindliche Albträume. Und diese fangen mit der Erkenntnis an, dass Albträume bei Kindern deutlich häufiger vorkommen, als Eltern und Erziehende annehmen.

Wie oft haben zum Beispiel sechsjährige Kinder Albträume? Im Oktober 2016 ließ die Veröffentlichung einer Studie Fachleute aufhorchen. Was viele aus der Praxis heraus wohl geahnt hatten, aber nicht belegen konnten, wurde durch eine Studie von Margaret T. Floress, Psychologin an der Eastern Illinois University, bestätigt. Eltern neigen, so Floress und ihre Kollegen, dazu, das Auftreten kindlicher Albträume zu unterschätzen. Und zwar in einem ziemlich hohen Ausmaß.[1]

Floress und ihre Kollegen fanden, dass die Schätzungen bei den Eltern bei etwa einem Albtraum pro Monat lagen. Das wäre schon unangenehm genug, aber die bei den Kindern selbst erhobenen Daten zeigten, dass die Sechsjährigen nicht monatlich, sondern wöchentlich unter Albträumen litten. Was das bedeutet, erschließt sich erst, wenn man diese Häufigkeit auf ein Lebensjahr hochrechnet: Die Kinder träumen nicht 12-mal angstvoll, wie die befragten Eltern meinten, sondern 60-mal.

Wie kann es sein, dass die Einschätzungen von Eltern, die mit ihren Kindern leben, so sehr danebenliegen? Die Antwort könnte in einer falschen Vorstellung davon bestehen, wie man Albträume erkennt. Tatsächlich erkennt man sie nämlich keineswegs, solange das Kind selbst nicht davon spricht.

Gelähmt, aber nicht unbedingt von Angst

Im Film sähe ein kindlicher Albtraum wohl so aus: Ein Kind wirft sich unruhig hin und her. Ein anderes weint im Schlaf, und ein drittes schlägt um sich. Unsere Vorstellungen von Albträumen sind von Stereotypen geprägt. Doch die Bilder trügen. So sehen Albträume von Kindern nicht aus. Zwar gibt es unruhige Bewegungen im Schlaf und – sehr selten – auch um sich schlagende träumende Kinder. Aber mit Albträumen haben wir es dann kaum zu tun. Diese sind nämlich mit einer Art Sicherung versehen, die vermutlich dazu dient, dass wir uns und andere beim Träumen nicht verletzen.

Diese Sicherung klingt drastisch: Wir sind während eines Albtraums regelrecht paralysiert. Und dies nicht vor Schreck, sondern von Anfang des Geschehens an. Weil nämlich die gesamte REM-Phase, in der das intensive Träumen sich ereignet und wir beim Kind die sehr kleinen, sehr schnellen Augenbewegungen wahrnehmen können, von der sogenannten »Schlaflähmung« begleitet ist, die der Motorik keinen Handlungsraum gibt. Es ist wie eine Sicherung, die die Natur unserem Traumgeschehen eingebaut hat. Würden wir nämlich körperlich ausagieren, was wir im Traum erleben, so könnte schlimmer Schaden entstehen. Ein um sich schlagendes Kind würde sich womöglich den Arm brechen oder ein neben ihm liegendes Geschwister verletzen. Die Paralyse sorgt dafür, dass dies nicht passiert.

Was wir hieraus ableiten können: Bloß weil ein Kind anscheinend ruhig schläft, heißt das nicht, dass es keine Albträume hat. Albträume müssen sich auch nicht nur in problematischen Lebensphasen ereignen. Aber wovon hängt es dann ab, ob Kinder zu Albträumen neigen? Fangen wir mit der Zeit an, in der Albträume sich bevorzugt einstellen.

Wie und wann finden Albträume statt?

Albträume, insbesondere Angstträume, haben Traumforschern zufolge eine charakteristische Zeit des Erscheinens. Das ist nicht die Mitternacht, in der der Volksglaube meinte, dass da die Geister umgehen können, sondern drei Uhr morgens. Auch hierfür aber gibt es eine aus dem Volksglauben kommende Bezeichnung. Sie lautet: Wenn die Nacht am tiefsten ist.

Anscheinend gibt es auch ein Lebensalter, in dem die Albträume beginnen. Wie es aussieht, sind die ersten beiden Lebensjahre noch eher frei davon. Hat ein Kind den dritten Geburtstag hinter sich, scheint sich der Albtraum in ihm zu manifestieren. Oder zumindest teilen Kinder ab diesem Zeitpunkt mit, dass sie manchmal unter ihren Träumen leiden.

Es lässt sich nicht verlässlich sagen, ob Kinder in den ersten beiden Lebensjahren tatsächlich weniger oder gar keine Albträume haben. Aus eigener Erfahrung würde ich sagen: Doch, es gibt sie auch schon früher. Der Haken ist oft die sprachliche Wiedergabe. Und außerdem setzt die Erinnerung der meisten Erwachsenen auch erst beim dritten Lebensjahr ein. Was heißen kann, dass das, was früher war, oft nicht mehr erinnert wird. Und zum Zeitpunkt seines Auftauchens nur unzureichend vermittelt wurde.

Auch wenn die Kinder größer werden, lassen sich Unterschiede zeigen, für die die Erklärungen erst noch gefunden werden müssen. Vorschulkinder träumen zum Beispiel signifikant öfter davon, ihre Bezugspersonen zu verlieren, also irgendwo liegen zu bleiben oder verloren zu gehen.

Das könnte damit zusammenhängen, dass das kleinere Kind schlechter Schritt halten kann. Einige Anthropologen haben die These aufgestellt, dass in Kindern die Erinnerungen an die Wanderungen frühmenschlicher Horden nachwirken, bei denen es geschehen konnte, dass Kinder schon einmal einfach liegen gelassen wurden.

Mir erscheint etwas anderes wahrscheinlicher. Vorschulkinder handeln häufig impulsiv und haben noch wenig Gefühl für die Folgen ihres Handelns. So bringt sie ihre Entdeckerlust immer wieder einmal dahin, wo ihre Bezugspersonen nicht mehr sind. Und weil sie sich, von der Lust am Erkunden geleitet, weder umdrehen noch rückversichern, ob denn wohl jemand mitkommt, gehen sie tatsächlich mitunter verloren. Wir alle kennen ja die Ansagen in Kaufhäusern oder auf Festivals, bei denen gesagt wird, der kleine … oder die kleine … habe ihre Eltern verloren und könne an der Kasse abgeholt werden. Anders gesagt, der kindliche Albtraum vom Verlust der Bezugspersonen thematisiert etwas, was ganz real in diesem Lebensalter geschieht. Hier muss man gar nicht die menschliche Urhorde bemühen, sondern kann verhaltensbiologisch fündig werden. Vom Entenküken bis zum kleinen Löwen kommt es immer wieder vor, dass man auf ein vereinsamtes Junges stößt, das Suchlaute ausstößt, auf die niemand mehr antwortet. Dieser herzzerbrechende Anblick erklärt, wieso dieses Geschehen in den Albträumen von Vorschulkindern gehäuft auftritt. Anders nämlich als die größeren Kinder haben sie noch kaum Strategien, wieder Anschluss zu finden: Sie bleiben, haben sie die Eltern im Gewühl verloren, meist stehen und weinen einfach.

Dass man Eltern oder Familienangehörige auch anders verlieren kann, scheinen die kindlichen Träume erst später zu realisieren. Ab dem Grundschulalter mehren sich nämlich statistisch Träume, in denen Verwandte Krankheiten erliegen oder durch Unfälle sterben. Die Kinder spüren deutlicher, dass die elterliche Präsenz von vielem abhängt und nicht vollständig kontrolliert werden kann. Ihre Träume signalisieren kein Verlorengehen mehr, sondern einen durch äußerliche Einwirkung bedingten Verlust. Einige bilden auch Konflikte ab, weshalb ich auf diese Träume im Kapitel über Konfliktträume noch einmal zurückkomme.

Einer französischen Studie zufolge haben Kinder im Alter von zehn Jahren die meisten Albträume. Das könnte daran liegen, dass sich in diesem Alter einige emotionale Ströme kreuzen. In der Regel steht irgendwann im zehnten Lebensjahr der Wechsel auf die weiterführende Schule an oder wurde bereits vollzogen, sodass das Kind mit neuen Anforderungen konfrontiert ist. Zugleich hat sich der Eigensinn entwickelt und das Gefühl für das, was dem Kind selbst wichtig ist, wird stärker. Endlich spüren Kinder mit dem Schulwechsel auch die Erwartungen ihrer Eltern und Erzieher intensiver. Was wird geschehen, wenn sie versagen? Die Chance, dass sich hier etwas schlecht entwickelt, wird subjektiv größer.

In kleinen Schritten das Wesen des Albtraums ergründen

Wer miterlebt, wie das eigene Kind aus Albträumen erwacht, der fühlt oft mehrerlei. Einmal die Ohnmacht, dem Kind in seinen Träumen nicht helfen zu können. Sodann den Wunsch, dem Kind zumindest hier in der äußeren Welt Hilfsangebote zu machen. Ein warmer Tee vielleicht, ein bisschen Kuscheln. Später kommen die Fragen: Was mag die Albträume des Kindes veranlasst haben? Hat es vielleicht Probleme, von denen wir nichts wissen? Hat es am Ende mit uns ein Problem und weiß nicht, wie es das mitteilen soll?

Alle diese Gefühle und besorgten Fragen haben ihre Berechtigung. Aber nicht immer führen sie zu den besten Ergebnissen. Besorgte Eltern, die nicht wissen, was los ist, neigen dazu, ihrem Kind Fragen zu stellen, auf die das Kind meist keine Antwort weiß. Was die Eltern nur noch unruhiger und fragender zurücklässt. Hinter dem elterlichen Nachfragen steckt der Gedanke, das Kind werde irgendwo in seinem jungen Gehirn schon wissen, warum es so schrecklich träumt. Doch das Kind kann mit diesem Modell meist nicht viel anfangen. Schon der Gedanke, dass ein schreckliches Traumerleben etwas anderes bedeuten soll, ist ihm erst einmal fremd. Wenn ein Erlebnis schrecklich ist und so überaus intensiv – muss es dann nicht durchaus real sein? Und steht ohne Frage ganz für sich selber?

Oftmals ist das in der Tat so. Wir werden uns mit der Thematik der Symbolisierung und des Deutens später beschäftigen, denn sie ist in den Albträumen der frühen Kindheit noch nicht sehr bedeutend. Was hingegen überaus bedeutsam ist, ist ein Erleben, das irgendwo zwischen dem eines Wildtiers und dem von kindlichen Fantasy-Abenteuern verläuft. Ein Erleben, das vor allem von der Begegnung mit etwas Fremdem, oftmals Bedrohlichem gekennzeichnet ist. Der wiederkehrende Albtraum eines fast Fünfjährigen zum Beispiel verläuft so:

Sandor läuft über eine Wiese, eine Wiese, die er kennt. Er läuft nach Hause, aber zu Hause ist plötzlich woanders. Nun steht er vor einem Baum. Die Wurzeln des Baums liegen bloß, und zwischen den einzelnen Wurzelsträngen sind große Zwischenräume. In einen dieser Zwischenräume passt der Junge hinein.

Was nun folgt, ist anscheinend erst einmal recht heimelig. Dort unten leben kleine Leute, sie ähneln Mäusen ebenso wie Igeln, sind aber menschlich gekleidet. Irgendwie erinnern sie auch an Meerschweinchen, die Sandor in einem Bilderbuch gesehen hat.

Die kleinen Leute nehmen keine Notiz von dem Jungen. Er selbst weiß nicht, was er dort will. Es ist eben so, dass er da ist. Etwas rumort mit einem Mal, eher leise, aber doch deutlich. Mit einem Schwall kommt die Angst: Dies Rumoren kennt Sandor. Es wird nicht aufhören, sondern stärker werden. Viel stärker. Ein wahrer Höllenlärm wird anheben, es wird beben und bersten um ihn herum. Den kleinen Leuten macht das nichts aus. Sandor aber wird schier verrückt vor Angst. Und erwacht mit wild klopfendem Herzen.

Wie soll der Junge begreifen können, was hier los ist? Wie darin einen Bezug zu seinem äußeren Leben entdecken? Er kann ja nicht mal schildern, was er da erlebt. Ihm fehlen die Worte. Wenn wir versuchen, den Traum zu verstehen, so tun wir gut daran, erst einmal seine Bestandteile zu betrachten. Da sind ein paar Stichworte: nach Hause wollen, aber nicht kommen. Ein Loch zwischen den Baumwurzeln, wie es in der keltischen Mythologie oder in schamanischen Kulturen als Eingangspforte in eine andere Welt betrachtet würde. Kleine Leute, ein zugleich von irgendwoher bekannt scheinendes und doch ganz fremdes Volk. Sehen wir uns dieses Volk einmal näher an:

Als ich Sandor frage, wie ihm denn die Leute dort unten gefielen, stellt sich heraus: Sie waren irgendwie unheimlich. Aber Sandor kann nicht sagen, wieso. Bedrohlich wirkten sie nicht. Eher so, als wäre da noch etwas, was man nicht sah.

Gehört er, Sandor, dorthin, wo diese Leute leben? Der Junge schaut erst irritiert, zeigt aber dann, dass er die Frage durchaus verstanden hat. Nein, natürlich nicht. Es ist ja, als stünde eine Riesengestalt plötzlich in unserem Wohnzimmer. Wie kommt es dann, dass die kleinen Leute sich nicht vor ihm fürchten? Vielleicht merken sie nicht, dass er da ist, sagt Sandor, aber dann korrigiert er sich: »Ich tu denen ja nichts.«

Ah, gut! Die Leute wissen also entweder, dass große Menschenkinder ihnen nichts tun. Oder sie haben schon von Sandor gehört. Könnte das sein? Sandor nickt, lächelnd.

Ich muss bei Sandors Erzählungen an Alice im Wunderland denken. Sie taucht in eine Welt ein, die sie nicht versteht und in der ganz offenbar andere Gesetze gelten als dort, woher Alice kommt. Alles könnte harmlos sein, aber irgendwie erscheint es trotzdem bedrohlich. Ähnlich wie Dorothy in »Der Zauberer von Oz« gerät Alice aber nicht ganz freiwillig in die andere Welt. Sie folgt ja einem Kaninchen, während Dorothy durch einen Wirbelsturm davongetragen wird.

Hier dagegen haben wir es eher mit einem kleinen Entdecker zu tun, der in eine andere Zone der Welt vorstößt. Das ist ein Erlebnis, das kleinen Kindern öfter geschieht, insbesondere wenn sie neugierig sind. Man kann es sich vorstellen wie bei einem Löwenjungen, das einem Schlammloch näher kommt, aus dem es zwei Augen anglotzen. Ein Krokodil ist ihm noch nie begegnet, und wenn der kleine Löwe Glück hat, überlebt er die Begegnung. Dann ist da ein Termitenbau. Vollkommen andere Wesen, aber ebenfalls überaus interessant. Alle ganz fremd. Und womöglich zugleich anziehend und bedrohlich.

In der Tat ist Sandor ein Kind, das gern auf Entdeckungsreisen geht. Und dem sehr wohl zuzutrauen wäre, dass er auf dem Weg nach Hause, der an einem öffentlichen Park vorüberführt, noch mal eben einen Abstecher woandershin unternimmt. Dabei sind auch befremdliche Begegnungen möglich, und sein Traum nimmt dieses Thema auf.

Was den Lärm angeht, so hat Sandors Mutter eine interessante Erklärung. Sein Zimmer liegt gleich neben einer Toilette, in der manchmal nachts die Lüftung anspringt. Diese Lüftung ist ziemlich laut. Könnte es sein, dass das die Ursache für den verstörenden Lärm im Traum ist?

Wir wissen, dass Außengeräusche in Träume eincollagiert werden, wobei sich die Rolle, die sie dann spielen, aus dem Traumgeschehen ergibt. Eine knallende Tür kann im Traum dem Kind wie ein Gewehrschuss vorkommen oder auch wie ein Autounfall, ebenso gut kann der Traum aber plötzlich auch eine knallende Tür enthalten.

Lärm kann insbesondere kleinere Kinder tatsächlich in Angst versetzen. Die Bässe aus einem vorüberfahrenden Auto, die Pauke beim Schützenumzug, sie sind ja nicht nur laut, sondern können den Bauchraum in Vibration versetzen. Hier, in Sandors Traum, scheint das von außen kommende Geräusch so in den Traum eingewebt worden zu sein, dass es die Fremdheit Sandors in dieser kleinen Welt illustriert und ihm auch nahelegt, dass er da eigentlich gar nichts zu suchen hat.

Und wenn der Traum noch einmal wiederkäme? Sandor hat wirklich danach gefragt. Ich habe ihm verschiedene Möglichkeiten vorgeschlagen. Er könnte die kleinen Leute fragen, ob er ihnen zuschauen darf. Und wenn sie das ablehnen, sollte er vielleicht gehen. Oder, als alternative Möglichkeit: Wie wäre es, diese Höhle noch einmal mit einem großen Begleiter aufzusuchen? Und so vielleicht zu erkunden, was da los ist?

Die drei großen »M«: Macht, Miteinander, Möglichkeiten

Man kann das, was bei kindlichen Albträumen hilft, in drei Felder aufteilen. Das erste Feld heißt »Macht«. Du hast die Macht, auf deine Albträume einzuwirken. Sie haben keine Macht über dich. Dass das so ein bisschen nach *Herr der Ringe* und nach *Harry Potter* klingt, hat gute Gründe. Kinder erleben Träume oft ähnlich einem magischen Geschehen. Und ihnen erscheint das, was die Träume entstehen lässt, als eine Art Übermacht, gegen die sie nichts ausrichten können.

Genau hier setzt der Gedanke an, dass wir – Eltern und Kind –, oder später auch das Kind selbst, keineswegs ohnmächtig (ohn-mächtig heißt ja ursprünglich so viel wie machtlos) sind. O nein, wir sind *mächtig*. Der Macht des Albtraums, die man früher mit einem nächtlichen Dämon verband – dem »Alb« –, haben wir etwas entgegenzusetzen. Wir wissen viel über Albträume. So zum Beispiel, dass schweres Essen am Abend sie wahrscheinlicher macht. Und wir wissen auch, was man mit ihnen machen kann. Davon ist einiges ganz leicht. Denn das Kind ist ja nicht allein. Sondern Teil eines »Miteinanders« – dies ist das zweite »M«. Es darf daher auch nachts zu den Eltern kommen, darf bei ihnen liegen wie ein Wölfchen im Rudel.

Unsere Kultur fördert schon früh das kindliche Alleinschlafen. Das hat verschiedene Seiten, aber als Verhaltensbiologe würde ich sagen: Sehr naturnah ist das nicht. Kein Schimpanse hat ein eigenes Schlafzimmer, kein kleiner Panther muss in ein eigenes isoliertes Bettchen, während seine Eltern miteinander kuscheln. Dass dies Kinder von der verhaltensbiologischen Seite her ihren Träumen gegenüber eher unsicher macht, ist gut nachvollziehbar. Und ebenso, dass das Angebot von Nähe und Gemeinsamkeit vieles schnell wiedergutmacht, was sonst lange nachwirken könnte.

Endlich verfügen wir miteinander über »Möglichkeiten« – das dritte »M« im Kampf mit dem kindlichen Albtraum. Die meisten Eltern kennen und erproben schon solche Möglichkeiten. Wenn das Kind zum Beispiel von einem Kobold träumt, dann sagt die Mutter vielleicht, dass der Kobold wohl heimatlos war und eigentlich nur ein Bettchen braucht. Legt sie dann ein kleines Schlaflager ans andere Ende des Kinderzimmers, so kann der Kobold dort schlafen und muss nicht mehr die Träume stören.

Was hier geschieht, ist ein Ritual. Rituale dienen dazu, den Inhalt des Albtraums umzuwandeln, indem der Traum so genommen wird, als wäre er echt. Kommen wilde Hunde im Traum vor, legt man ihnen einen Gummiknochen hin. Tauchen Räuber im Traum auf, bekommt das Kind sein Taschenmesser ans Bett gelegt.

Vielleicht haben Sie bemerkt, dass beim letzten Beispiel etwas anders war als bei den beiden zuvor. Tatsächlich wird das Kind, das mit einem Messer einschläft, ja wirklich wehrhafter, während es in den anderen Fällen eher darum ging, ungute Traumgäste zu beschwichtigen. Ein Kind, das sich wehrhafter fühlt, gewinnt aber seelisch etwas hinzu, wird in sich sicherer. Auch wenn es dabei durchaus weiß, dass man mit einem Taschenmesser keinen Kampf mit Räubern gewinnt.

Eine andere Methode bei Albträumen besteht im sogenannten »Externalisieren«. Das Kind bringt dabei das, was innen ist, nach außen, indem es das Traumgeschehen zum Beispiel malt. Ein gemaltes Monster kann dann verändert werden, kann größer oder kleiner werden, eine andere Farbe bekommen oder in eine andere Gesellschaft integriert werden.

Um einem Kind bei Albträumen zu helfen, kann man gemeinsam mit ihm also Strategien entwickeln. Man muss aber wissen, um was für eine

Art Albtraum es denn geht. Erst daraus kann man seine Schlüsse ziehen. Wie das gehen kann und wie so auch in scheinbar schwierigen Fällen funktionierende Strategien entwickelt werden können, zeigt das folgende Beispiel, in dem die fünfjährige Peri im Traum fast zur Beute wird.

Peri ist ein aufgewecktes und fröhliches Kind. Nachts aber fühlt sie sich oft gar nicht aufgeweckt und schon gar nicht fröhlich. Sie träumt nämlich mindestens ein-, manchmal aber auch zwei- oder dreimal in der Woche davon, dass wilde Tiere hinter ihr her sind.

Was sind das für Tiere? Alle möglichen können es sein. Solche, die es hier bei uns im Land gibt? Nein, sie können von überallher kommen.

Das Gespräch erbringt, dass Peri tatsächlich nicht nur von verschiedenen Tieren träumt, sondern von ihnen auch in ganz verschiedenen Umgebungen gejagt wird. Peri kann nicht alle Tiere benennen, die sie dort fürchtet. Aber doch einige. Löwe, Tiger, Krokodil, Elefant. Große Hunde nicht? Doch, ein Schäferhund war auch schon dabei.

Wirkt Peri verstört? Eigentlich nicht. Sie hat Angst vor diesen Träumen, aber sie erzeugen kein Gefühl von Unheimlichkeit, wie es Geisterträume täten oder solche, die von nicht näher bestimmbaren Wesen handeln. Zudem fällt auf, dass Peri anscheinend ziemlich reale Biotope träumt: Urwald und Savanne, Wasserlöcher und einmal, als der Hund dabei war, einen leeren Parkplatz.

Das klingt alles ziemlich real, oder? Sodass man sich fragen könnte, ob Peri denn tatsächlich schon einmal von einem Tier verfolgt wurde. Und ihre Träume vielleicht eine Traumatisierungsfolge darstellen.

Das ist zum Glück nicht sehr wahrscheinlich. Zum einen, weil Peri sich da absolut an nichts erinnern kann. Und zum anderen, weil die Art der Träume variiert und gewissermaßen Szenarien durchspielt, die alle einen realen Hintergrund bieten könnten.

Und dann haben Albträume, die Teil eines posttraumatischen Belastungssyndroms (PTBS) sind, auch gewöhnlich immer den gleichen Inhalt. Es laufen Szenen ab, die einander exakt entsprechen. Das ist sehr bemerkenswert, weil unser Gedächtnis anders als ein Computerspeicher Szenen nicht exakt abspeichert, sondern immer Variationsmöglichkeiten lässt. Erzählen Kinder dieselben Szenen mehrfach, so ergibt sich daraus, dass die Erzählungen einander nicht immer eins zu eins entsprechen. Bei Szenen, die im Rahmen eines PTBS im Traum reproduziert werden, ist es dagegen, als hätte unser Gehirn ein Video gedreht, das immer neu abgespielt wird: immer dasselbe.

Befragt, ob es denn schon mal vorgekommen sei, dass sie immer dieselbe Verfolgung geträumt habe, schüttelt Peri den Kopf, Anscheinend weiß sie nicht, was die Frage überhaupt soll. Man kann also wohl ausschließen, dass sich Peris Träume als Folge eines realen Traumas einstellen. Was aber sind sie dann?

Womöglich handelt es sich um Trainingsträume. Der finnische Traumforscher Antti Revonsuo stellte fest, dass Tierträume, und dabei insbesondere Verfolgungen durch Tiere, eine eigene große Traumgruppe bilden. Kinder träumen diese Träume besonders häufig.[2] Revonsuo glaubt, dass es sich hierbei um einen Simulationsmechanismus handelt. Der Traum baut Als-ob-Strukturen auf, in denen wir üben, auf Bedrohungssituationen zu reagieren.[3]

Die Theorie der Bedrohungssimulation im Traum besagt, dass Träume sich als evolutionäres Werkzeug begreifen lassen. Und zwar als ein hochfunktionales, denn sonst wäre es wohl längst aus unseren nächtlichen Bewusstseinswelten verbannt worden.[4] Was unser konkretes Beispiel angeht, könnte man nun sagen, der Fall sei hiermit erledigt. Peri träumt eben evolutionär bedeutsame Träume. Aber ein kleines bisschen Zweifel bleibt. Denn warum träumt sie die Bedrohung in so vielen Variationen?

Die Lösung ist: Peris Eltern reisen viel. Und Peri darf mit. Das ist einerseits toll, denn Peri fände es doof, zu Hause bleiben zu müssen. Andererseits sind die Anforderungen, die sich hieraus für ihre junge Psyche ergeben, nicht von Pappe. Sie weiß, dass man, wenn man in Namibia in ein Camp geht, trotzdem vorsichtig sein muss. Schlangen scheren sich nicht um Zäune, und über Mauern kommen sie auch. Und einmal hat sie bei der nächtlichen Beobachtung eines Wasserlochs einen Leoparden gesehen.

Die Eltern sind nun verstört. War es falsch, Peri so früh mit in die Welt hineinzunehmen? Nein, falsch kann man es nicht nennen. Aber eine Herausforderung war es natürlich schon. Die Eltern, Weltenbummler, die eher mit Zelt und im Wohnmobil reisen, haben Peri stets auch auf das hingewiesen, was man in einer neuen Umgebung nicht machen darf. Dass man in Australien weitab von den Städten nicht einfach die Arme in Löcher steckt. Weil in denen meist schon jemand wohnt und der Bewohner giftig sein könnte.

Peris Eltern haben mit ihren Warnungen natürlich richtig gehandelt. Bei Peri aber ist zurecht hängengeblieben, dass es in fremden Gegenden viel Gefährliches gibt. Und dann ist sie ja noch klein. Mit einem Löwen kämpfen? Da hätte sie keine Chance. Was also kann sie besser tun, als immer wieder nächtlich durchspielen, wie sie am besten davonkommt?

Peris Eltern entwickeln eine sinnvolle Strategie. Sie merken, dass Peri in ihren Träumen ungewöhnliche Leistungen vollbringt. Das verdient erst einmal Anerkennung. Und um das in den Träumen Erreichte zu würdigen, schlagen sie vor, sie könnten ja miteinander eine Reihe von Bildern malen, die zeigen, wie Peri in unterschiedlichen Situationen davongekommen ist. Hier ein Bild, auf dem Peri vom Baum herunter dem Krokodil eine lange Nase dreht. Dort eins, auf dem sie sich in einer Felsspalte versteckt, so eng, dass der Tiger ihr nicht folgen kann. Wow, toll, sie schafft es wirklich jedes Mal.

Allerdings planen die Eltern auch, den nächsten Urlaub mal an einem Strand zu verbringen. Mal sehen, vielleicht in Dänemark, wo viel Platz ist. Man wird ja sehen, ob Peris Träume dann auch Trainingsinhalte haben. Zum Beispiel, wie man sich in den Wellen behauptet. Oder ob das Kind vielleicht in den Träumen weniger flüchten muss, weil es weiß, dass die Umgebungen weniger gefährlich geworden sind.

Soziale Konflikte und Verlustängste

Verfolgung, Verlust, Absturz: Das sind die häufigsten Themen in kindlichen Albträumen. Es gibt jedoch noch eine Gruppe von Träumen, in denen soziale Bedrohungen unterschiedlichster Art thematisiert werden.

Vergangene Nacht hat Erik etwas Furchtbares erlebt. Sie waren zur Sommerrodelbahn gefahren. Erik, seine kleine Schwester und seine Mutter. Der Freund von Eriks Mutter war nicht dabei. Aber das ist öfter so; er ist ein bisschen dick und sitzt lieber an seinem Computer, als Sport zu machen oder nach draußen zu gehen. Im Traum haben Erik und seine Schwester hinten im Auto gesessen. Erik hatte sein Nintendo-DS dabei und fand die Fahrt eigentlich ganz okay. Seine Schwester eher nicht, sie hat sich, wie meistens, gelangweilt. Auf der Sommerrodelbahn war es dann toll. Erik durfte alleine rodeln, und weil er ein gutes Gefühl für Tempo und Kurven hat, konnte er richtig »Gummi geben«, wie seine Mutter es nennt. Für Erik ist das ein bedeutsames Gefühl, denn er hat sonst den Eindruck, eher ungeschickt zu sein. Wegen seiner »Grobmotorik«, wie Mamas Freund das augenzwinkernd nennt, ist er in Ergotherapie.

Im Traum ist er dann die Bahn runtergebrettert. Er hat den Fahrtwind gespürt, obwohl er Wind sonst überhaupt nicht mag. Diesmal zog er an seinen Haaren und streifte die Wangen, und es war ganz okay, fast schön.

Dann sah Erik etwas, was er zunächst nicht begriff. Da fuhr Mama mit seiner kleinen Schwester, die ganz große Augen machte. Etwas fauchte, und dann hob sich der Rollschlitten, stand einen Moment in der Luft und kippte auf die Seite, wo er liegen blieb. Erik merkte, dass er schrie, während er weiterfuhr und der Wind nun sehr stark war.

In der nächsten Szene stand Erik vor seiner Mutter, die bleich auf dem Rücken lag. Seine kleine Schwester war nirgends zu sehen. Erik wollte zu seiner Mutter gehen, aber er konnte es nicht. Er wusste genau, dass sie tot war. Und es war so sehr zum Weinen, dass er ganz starr wurde.

Dann kamen sie nach Hause, die Schwester und er. Die Kleine sprang Papa auf den Schoß, der Erik mit kalten Augen musterte. Er hatte wohl mit Mamas Freund geredet, denn der saß neben Papa und hatte an Erik kein Interesse.

Verlustträume gehören zu den schmerzlichsten, die ein Kind haben kann. Verfolgung bringt Schrecken und Todesangst. Aber der Verlust wichtiger Bezugspersonen bringt einen Schmerz mit sich, den das Kind fast körperlich spürt.

Eriks Verlust ist der elementarste, der ihn treffen könnte. Seine Mutter ist die, die ihn versteht und an ihm Anteil nimmt. Das hat sein Vater nie getan, auch vor der Trennung nicht. Und der jetzige Freund der Mutter ist irgendwie lustig, aber er ist auch sehr fremd.

Warum träumt man so etwas? Als ich mit einem älteren Kollegen sprach, meinte der, psychoanalytischen Denkweisen zufolge sei dieser Traum wohl als Wunsch nach einer Loslösung zu verstehen. Der Junge fühle zwar, was er konventionell fühlen solle. Aber dahinter verberge sich noch etwas anderes. Und zwar der Wunsch, von der Mutter wegzukommen.

Könnte das hier passen? Ohne Frage gibt es Träume, in denen der Tod nahestehender Menschen auch so etwas wie eine Wunscherfüllung darstellt. Nur, dazu müsste die Emotion dann auch passen. Erik müsste zumindest eine Art Ambivalenz spüren, nicht diesen fassungslosen Schmerz und die Leere danach.

Man kann Träume wohl auch um die Ecke deuten. Wenn man nämlich nur die geträumten Szenarien deutet und die Gefühle dabei ignoriert. Hier wird man, wenn man Eriks Gefühle mit in die Betrachtung aufnimmt, nur zu einem Schluss kommen können: Erik hat Angst. Er ist, von seiner Mutter abgesehen, sehr allein. Und er weiß, dass er seine Mutter verlieren kann. Wenn auch nicht, wie im Traum gezeigt, durch einen Unfall (der im Traum oft für eine gefürchtete Möglichkeit steht, von der man weiß, dass sie eintreten kann), sondern durch die Entwicklung der Beziehung zu ihrem neuen Freund.

Stellt man sich den Traum als Diagnostiker und Ratgeber vor, so würde man hier sagen: Erik, deine Mutter ist toll für dich. Aber sie ersetzt ein bisschen zu viel. Käme es durch irgendein Ereignis dahin, dass sie nicht mehr so wie bisher für dich da sein könnte, wäre das furchtbar. Meinst du, es gäbe Möglichkeiten, deinen Kreis etwas zu erweitern? Dich also gefühlsmäßig ein klein bisschen mehr abzusichern?

Aber so sprechen Träume nun einmal nicht mit einem Kind. Sie zeigen bloß etwas, was möglich wäre. Auf die Verdrängungen, das »Einfach-nicht-dran-Denken« unseres Tagbewusstseins lassen sie sich nicht ein. Vielmehr lassen sie schon im frühen Kindesalter Planspiele ablaufen, als wollten sie die Kinder für den schrecklichen Ernstfall rüsten – einen Ernstfall, der dann hoffentlich nie eintritt.

Die sinnliche Erfahrung im Albtraum

Katja träumt, dass sie von etwas erwacht: Rauch. Unverkennbar, ja – da ist Rauch in der Wohnung. Und das bedeutet: Feuer. Es gibt nichts, wovor Katja sich so sehr fürchtet wie vor einem Brand. Zu verbrennen ist das Entsetzlichste, was sie sich vorstellen kann. Katja springt aus dem Bett. Sie schreit nach ihren Eltern, den Geschwistern. Läuft zum Treppenhaus, das zu ihrem Entsetzen schon in Flammen steht. Auch zurück kann sie nicht mehr, das Feuer scheint mit einem Mal überall.

Sie sieht noch, wie das Feuer auf sie zukommt. Da sind die Flammen und ihr Nachthemd, das nun in Flammen steht. Die Flammen lecken an ihrer Haut. Katja erwacht. Als Erstes schnüffelt sie, ob da doch Rauch ist. Obschon sie weiß, dass sie nun wach ist und gerade noch geträumt hat, bleibt da eine Unsicherheit. Denn es war alles so echt und so unfassbar schlimm. Jetzt noch spürt sie, wie … Und hier hält Katjas Denkstrom für einen Augenblick inne.

Denn Katja hatte erwartet, sich noch deutlich an den Schmerz zu erinnern, den sie im Traum gespürt hat. Oder besser, an den vermeintlichen Schmerz. Denn das Mädchen registriert überrascht, dass in dem Traum kein Schmerz zu fühlen war. Die Flammen waren da, das ja. Aber dann kam das Erwachen.

Träume von brennenden Häusern haben bei Traumdeutern immer besonders viel Aufmerksamkeit gefunden. Die Deutungen variieren jedoch extrem, vom drohenden Verlust der gesamten Familie bis hin zu dem unmittelbar bevorstehenden Ausbruch einer Psychose.

Nichts davon hat eine Gültigkeit, die über den Einzelfall hinausginge. Und ich erzähle den Traum auch nicht des Traumbildes wegen, sondern aufgrund der Art, wie Katja ihn erlebte. Katja teilt ihre Angst vor einem Brand mit einem großen Märchendichter. Hans Christian Andersen trug immer ein Seil bei sich, um sich, wo er auch übernachtete, notfalls durchs Fenster abseilen zu können. Menschen, die das Feuer fürchten, assoziieren mit dem Feuertod vor allem Schmerz. Nicht so sehr das Verdämmern durch Rauchgase, sondern die Qual. Aus ihrem Traum erinnert Katja auch die Angst vor dem Schmerz. Aber dann, als die Flammen an ihr zu lecken beginnen, wacht Katja auf.

Viele Menschen haben so etwas als Kinder bei Fallträumen erlebt.

Sie stürzen – der Boden kommt näher. Doch im Moment des Aufpralls werden sie wach. Eine Gnade des Unbewussten? Das auch, ja. Aber es gibt noch einen anderen Grund, warum wir nur selten von Schmerzen träumen. Wir träumen nämlich insgesamt weniger taktile, also Berührungsreize. Im Verhältnis zu visuellen Träumen liegen Berührungsträume weit hinten. Wir hören auch seltener im Traum als wir sehen. Doch das Empfinden von Oberflächen, Temperatur oder Berührung liegt noch weiter dahinter.

Es erscheint denkbar, dass die Hierarchie der Sinnlichkeiten im Traum auf einer Typologie beruht. In der Hypnotherapie sprechen wir von »Repräsentationssystemen«. Damit ist gemeint, dass Menschen komplexe sinnliche Erlebnisse innerlich unterschiedlich repräsentieren. Manchen Menschen ist für die Vorstellung vom Meer vor allem das Bild des blauen Wassers wichtig, andere stellen sich eher das Rauschen der Wellen vor. Der Anteil derer, die vor allem visuell repräsentieren, ist in unserer Kultur ziemlich hoch, aber es gibt auch Menschen, die niemals innere Bilder haben, sich aber Geräusche oder taktile Reize wunderbar vorstellen können. Wer intensiv visuell orientiert ist, also ein »Augenmensch«, wie man bis Anfang des 20. Jahrhunderts sagte, der wird auch stärker bildlich träumen. Wer dagegen stark über taktile Reize repräsentiert, dessen Träume werden auch stärker von Berührungen geprägt sein. Hinzu kommt dann die Erfahrung aus der äußeren Welt. Dass ein Kind, das viel klettert, auch im Traum Oberflächen ertasten und Haltegriffe erproben kann, leuchtet ein. Damit steigt aber auch die Chance auf einen Traum, in dem Schmerzen vorkommen.

Im zuletzt erzählten Traum von Erik ist die eindrucksvollste taktile Erfahrung der Wind. Man könnte in dem Traum ein Sinnbild für den Wind sehen, der Erik jetzt »ins Gesicht bläst«, oder auch für die Veränderung der Situation, wenn wir nämlich sagen, der Wind habe »sich gedreht«. Beides aber passt hier nicht, zumal Erik die Wendungen gar nicht kennt. Eher ist es wahrscheinlich, dass der gefühlte Luftstrom etwas ist, was Erik die Situation in ungewöhnlicher Klarheit erleben lässt.

Im Traum aus allen Wolken fallen

Sind Verfolgung und Verluste durchaus wörtlich zu nehmen, so kann man den Absturz, den Kinder im Albtraum erleben, sowohl konkret als auch sinnbildlich verstehen. Beginnen wir mit dem Konkreten. Jedes Kind muss lernen, dass es beim Klettern auch stürzen kann, wenn es nicht achtgibt. Anders als Bergziegen oder Orang-Utans sind Menschenkinder nicht die geborenen Kletterer. Die Tiefenwahrnehmung, die Bergziegen ganz früh schon haben und die sie auf die Gefahr des Absturzes hinweist, müssen Menschen erst erwerben. Sie haben sich mehr als jene Tiere mit den Gefahren auseinanderzusetzen, die da lauern, wo man Höhen erklimmt.

Eben noch konnte Enja über das Kirchendach balancieren. Sie balanciert öfter im Traum, manchmal auf hohen Gebäuden, manchmal über Geländer, die sie im Traum sogar balancierend ersteigt.

Aber dann rutschte sie aus, wie sie das manchmal von der Einschlafphase her kennt, wenn ihr die Füße zucken, weil sie im ersten beginnenden Traum auf einer Treppenstufe ausgerutscht ist. Nur dass es diesmal im tieferen Schlaf geschah und Enja, anstatt kurz aufzuwachen, das entsetzliche Gefühl des Abstürzens und des Fallens ins Bodenlose erlebte. Hilflos spürte sie, wie der Boden näher kam, auf dem sie zerschmettern würde.

Es kam nicht dazu, denn hier ließ der Traum Enja wach werden. Mit weichen Knien schlich sie zur Toilette. Der Sturz war so echt gewesen, die Erwartung des Aufpralls so intensiv, als müsste sie tatsächlich sterben. Enja ist schlecht. Und sie ist gerade sehr, sehr allein.

Um zu ergründen, ob dies eher ein realitätsnaher, reale Gefahren durchspielender Traum gewesen ist, müssten wir wissen, wie Enja lebt. Ich selbst bin als Jugendlicher schon mal an Brücken herumgeklettert, sodass ein Absturztraum als reale Warnung hätte auftreten können. Wer also als

Kind zum Beispiel riskanten Sport mag, könnte durchaus so träumen, wie Enja es tat.

Aber von riskanten Klettertouren findet sich nichts bei Enja. So liegt die Möglichkeit nahe, dass der Sturz für eine andere Art von Stürzen steht. Absturzträume zeigen, wenn sie keine konkreten Fallsituationen meinen, bei Kindern oft Charakteristika, die etwas Irreales haben. Die Gebäude im Traum sind zum Beispiel seltsam geformt, oder der Baum, auf den das Kind gestiegen ist, nimmt kein Ende, und das Klettern führt immer höher. Das wirkt dann wie bei der Geschichte von Jack und der Bohnenranke, über die der Junge das Land ersteigt, in dem der böse Riese wohnt. Träume dieser Art wirken daher weniger wie ein evolutionäres Trainingsprogramm als vielmehr wie eine Leistung der schöpferischen Fantasie im Traum.

Wie könnte der Fall symbolisch zu verstehen sein? Einmal vielleicht so, dass menschlicher Halt verlorengeht, wenn etwa Grund zu der Annahme besteht, dass die Familie dem Kind ihre Unterstützung entzieht. Das abstürzende Kind wird dann »von nichts mehr gehalten«. Oder zumindest fühlt es sich so an.

Und dann kann es auch sein, dass es in jenem Sinn fällt, der in dem Satz »the higher they climb, the harder they fall« ausgedrückt wird. Freud schon wusste, dass es einen Zusammenhang zwischen Flugträumen und Fallträumen gibt. In Flugträumen sind wir überlegen, können Dinge, die andere nicht können. Im Fallen ist alles dies weg: Da sind nur noch wir und unsere Ohnmacht im Sturz.

Bei Enja gibt es in der Tat etwas, was ihr Angst vor Abstürzen machen könnte. Sie nimmt nämlich an einem musikalischen Vorspiel teil, bei dem es um einiges geht. Sie ist gut als Flötistin, sogar ziemlich gut. Aber auch ihr Ehrgeiz ist gewaltig. Ihr Traumbild zeigt einen Wunsch nach einsamer Überlegenheit, könnte man sagen, nach perfektem Können in Höhen, die andere nicht erreichen. Wer aber ganz nach oben will, der kann auch tief fallen. Im eigenen Selbstbild ebenso wie mutmaßlich in den Augen der anderen. Was Enja braucht, ist daher neben der solidarischen Unterstützung von Familie und Freunden die Gewissheit, dass man nie so tief fallen kann, als dass einen die liebsten Menschen nicht halten würden.

Wenn Gespenster reale Personen meinen

Die Belastungen, denen Kinder ausgesetzt sein können, sind vielfältig. Und manchmal erkennt man sie überhaupt nur daran, dass sich Träume merkwürdig verändern. So wie Babys noch nicht sagen können, dass sie diese Reiswaffel oder jenen Keks nicht vertragen, so können größere Kinder manchmal nicht mitteilen, dass sie soziale Situationen nicht gut verarbeiten können. Beim Baby erkennen Eltern dann, dass es zum Beispiel Durchfall bekommt. Sie lassen die Waffel oder den Keks weg und sehen, was geschieht. Wird die Verdauung wieder besser, ist der »Täter« erkannt und kann in Zukunft gemieden werden.

Wie der Durchfall beim Baby, so kann der Albtraum beim Kind darauf hindeuten, dass es etwas nicht gut »verdauen« kann. Und auch hier erkennt man mitunter erst durch die Veränderung der situativen Bedingungen, woran das Kind wirklich leidet.

Alle haben viel Schönes aus dem Ferienlager zu berichten. Das Ponyreiten, die Badestunden am nahe gelegenen See, in dessen flachem Wasser man herrlich toben konnte. Ja, alle haben die Zeit im Ferienlager wirklich genossen. Nur Saskia nicht. Was ihr geblieben ist, ist vor allem die Erinnerung an üble Nächte.

Nicht, dass sie allein gewesen wäre oder unter Heimweh gelitten hätte. Aber da waren die Träume von einer weißen Burgfrau, die die nahe gelegene Ruine herunterkam und Saskia in den Nächten winkte, ihr zu folgen.

Folgen wohin? Das weiß Saskia nicht. Nur den Schrecken, an den erinnert sie sich. Und sie will ihn nie wieder fühlen müssen.

Die Burgfrau – kein Burgfräulein, das ist Saskia wichtig – macht auf Saskia einen kalten und herrischen Eindruck. Sie ist nicht gut zu anderen Wesen, sie mag sie nicht. Saskia ist eigentlich ein fröhliches Mädchen, sie kommt leicht mit anderen zurecht. Vielleicht ist sie ein bisschen zu brav und möchte ein klein wenig zu sehr alles richtig machen.

Saskia kam auf der Reise ins Ferienlager mit allen gut klar. Nur mit einer Person nicht. Und das war die Reitlehrerin.

Sich wehren, sich durchsetzen: Das sind die beiden Dinge, die Saskia nicht so gut kann. Beide hätte sie hier gebraucht, doch beide standen nicht zur Verfügung. So entsteht in Saskia das Gefühl einer Bedrohung, gegen die sie nichts ausrichten kann. Tagsüber gelingt es ihr noch, sich davon abzulenken. Aber nachts kommt die Art, in der Saskia ihre Reitlehrerin erlebt, in Gestalt der Burgfrau zurück. Erst als der Ferienaufenthalt abgebrochen wird und die Eltern Saskia, die zuletzt das Schlafengehen verweigerte, abholen kommen, hören die Träume auf.

Die Düsseldorfer Psychologin Martina Köthe konnte zeigen, dass ungünstige Methoden der Stressverarbeitung mit Albträumen in Zusammenhang stehen. Das Auftreten von Albträumen wird nämlich von Persönlichkeitsfaktoren und auch von der Art, zu denken und mit sich selbst umzugehen, mitbestimmt.[5] Überdies spielt die Abgrenzungsfähigkeit gegenüber äußeren Eindrücken eine wesentliche Rolle.[6]

Nimmt man diese Befunde ernst, so könnte das bedeuten, dass der Blick bei einem unter Albträumen leidenden Kind nicht allein auf die Albträume gerichtet sein sollte. Sondern auf das Kind als ganze Person. Saskias Durchsetzungskompetenz ist gering. Allerdings stellt sich auch die Frage, inwieweit sie sich einer Autorität wie der Reitlehrerin gegenüber überhaupt hätte behaupten können.

So signalisiert ihr wiederkehrender Albtraum etwas anderes. Und zwar das Bedürfnis danach, eine im Kern unangenehme Situation verlassen zu dürfen. Saskia selbst wäre gar nicht darauf gekommen, wie groß dieses Bedürfnis in ihr ist. Es ist doch alles schön, oder? Nein, ist es eben nicht – aber Saskia möchte nicht, dass ihre Ferien unschön sind und bedrängend anstatt abenteuerlich und toll. Ihre Träume bringen die zurückgedrängten und vom Wunsch nach schönen Ferien ins seelische Hinterzimmer verbannten Gefühle wieder nach vorn. Gefühle, von denen auch Kinder lernen müssen, sie zuzulassen. Gerade wenn sie sich so sehr wünschen, dass es anders wäre.

Dickere und dünnere seelische Grenzen

Der Psychoanalytiker Ernest Hartmann ist uns schon begegnet. Von ihm stammt ein interessantes Konzept, nach dem Menschen unterschiedliche seelische Grenzen haben. Ernest Hartmanns Ansicht nach sind die Grenzen des Bewusstseins (Hartmann spricht von »boundaries in the mind«) bei Menschen unterschiedlich dick ausgeprägt. Wo ein Mensch ausgeprägtere Grenzen gebildet hat, da wird er zum Beispiel sein Denken nicht durch Assoziationen oder bildliche Einsprengsel stören lassen. Bei dünner ausgeprägten mentalen Grenzen ist die Assoziationsfähigkeit dagegen größer, und die Fantasien vermögen das tägliche Realitätserleben zu beeinflussen – und auch die Träume zu verändern.

Ein sensibles, mit nur zarten seelischen Grenzen ausgestattetes Kind wird möglicherweise leichter unter Albträumen leiden. Dabei wäre es jedoch ganz falsch, dem Kind nahezulegen, es müsse nur etwas härter und abgrenzungsfähiger werden. Im Gegenteil scheint es mir entscheidend, dass das Kind den Zusammenhang zwischen Persönlichkeitsmerkmalen und individuellen Belastungen lernt. So wie ein Kind mit heller Haut mehr Sonnenschutz benötigt als eines mit stärker pigmentierter Haut, so kann auch das mit dünneren seelischen Grenzen ausgestattete Kind lernen, dass seine Konstitution eben so ist – und dass das auch Vorteile mit sich bringt.

Das kann Mette nun überhaupt nicht verstehen. Ihre Neigung zu Albträumen soll Teil ihrer Persönlichkeit sein und auch noch Vorteile haben? Welche Vorteile sollten das denn wohl sein, ein- bis zweimal pro Nacht unter Albträumen zu leiden?

Ich frage Mette, ob sie den Eindruck hat, dass äußere Eindrücke eher wenig oder eher stark auf sie wirken. Wie ist es zum Beispiel mit Musik? Das elfjährige Mädchen muss nicht lange überlegen: schlechte Musik kann sie wahnsinnig machen; die Familie hat schon einmal ein Restaurant verlassen, weil Mette vom Scheppern des Deckenlautsprechers Kopfweh bekam.

Und wie ist es mit Dingen, die ihre Fantasie beschäftigen? Ich habe offenbar einen neuralgischen Punkt getroffen, denn Mette verzieht das Gesicht. Sie hat früher oft erlebt, dass sie nach Filmen nicht einschlafen konnte. Voldemort wurde sie nicht mehr los, wenn sie einen der Harry-Potter-Filme gesehen hatte. Immer stand ihr seine gruselige Gestalt vor den inneren Augen, sobald sie zu schlafen versuchte. Nur wenn sie die Augen offen hielt und sich ablenkte, kam sie mit den Filmbildern zurecht.

Ich bitte Mette, einmal kurz die Augen zu schließen und sich für kurze Zeit etwas sehr Schönes, Fantasievolles vorzustellen. Ein Einhorn zum Beispiel oder eine Fee. Mette kichert, als sie die Augen zumacht; es ist ihr ein bisschen peinlich.

»Und, klappt das?«

Wie erwartet kann Mette sich leicht vorstellen, wie ein Einhorn oder eine Fee aussieht. Aber kann sie sich auch mit offenen Augen vorstellen, dass das Einhorn hier im Raum wäre? Zum Beispiel dort, wo mein Schreibtisch steht?

Ja, das kann sie. Und dass die Fee auf meiner Couch sitzt und die zwei Plüschtiere zur Seite räumt, die dort immer liegen, das auch. Insgesamt kann Mettes Einbildungskraft leicht die Grenze zwischen innen (ihre Vorstellungswelt mit geschlossenen Augen) und außen (wo ihre Vorstellungskraft die reale Welt gewissermaßen anreichert) überschreiten.

»Und das ist eine Begabung?«

»Auf jeden Fall, ja. Hast du manchmal den Eindruck, dass du dich ungewöhnlich gut in andere Menschen hineinversetzen kannst?« Mette bejaht, sehr erstaunt. Denn sie hat zwischen der Neigung zum Albtraum und ihrem Einfühlungsvermögen nie einen Zusammenhang gesehen. Auch nicht zu ihrer Kreativität, auf die ich als Nächstes zu sprechen komme. Und als ich erwähne, dass einige Fantasy-Autorinnen meiner Vermutung zufolge ganz ähnliche Persönlichkeiten aufweisen, schüttelt sie begeistert den Kopf.

Hartmann wandte sein Konzept der dickeren und dünneren seelischen Grenzen nicht nur zum Verständnis von Albträumen an. Er fand, dass es auch Aussagen hinsichtlich der Kreativität, der Verletzbarkeit und der Geschlossenheit der Persönlichkeit erlaubte.[7] Mettes Fall zeigt, wie auf diese Weise hinter dem ursprünglich rein defizitär erlebten Hang zu Albträumen ein komplexes Bild von Persönlichkeit und Begabung sichtbar wird.

Ich empfehle Träumerinnen wie Mette immer, dass sie etwas finden, was ihrem Erleben Ausdruck gibt. Songs zu schreiben, Bilder zu malen oder Geschichten zu erzählen erlaubt, dass ihre Imaginationsfähigkeit, ihre Empathie und ihr leichtes Aufnehmen äußerer Reize ein Gegengewicht bekommen, indem daraus aktives Gestalten wird.

Im Traum und darüber hinaus stärker werden

Ein Kind, das unter Albträumen leidet, muss man oft nicht nur in Bezug auf das stärken, was es in seinen Träumen erlebt. Sondern auch in seinen Kompetenzen der Alltagsbewältigung. Wir wissen zum Beispiel, dass Frauen häufiger Albträume haben als Männer.[8] Ob das auch schon für Mädchen gegenüber Jungen gilt, ist nicht ganz sicher. Aber wenn sich hier gegensteuern lässt, dann ganz gewiss in der Kindheit. Sozial sichere, in ihren alltäglichen Kompetenzen gestärkte Mädchen dürften vorliegenden Befunden nach weniger anfällig für Albträume sein.

Was können Eltern schlecht träumender Kinder nun tun, um dem Kind ein Gefühl der Sicherheit im Alltag zu vermitteln? Zunächst einmal sollten sie ihm helfen, seine Kompetenzen zu erweitern. Das kann zum Beispiel mit imaginativen Methoden geschehen. Eine einfache, aber sehr hilfreiche Methode bei wiederkehrenden Albträumen ist das sogenannte »Imagery Rehearsal«-Verfahren, das Barry Krakow entwickelt hat. Dabei denkt sich das Kind einen besseren oder einen versöhnlichen Schluss für das Traumgeschehen aus. Man könnte sagen, es erzählt eine Horrorstory so, dass dabei ein gutes Ende möglich wird.

Allerdings kann es geschehen, dass dies nicht genügt. Wenn Albträume zu oberflächlich »geschönt« werden, lässt sich die dahinter liegende Dynamik oft nicht erreichen. Man könnte sagen, das Kind glaubt sich dann das positive Ende selbst nicht recht.

Ich habe als Therapeut gute Erfahrungen damit gemacht, die kindliche Fantasie in der Aufarbeitung von Albträumen ruhig etwas wilder werden zu lassen. Sie kämpfen zu lassen, wo gekämpft werden muss, und sich notfalls Unterstützung aus dem Unbewussten zu holen. Die Angst, die aus wiederkehrenden Albträumen erwächst, hat ja meist damit zu tun, nie wirklich siegreich aus dem Traumgeschehen hervorzugehen, sondern immer da aufzuwachen, wo das schreckliche Ende gekommen wäre. Wenn das Kind in kleinen Tagträumen, von mir unterstützt, die Erfahrung macht, dass es triumphieren kann, wo es zuvor Angst erlebte, stellt das einen machtvollen emotionalen Schutzschild dar.

Hinsichtlich realitätsnaher Schreckensträume in sozialer Hinsicht sind zwei Varianten zu unterscheiden. Die eine betrifft soziale Konflikte, die andere zwischenmenschliche Gewalt. Wo es um Letztere geht, ist soziale Kompetenz allein nicht genug. Kinder bekommen ja durchaus mit, dass es Entführungen und Kindsvergewaltigungen gibt. Auch die Angst, die aus diesem Wissen erwächst, findet Eingang in ihre Träume.

Kinder, die sich im Traum mit Gewalt oder Entführung bedroht sehen, brauchen Imaginationen, in denen sie so wehrhaft sind, wie es nur immer geht. Beschwichtigungen helfen ihnen nicht, und freundlich und bestimmt zu sein, wird nicht genügen. Vielleicht hilft eine Imagination, in der das Kind seinen Kopf dem grausamen Erwachsenen ins Gesicht stößt, um sein Leben schreit, dem Täter die Nase zerbeißt, kurz: so um sein Leben kämpft, wie man es jedem potenziellen Opfer wünschen würde. Wer in dieser Weise mit kindlichen Albträumen und Ängsten arbeitet, wird zwei Erfahrungen machen. Einmal die, dass es für die Kinder etwas völlig Neues ist, dass das Thema ganz ernsthaft als Möglichkeit angegangen wird. Und dann, dass nach einer Phase, in der sie ihre hemmenden Anteile spüren (»Darf man einem Mann, der mir wehtun will, die Nase abbeißen?«), etwas ganz Ernsthaftes und im besten Sinn Wildes in ihnen aufscheint. Dass die Albträume hierauf zurückgehen, muss man kaum erwähnen.

Wo es nun um soziale Dynamiken geht, kann man daher das »Imagery Rehearsal«-Verfahren mit einem Training zur Selbstsicherheit koppeln. Man sieht sich hierfür genau an, welche Interaktionen im Traum ablaufen, und achtet insbesondere auf das, was das Kind tut. Angeblich erscheinen Kinder erst ab einem Alter von ungefähr zehn Jahren als autonom Handelnde im Traum. Doch auf soziale Herausforderungen reagieren sie im Traum auch schon vorher – und sei es nur, indem sie davonlaufen.

Wichtig ist, dass die neuen Kompetenzen zum Kind passen. Es hat wenig Sinn, einem schüchternen Kind nahezulegen, es solle der fiesen Schulkameradin mal so richtig die Meinung geigen. Das Kind bekäme dies nicht hin und würde sich nur doppelt inkompetent fühlen. Hilfreicher wäre es, dem Kind Wege zu zeigen, wie es sich in seiner Schüchternheit schützen kann, indem es etwa lernt, innerlich auf Abstand zu gehen.

4

Wie das Kind, so die Träume

Traum und Persönlichkeit

Manche Kinder träumen nahezu allnächtlich etwas Abenteuerliches. Und andere haben sehr alltagsnahe Träume. Manche Kinder schauen sich im Traum beim Erleben zu. Und andere sind selbst die Protagonisten. Manche Kinder – es sind wenige – träumen schwarz-weiß. Und andere in grellbunten Farben.

Alles dies trifft auch auf Erwachsene zu. Manches davon ist von der Persönlichkeit abhängig, anderes von der Lebensphase. Ich habe Menschen behandelt, die in einer depressiven Phase nur noch schwarz-weiß träumten (»Grau in Grau«), aber ich kenne auch Menschen, meist sind es ältere Leute, die immer schwarz-weiß träumen und für die das vollkommen in Ordnung ist.

Sicher aber ist: Träume sagen ebenso viel über die Persönlichkeit Ihres Kindes aus wie sein Verhalten im sogenannten »richtigen« Leben. Wenn etwa ein zurückhaltendes Kind davon träumt, auf großen Bühnen zu stehen, dann zeigt das, dass es nicht unbedingt schüchtern ist – aber bei einem eigentlich ausgeprägtem Schauspieltalent womöglich durch Angst gehemmt. Das ist zum Beispiel bei Pauline der Fall

In der Schule ist Pauline eher zurückhaltend; manche nennen sie schüchtern. Auch auf dem Pausenhof ist sie keine Wortführerin, sie läuft lieber mit und bleibt ansonsten im Hintergrund. In letzter Zeit hat sie auch Ängste bekommen. Ängste, in denen andere hinter ihrem Rücken über sie lachen.

Ihre Therapeutin möchte gern wissen, was Paulines Träume sind. Wie sie gern leben möchte. Und vielleicht auch, was sie nachts denn so träumt. Ist sie da auch schüchtern und zurückhaltend?

Keineswegs. Eher so eine Art kindliche Lara Croft ist sie da. Da streift sie forschend durch Urwälder und fremde Gebäude, wird angegriffen und gejagt. Und kämpft.

Und wenn sie aufwacht, wie ist es dann? Dann ist Pauline oft enttäuscht, weil die Welt draußen doch nicht so ist wie die Welt ihrer Träume. In der einen fühlt sie sich, obschon es von Gefahren wimmelt, zu Hause. In der anderen, anscheinend sicheren, dagegen nicht.

Was sich in Paulines Träumen zeigt, ist dies: Sie hat eine sehr starke Seite, die das Leben abenteuerlich und wild leben möchte. Aber dabei ist sie gern allein, denn simple soziale Situationen bereiten ihr Stress. Die Logik einer Kampfszene in einem Film würde sie sofort verstehen. Die eines Mädchen-Chats sind ihr wenig begreiflich.

Wie kann man Pauline helfen? Ihr Vater meint trocken, man könne sie ja schlecht überm Urwald abwerfen. Irgendwie müsse sie ja mit der Welt, in der sie nun einmal lebt, zurechtkommen.

So ist es. Aber vielleicht, regt die Therapeutin an, könnte man Pauline ja zugestehen, dass sie mit ihrem Problem nicht allein ist. Viele Kinderbücher funktionieren so. Heldinnen in der einen, zurückgezogen in der anderen Welt. Man sollte Pauline nicht das Gefühl geben, in dieser Welt falsch angekommen zu sein. Sie hat ja das Recht, Gruppenstrukturen komisch zu finden – manches daran ist in der Tat befremdlich. Wenn man ihr das Gefühl gibt, sie sei hier nicht richtig, könnte es sein, dass ihr die Traumwelt immer wichtiger würde. Ein paradoxer, von den Eltern keineswegs angestrebter Effekt.

Temperamentvolle Träume

Träumt jedes Kind individuell, oder gibt es wiederkehrende Muster in kindlichen Träumen? Könnte man solche Traumtypen identifizieren, wäre dies für das Verständnis von Kindern ziemlich hilfreich. So wie man Hauttypen bei Kindern unterscheidet, um den für sie angemessenen Sonnenschutz zu finden, könnte es ja auch seelische Typen geben, deren Eigenarten in die Träume hineinwirken.

Es gibt viele Typologien. Manche sind hilfreich, andere weniger. Wenn man zum Beispiel das Nachbarkind eine »typische Waage« nennt, meint man damit, es sei ausgeglichen und um Harmonie bemüht. Oder ein Schüler wird von Müttern als »richtiger Löwe« beschrieben, womit sie meinen, dass er immer im Mittelpunkt stehen will. Das sind astrologische Zuordnungen, und die Häufigkeit ihrer Verwendung legt nahe, dass wir dazu neigen, Typologien zur Orientierung zu benutzen, auch wenn wir Schubladendenken eigentlich schrecklich finden. So kennt man zum Beispiel seit C. G. Jung die Unterscheidung zwischen extrovertierten und introvertierten Menschen.

In der Kinderpsychologie und -psychotherapie spielen Typologien eine eher untergeordnete Rolle. Das ist erklärlich, weil man natürlich vermeiden möchte, Kinder in Schubladen zu stecken. Manchmal können Typen-Unterscheidungen aber auch helfen, Verständnis zu entwickeln. Zum Beispiel mithilfe der Temperamentenlehre.

Die Begriffe Choleriker, Melancholiker, Sanguiniker und Phlegmatiker stehen für vier unterschiedliche Temperamente und sind als Unterscheidungsformen schon sehr alt. Der griechische, später in Rom unter anderem als Gladiatorenarzt praktizierende Arzt Galen aus Pergamon fand diese Unterscheidung, die jahrhundertelang auf Medizin und Psychologie Einfluss hatte. Und sie prägt immer noch Teile unserer Vorstellungswelt. In Galens Modell, das im zweiten Jahrhundert nach Christus entstand, macht er Körpersäfte dafür verantwortlich, wie wir sind. Sie sorgen nach Galens Lehre dafür, dass wir entweder ein hitziges, begeisterungsfähiges Temperament haben (Choleriker), ein nachdenklich-betrachtendes (Melancholiker), eines, das mal hierhin und mal dorthin springt (Sanguiniker), oder eines, das eher in sich ruht und immer erst einmal prüft, ob sich der Aufwand überhaupt lohnt (Phlegmatiker). Über die Jahrhunderte hinweg klärte sich zwar, dass die Lehre vom Zusammenhang der Körpersäfte mit unserer Persönlichkeit nicht stimmt, dennoch fand man, dass Galen ein ungewöhnlich guter Beobachter gewesen sein muss. Denn die von ihm beschriebenen Temperamente ließen sich im täglichen Leben leicht wiederfinden.

In der heutigen Psychologie spielt das Temperament eine untergeordnete Rolle. Man unterscheidet Persönlichkeitstypen, aber auch das geschieht bei Kindern eher selten. Insgesamt gibt es eine gewisse Skepsis gegenüber einer fest bestimmten Kernpersönlichkeit. Seitdem ich selbst Kinder habe und viel beruflich mit Kindern arbeite, ist bei mir jedoch die Überzeugung gewachsen, dass es im wahrsten Sinn des Wortes wesentlich ist, das Temperament eines Kindes respektvoll anzuerkennen. Was nie und nimmer bedeutet, das Kind als Person in eine Schublade zu stecken – wohl aber, es klarer zu sehen.

Temperament bedeutet so viel wie Wesensart, aber in Hinsicht auf Kinder würde ich versuchen, noch feiner zu definieren: Das kindliche Temperament ist die Art, wie ein Kind auf etwas *reagiert*. Cholerische Kinder zum Beispiel sind Feuerkinder. Sie sind leicht entflammbar, sie springen schnell an. Wie Phosphorköpfchen, die an einer Reibfläche entlanggestrichen werden, fangen sie sofort Feuer. Das betrifft nicht nur die Neigung, zornig zu werden, sondern kann sich auch in spontaner Solidarität äußern. Vor allem aber betrifft es die Begeisterungsfähigkeit. Das hochreaktive Kind fühlt intensiv und zeigt das in der Regel auch.

Kinder mit einer eher melancholischen Wesensart sind dagegen eher nachdenklich und betrachten erst einmal aufmerksam, was ihnen begegnet. In Kitas werden sie manchmal als »kleine Denker« und wenig begeisterungsfähig angesehen, aber das ist recht oberflächlich und wird diesen Kindern nicht gerecht. Wollte man sie einem Element zuordnen, so wären es eher die »Wassertypen«, die eine Tiefe mitbringen, von der aus sie sich mit ihrer Umgebung auseinandersetzen. Ihre Leidenschaft sollte man dabei nicht unterschätzen, auch wenn sie sich weniger expressiv zeigt als bei den »Feuerkindern«.

Sanguinische Kinder sind schnell interessiert an etwas, aber ebenso schnell erlischt ihr Interesse auch wieder. Ihre Neigung springt mal hierhin, mal dorthin, und mitunter werden sie als launisch angesehen. Aber das ist nur die Kehrseite ihres Temperaments, so wie der Zorn die Kehrseite des cholerischen Temperaments ist und die Traurigkeit die des melancholischen. Besser ist, man stellt sich die Kinder so vor, dass sie jeden Luftzug spüren und von den Luftbewegungen mal hierhin und mal dorthin bewegt werden.

Phlegmatische Kinder stehen in dem Ruf, nichts hinzukriegen und schwer motivierbar zu sein. Aber eigentlich haben sie ein starkes Gefühl für das Verhältnis von Aufwand und Ertrag. Es lohnt sich aus ihrer Sicht einfach nicht, wegen Kleinigkeiten zu streiten. Und wenn man sich sehr anstrengen muss, um etwas zu erreichen, dann sollte man aus ihrem Betrachtungswinkel heraus erst einmal sehen, ob das denn wirklich so erstrebenswert ist. Dass sie kaum »aus dem Quark« kommen, beschreibt ihre mögliche negative Seite, aber dem steht viel Positives gegenüber. Eine Grundruhe nämlich, mit der sie dem nachgehen, was ihnen der Mühe wert erscheint.

Es wird leichter, ein Kind angemessen zu begleiten, wenn man sein Temperament kennt. Damit ist ja keine Festlegung verbunden. Vielmehr geht es um die Erfassung einer Wesenstendenz, die man wahrnehmen kann, ohne aus ihr eine Schublade zu machen. Begreift man aber diese Tendenz, so vermag man dem Kind eher zu entsprechen. Man fordert ihm dann zum Beispiel nicht mehr so leicht Dinge ab, die gar nicht zu ihm passen. Wenn das eher zurückhaltende Mädchen, das in der Kita lieber mit einer Freundin drinnen bleibt, um in Büchern zu blättern, als melancholisches Temperament anerkannt wird, dann versucht man nicht mehr so leicht, sie zu wilden Gruppenaktivitäten zu bewegen, die ihr gar keine Freude bereiten. Und natürlich kann das Temperament die Träume Ihres Kindes beeinflussen. Das zeigt sich oft in der Rückschau besonders eindrucksvoll.

Er hätte sein Lebtag gern abenteuerlicher geträumt, sagt der inzwischen ergraute Lehrer. Aber das hat er nie erlebt.

Ich würde gern mehr darüber erfahren, was er so träumt. Und warum er es sich sein Leben lang anders gewünscht hat. Der Lehrer erinnert sich, dass er schon als kleiner Junge bemerkenswert all-

tagsnah geträumt hat. Akribisch, wie er sein Leben anging, hatte er schon früh begonnen, Tagebuch zu führen, und konnte vieles so leicht wiederfinden. Lernte er Radfahren, so träumte er vom Radfahren. Ging es in den Ferien an die See, so kam die See auch in den Träumen vor. Und als er sich zum ersten Mal verliebte, da träumte er weder romantische noch sexuelle Träume. Sondern vielmehr eine Hochzeit auf dem Standesamt.

Wenn ein erwachsener Mann sagt, er hätte sich immer andere, abenteuerlichere Träume gewünscht, dann steht die Frage im Raum, warum er sie nie träumte. Als ich ihn dann genauer befrage, stellt sich heraus, dass er eigentlich gar nicht weiß, was er denn gern geträumt hätte. Er hätte gern einfach mehr Aufregung und Gefahr erlebt. Aber glaubt er, dass er diesen Träumen auch gewachsen gewesen wäre?

Das scheint eine seltsame Frage, aber sie hat ihre Berechtigung. Denn die Träume, die uns nächtlich besuchen, können uns prinzipiell überfordern. Das ist etwa dann der Fall, wenn sie unserem Temperament vollkommen widersprechen.

Das hier erzählte Beispiel zeigt einen Mann, dessen Persönlichkeit von Kindesbeinen an auf die Vermeidung unberechenbarer Ereignisse abzielte. Ordnung bedeutete ihm viel, und vor allem sollten die Dinge, die ihm widerfuhren, sich steuern lassen. Das liegt dem Wunsch nach Abenteuern ziemlich fern. Warum aber dann dieser Wunsch? Im weiteren Gespräch kristallisiert sich heraus, dass mein Klient früh mitbekam, dass andere anders waren als er. Albträume erlebte er entweder nie, oder aber – was wahrscheinlicher ist – sie wurden so weit verdrängt, dass er sich nicht an sie erinnerte. Das war einerseits angenehm, denn so passierte ihm nie etwas. Die Frage war aber, ob seine Erlebnislosigkeit auch Zeichen eines Defizits, einer Krankheit sein könnte. Fehlte da nicht etwas Stärkeres, Emotionales?

Ob ein Mensch mit dem in Übereinstimmung lebt, was er in sich fühlt, das zeigt sich oft an seinen Tagträumen. Ich frage ihn, was er als Kind in seinen Tagträumen so erlebt habe. Er hätte keine Tagträume gehabt, sagt er – zumindest keine, an die er sich erinnern könne.

Was allmählich deutlich wird, ist: Mein Klient hat nie wirklich abenteuerlich träumen wollen. Er hätte vermutlich bedeutend mehr Stress dabei erlebt, als ihm gutgetan hätte. Seine Träume standen im Dienst seiner Grundhaltung dem Leben gegenüber. Und die hieß: Suche Sicherheit und vermeide alles Unberechenbare.

Jetzt aber möchte er es probieren. Einmal wilder träumen. Um seinem Wunsch nach einem abenteuerlichen Traum zu entsprechen, probiere ich es mit einer hypnotischen Suggestion: Er möge eine Nacht lang abenteuerlicher träumen, als er es je getan habe.

So eine Suggestion will natürlich vorbereitet sein. Da ich vermute, dass sein spannungslos gelebtes Leben auf einer ungewöhnlichen Empfindlichkeit beruht, frage ich erst einmal nach: Ist er sicher, dass er etwas erleben möchte, was ihm womöglich etwas Dramatisches zumutet? Ja, sagt er, er sei sicher.

Ich bitte ihn, die Augen zu schließen. Und indem ich das in ihm anspreche, was wir »das Unbewusste« nennen, wiederhole ich suggestiv eine Formel, sodass sie seelisch in ihn einzusinken vermag. Die Formel lautet: Und weil Sie jetzt bereit dafür sind, werden Sie eine Nacht lang abenteuerlicher träumen, als Sie das jemals getan haben.

Kopfschüttelnd erzählt er mir bei unserer nächsten Begegnung, er sei im Traum Autoscooter gefahren. Und, mannomann, da sei es ganz schön heiß hergegangen. Tatsächlich ist er als Kind niemals Autoscooter gefahren. Damals schon war es ihm zu laut, zu »heavy«, wie er sagt. Und nun träumt er als Abenteuertraum genau das, was er als Kind nicht erleben mochte, obschon es für andere Kinder mit einem großen Reiz verbunden war.

Man könnte meinen, mein Klient hätte ein reizloses und an Emotionen armes Leben. Aber so ist es nicht. Der Mann, von dem ich spreche, hat ein frohes Privatleben. Aber sein Temperament und seine Sensibilität haben eine feinere Justierung. Was anderen gemütlich oder gar langweilig erscheint, kann er schon als wild empfinden. Und wo andere gerade in Schwung kommen, da wird ihm die Aufregung bereits zu groß. Genau wie in seinen Träumen. Weswegen sein Wunsch nach wilderem Leben auch auf eine Weise erfüllt werden kann, die anderen eher harmlos erscheinen würde.

Ganz anders verhält es sich in den Comics von Winsor McCay, der gerade 34 Jahre alt geworden war, als die erste Folge seiner Comicserie erschien. 1905 präsentierte der *New York Herald* den kleinen Nemo zum ersten Mal der Öffentlichkeit.

»Little Nemo« ist bis heute eine der berühmtesten Comicserien der Welt geblieben. Das Besondere an der Geschichte: Der kleine Nemo erlebt alle die Abenteuer und erschreckenden Begegnungen, das Hoffnungsvolle und das Fürchterliche, im Traum. In den Träumen durchreist er Slumberland (= Schlummerland), das von König Morpheus regiert wird. Dieser hat eine bezaubernde Tochter, die Prinzessin. Sie ist viel zu viel allein und wünscht sich daher einen Spielgefährten.

Den will der König ihr beschaffen – Nemo. Allerlei Ungeheuer machen sich auf, Nemo zum König zu bringen. Er wird von Piraten entführt. Seeschlangen tauchen auf, Gegenstände verformen sich bizarr. Eine Welt, in der nichts ist, wie es scheint. Und mitunter sieht man den kleinen Nemo nach seiner Mama rufen.

Gegen Ende jeder Folge erwacht der kleine Nemo. Manchmal erfährt man, dass er den Heidelbeerkuchen doch nicht hätte vorm Schlafengehen essen sollen – ein kleiner Verweis darauf, dass der Volksmund sagt, wer zu schwer esse, der träume von Geistern.

Was für ein Kind könnte der kleine Nemo wohl sein? Darüber erfährt man nicht viel. Ich vermute, er ist ein zugleich schüchternes und wildes Kind. Ein gehemmter Abenteurer, der aber seine Sehnsucht nach einem wilden, märchenhaften Leben mit der bürgerlichen Welt, in der er lebt, nicht übereinbringen kann.

Wo Kindern nicht erlaubt wird, ihrem Temperament entsprechend zu leben, verlagert sich die Sehnsucht oft in das nächtliche Leben hinein. Dort sind die Kinder dann das, was sie nach ihrem Fühlen *eigentlich* sind. Während in der realen Welt der blasse Alltag mit der Schule und den Hausaufgaben wartet.

Verändern Krankheiten Träume?

Dass Fieberträume oft besonders heftig sind und im Fieberwahn auch sehr beängstigende Traumbilder vorkommen, wissen wir. Aber es gibt auch Fälle, in denen die Erkrankung eine Phase hohen seelischen Stresses zum Abschluss bringt, wobei dann in den Träumen die belastende Zeit noch einmal durchgearbeitet wird. Wenn Kinder etwa, nachdem sie zum Beispiel bei »Jugend forscht« mitgemacht haben oder bei einer Ballett-Aufführung dabei waren, krank werden, dann sind ihre Träume oft voll von dem ungewöhnlichen Ereignis, das sie gerade hinter sich haben.

Manchmal haben Krankheiten auf Träume auch positive Effekte: Wer unter einer charakteristischen Schwindelerkrankung leidet – dem Morbus Menière –, der oder die hat eine deutlich erhöhte Chance, vom Fliegen zu träumen.

In anderen Fällen lässt sich der Traum als eine Art Selbstdiagnose nutzen. Wenn ein Kind zum Beispiel chronisch erkrankt ist, so kann die Frage, ob die Krankheit denn auch im Traum eine Rolle spielt, zu erhellenden Antworten führen. Ganz gleich, ob ein Kind asthmatisch ist oder unter Hautproblemen leidet, ob es Heuschnupfen bekommt oder in seinen Bewegungen eingeschränkt ist, es ist interessant zu wissen, ob das Gesundheitsproblem auch im Traum vorkommt.

Erstaunlicherweise ist das oft nicht der Fall. Das liegt zum einen daran, dass körperliche Veränderungen generell lange brauchen, um in Träume Eingang zu finden. Wer zum Beispiel lange Zeit übergewichtig war, erlebt sich auch nach gelungenem Abnehmen im Traum oft noch als dick. Hier ist meist nur Geduld gefragt – die Veränderung eines Körperschemas findet erst sehr allmählich statt. Auch wenn Kinder etwa infolge einer Krebserkrankung oder durch einen Unfall ein Körperglied verloren haben, bleibt das Traumerleben noch lange unbeschädigt, und die Kinder laufen oder springen ganz wie zuvor. Doch wie gesagt, hier sind neben einfachen Wunscherfüllungen im Traum vor allem Zeitfaktoren entscheidend. Größere Veränderungen werden erst langsam ins Selbstbild überführt. Und da das Körperschema, also die Art, wie wir unseren Körper mental abbilden, eng mit der erlebten Identität zusammenhängt, ist dies auch sinnvoll – wir würden Gefahr laufen, überhaupt kein verlässliches Körperschema zu haben, wenn wir unsere Erscheinung häufig variieren würden.

Wenn aber ein Kind, das seit Jahren schwer krank ist, sich in seinen Träumen beständig als gesund erlebt, dann kann das auch etwas anderes heißen. Nämlich dass das kindliche Gehirn noch eine Möglichkeit sieht, tatsächlich gesund zu sein. Ich nutze dies oft, wenn ich etwa mit hautkranken Kindern arbeite oder mit Kindern, die an starken Allergien leiden. Wir nutzen dann die Möglichkeit, das Traumbild aufzurufen, um dem Gefühl, wieder gesund zu sein, näherzukommen.

Was mir jedoch am Zusammenhang von kindlichen Träumen und Krankheit besonders großen Respekt einflößt, ist, dass man hier ein erstaunliches Selbstwissen des kindlichen Organismus erkennen kann.

Da gibt es zum Beispiel den Traum, in dem Menschen ihre Zähne verlieren. Ein Albtraum, ganz klar. Wenn ich in den ersten zehn Jahren meiner therapeutischen Tätigkeit noch angenommen hätte, dass es hier um fehlende Aggression oder um eine eingeschränkte Vitalkraft (im übertragenen Sinn keinen »Biss« mehr haben) gehen könnte, so würde ich heute erwägen, ob der Traum nicht womöglich eine beginnende Erkrankung signalisiert. Ich habe Zeugnisse vorliegen, bei denen Träume von ausfallenden Zähnen oder blutenden Mundhöhlen in der Tat mit schweren Erkrankungen einhergingen. Und zwar, noch bevor diese zu ersten Symptomen führten. Daher würde ich bei Erkrankungsträumen immer darüber nachdenken, ob nicht auch eine kinderärztliche oder in diesem Fall eine zahnärztliche Begutachtung sinnvoll wäre.

Das Unbewusste und das Meer

Träume verweisen darauf, dass es neben unserem bewussten Dasein noch ein anderes gibt, nämlich das Unbewusste. Es gibt eine ganze Reihe von Konzepten davon, was man unter dem Unbewussten verstehen kann. Für mich als Hypnotherapeut ist das Unbewusste so etwas wie unser komplementäres Selbst. Es gehört zu uns, es macht uns aus, aber wir können es nicht sehen und mit ihm keinen Spaziergang unternehmen. Was also ist dieses Unbewusste, und wie stellen wir uns sein Verhältnis zum Träumen vor?

Ich stelle mir das Unbewusste wie das Meer vor. Und unser tägliches Bewusstsein als den Strand mit dem Binnenland dahinter. Dort gibt es alles das, was wir kennen: Schule und Arbeit, das Handy und das Skateboard, Süßigkeiten und Hausaufgaben. Es ist aber vor allem ein ziemlich sicheres Gelände, bei dem wir überall Boden unter den Füßen haben. Wir können es erkunden und bereisen, ohne dass das sonderliche Schwierigkeiten macht.

Überdies geht es im täglichen Bewusstsein hell und klar zu. Wir können ausprobieren, umsetzen und prüfen, was wir tun. Wir erinnern uns leicht an das, was gestern am Tage geschah oder vorgestern. Wir können erzählen, was wir morgen vorhaben. Ja, wir können sogar die Zukunft planen, zum Beispiel die nächsten Sommerferien. All das ist in unserem nächtlichen Dasein nicht der Fall.

Denn wenn wir nachts in die Welt der Träume eintauchen, so zeigt sich da eine andere Welt mit anderen Gesetzen. Hier ist nichts fest oder sicher, die Welle des Traums kann uns in eine Einöde werfen oder in einen Dschungel, in unser Elternhaus oder auf den Turm einer Zitadelle.

Und doch verbindet uns mit dieser von anderen Gesetzen bestimmten Welt eine Sehnsucht. Als komplementäre Wirklichkeit ist sie von einem starken Zauber und macht unser Leben reicher. Und sie bietet vielerlei an: Im nächtlichen Meer kann man tauchen, aber man kann auch über seine Oberfläche dahingleiten. Man kann planschen oder sich weiter hinauswagen. Manchmal sieht man wunderliche Wesen, manchmal Ungeheuer.

In der Tageswelt ist das Meer der Träume nicht mehr da. Nur die Muscheln und Schneckenhäuser, die wir am Grund gesammelt haben, sind es noch. Es gibt also eine Verbindung zwischen diesen Welten, und wir fragen uns vielleicht, wo die Grenze verläuft. Um in der Metapher zu bleiben: Dort, wo Meer und Strand aufeinandertreffen, gibt es keine feste, sondern eine bewegliche Grenze. Wissenschaftlich ausgedrückt wäre dies eine Zone, in der wir weder wirklich wach sind noch tief schlafen.

Eine Zone des Dämmerns und trancehaften Träumens, in der von den nächtlichen Träumen noch viel da ist, während die Sinne sich schon auf die Außenwelt richten.

Es gibt viele Meere auf unserer Erde, und sie berühren ganz unterschiedliche Landstriche. So entspricht auch das Unbewusste des einen Kindes nicht dem des anderen. Und berührt andere mentale Länder, in denen ein anderes Bewusstsein herrscht. Was aber allen gemeinsam ist, ist die tiefe, strömende Struktur im Gegensatz zum festen Land und das Geheimnisvolle hier im Gegensatz zum Überschaubaren da.

Träumen Jungen anders als Mädchen?

Lange Zeit galt es als nahezu selbstverständlich, dass die Träume von Jungen anders sind als die von Mädchen. Ab der Pubertät schien es ohnehin vollkommen klar, dass Jungenträume expliziter sexualisiert und auch aggressiver waren als die von gleichaltrigen Mädchen. Aber auch die Kindheit schien von unterschiedlichen Wünschen und Bedürftigkeiten etwa hinsichtlich Nähe bzw. Autonomie, Risikobereitschaft und Aggressivität geprägt.[1]

Diese Sicherheit haben wir heute nicht mehr – oder sollten sie zumindest relativieren. Erst einmal, weil viele kulturelle Vorgaben hinsichtlich einer typisch männlichen oder typisch weiblichen Lebensform sich inzwischen verändert haben. Zweitens, weil das Gegenüber allein zweier Geschlechter nicht nur etwas biologisch Festgelegtes, sondern auch etwas kulturell Definiertes ist, das zunehmend infrage gestellt wird. Und dann auch, weil eine Vielzahl von Traummustern ohne Weiteres vom Geschlecht losgelöst werden kann und es manchmal doch eher die Deutungspraxis zu sein scheint, die im einen Fall maskulin-aggressive und im anderen feminin-zurückhaltende Muster unterstellt. Aber schon diese Unterscheidung macht klar, wie viele Klischees auch in Traumdeutungen mit hineinspielen.

Wer hier forschen möchte, der muss erst einmal an einem Dilemma vorbei. Die Traumerinnerung variiert nämlich zwischen den Geschlechtern. Frauen und Mädchen erinnern Träume statistisch gesichert häufiger, als Männer das tun. Mögliche Unterschiede zwischen Jungen- und Mädchenträumen können also durch die schiere Menge der vorliegenden Träume schon verwischt werden. Auch wissen wir nicht, inwieweit sich Jungen und Männer tatsächlich weniger erinnern oder ob sie einfach nur mehr verschweigen, zum Beispiel aus Schamgefühl.

Klar ist: Mädchen wie Jungen spielen im Traum mit Rollenmustern. Diese Rollenmuster aber sind oft breiter angelegt und abwechslungsreicher als jene, die Kinder im Alltag ausprobieren. Ein Junge wird zu Hause eher selten probieren, wie er in Samt und Seide aussähe. Im Traum aber ist dies durchaus möglich. Insofern sind Träume eine Nische, in der Kinder auch unabhängig vom Geschlecht Muster erproben können, die ihren Bezugspersonen vielleicht seltsam erscheinen. Träume erlauben, Bedürfnisse zu erfüllen, die in der Familie mitunter nicht zu erfüllen sind.

Manuel ist neun Jahre alt. Vergangene Nacht hat er etwas Eigentümliches geträumt. Es war sehr schön. Aber doch eben auch etwas befremdlich. Und zwar hat Manuel in Begleitung zweier Helden, die er von einer alten Western-DVD seiner Eltern kennt, einen wilden Wald durchquert.

Manuel ist aufgeregt. Er lebt jetzt das, was er sonst nur anschaut. Der Traum ist erfüllt von lustvoller Spannung. Man muss aufpassen in diesem Wald, es sind gefährliche Leute darin.

Es ist sehr warm geworden. Die Männer ziehen ihre Hemden aus und hängen sich ihre Gewehre über die nackten Oberkörper. Auch Manuel zieht sein Hemd aus. Es entsteht männliche Vertrautheit. Als die Männer sich gemeinsam niederlassen, setzt Manuel sich ganz nah an einen der beiden heran. Die Hautberührung ist schön. Manuel genießt sie. Er erwacht verwirrt und mit einem Gefühl, als sei etwas Komisches geschehen.

Manuel wird über diesen Traum mit seiner Mutter reden. Mit seinem Vater nicht, und das hat Gründe. Manuel fürchtet, es könnte peinlich werden.

Da liegt er möglicherweise richtig. Denn der Traum erfüllt Manuel einen Wunsch, den er niemals zugegeben hätte. Ja, er wäre ihm wohl nicht einmal bewusst gewesen. Die Grundszene, die der Traum anbietet, hat es in einer Folge der Serie wirklich gegeben. Auch die Männer, die ihre Hemden auszogen, gab es. Nur eben ohne Manuel.

Manuels Mutter hat eine Ahnung, was ihr Sohn hier geträumt hat. Ihre freundliche Ruhe wirkt sich auf ihn aus, und allmählich vermag er, deutlicher zu sagen, wie cool dieses nächtliche Abenteuer war. Und ihre Bestätigung, dass so eine Männererfahrung absolut ihre Berechtigung habe, macht ihn froh.

Denn Manuel ist in seinem Traum das Bedürfnis nach einer Kameradschaft, die auch körperliche Nähe einschließt, erfüllt worden. Es handelt sich um ein Bedürfnis, in dem er sich als Neunjähriger kaum wiedergefunden hätte, schließlich ist er ja kein Kleinkind mehr. Auch steht es noch nicht im Zusammenhang mit den sexuellen Verwirrungen, die die Pubertät begleiten können.

Tatsächlich ist der Ursprung des Bedürfnisses, das der Traum hier erfüllt, älter, als Manuel selbst glauben würde. Es ist ein ganz frühes kindliches Bedürfnis – ein Bedürfnis nach väterlicher Körpernähe. Manuels Vater ist ein im Kern zwar warmherziger, aber emotional eher gehemmter Mann, mit dessen körperlicher Zurückhaltung auch Manuels Mutter ihre Not hat. Neben ihm auf dem Sofa zu sitzen und mit ihm einen Western zu schauen, ist bereits der Gipfel an Nähe, der mit ihm zu erklimmen ist. Und ganz sicher hätte er in Manuels Traum eher ein Zeugnis sich entwickelnder Homosexualität erkannt als einen auf ihn bezogenen Nähewunsch.

Manuels Traum ist ein Beispiel dafür, wie ein Junge seine Grenzen im Traum erweitern und in einem medial vorbereiteten Umfeld etwas erleben kann, wonach ihn tief verlangt. Ob Mädchen in vergleichbaren Situationen auch vergleichbar träumen, weiß ich nicht, halte das aber für möglich. Im vorliegenden Fall spielen allerdings die Rollenmuster eines Jungen, der nicht die Bedürfnisse eines kleinen Kindes haben möchte, unabhängig von ihrer Erfüllbarkeit eine wichtige Rolle.

Wichtig scheint mir vor allem zu sein, dass beide Geschlechter im Traum über sich hinausgehen können.

Emilies Hand hat gezittert. Sie hat das Zittern noch beim Aufwachen gespürt und ist überzeugt, dass das, was sie eben erlebt hat, ihr ganzes Leben verändert. Eben nämlich hat sie den Einbrecher umgebracht, der unten durchs Fenster eingestiegen ist.

Sie konnte ihn sogar dabei sehen. Wie er die Scheibe aus dem Rahmen nahm, so leicht, als zöge er ein Blatt vom Zeichenblock. Emilie hat beobachtet, wie er sich in die Wohnung schwang, dann zur Treppe ging und zielsicher dorthin, wo ihr kleiner Bruder schlief.

Zum Glück hat er nicht gesehen, wie sie sich hinter dem Vorhang versteckte. Als sie dann allen Mut zusammengenommen hat und aus ihrer Deckung gesprungen ist, war es für den Einbrecher zu spät. Er wollte nach ihr greifen, hat sie auch gepackt, aber sie hat sich erinnert, dass man Erwachsene, die einen entführen oder einem wehtun wollen, in die Nase beißen muss. Da sind sie empfindlich. Oh, wie der Mann geschrien hat, als sie ihm in die Nase biss, die ekelhaft schmeckte und von der das Blut ihr in den Mund lief. Ganz fest hat sie die Nase in ihren Zähnen gehalten und gehofft, dass ihr Vater käme. Dann ist der Einbrecher plötzlich frei gewesen, und Emilie, die unfassbar viel Angst spürte, griff nach dem langen Brieföffner, den sie früher gern in die Hand nahm und immer sofort wieder hinlegen musste.

Diesen Brieföffner hat Emilie mit aller Kraft nach vorn gestoßen. Er drang in den weichen Bauch des Einbrechers ein, sie zog ihn wieder heraus und stach nochmals zu, wieder und wieder. Irgendwann spürte sie keine Bewegung mehr um sich herum, alles blieb still. Als Emilie auf den Boden blickte, lag da ein toter Mann.

Wild und archaisch? Allerdings. Niemand hätte die strebsame Emilie in diesem Traum wiedererkannt. Mit ihren elf Jahren ist sie noch eher kindlich als präpubertär, obschon sie Bücher und Filme bevorzugt, für die sie eigentlich noch ein bisschen zu jung wäre. Und dass sie eine solche Wildheit an den Tag legen könnte, würde niemand glauben.

Michael Schredl, Leiter des Schlaflabors am Zentralinstitut für seelische Gesundheit in Mannheim, hat untersucht, inwieweit sich hinsichtlich der Aggression geschlechtsspezifische Unterschiede im Traum finden lassen.[2] Früher schon war Schredl der Frage nachgegangen, inwieweit die Angstträume von Schülerinnen und Schülern Differenzen aufwiesen. Dabei stellte sich heraus, dass die Frage nach der Geschlechterverteilung hier weniger die Träumenden als vielmehr die Träume selbst betraf. In diesen waren nämlich Männer über beide Geschlechter hinweg die am meisten Furcht einflößenden Gestalten. Traten Angstträume auf, so ging die Bedrohung in 80 Prozent der Fälle von Männern aus und nur bei 20 Prozent von Frauen. Es scheint, dass die gesellschaftliche Wirklichkeit sich hier bei Jungen wie bei Mädchen in den Träumen abbildet.[3]

Was die Studie zeigt, entspricht ziemlich genau Emilies Traum. Ein Mann stellt eine Bedrohung dar. Nun aber tut Emilie das, was ich als alternatives Rollenmuster im Traum bezeichne. Sie verbirgt sich erst, was noch dem Emilie vertrauten, eher zurückhaltenden Muster entspräche. Und sie hofft in diesem Muster auch noch, dass jemand käme, am besten der Vater. Der aber kommt nicht. Jetzt wächst Emilie im Traum nicht über sich, wohl aber über ihr vertrautes Rollenmuster hinaus. Als wäre sie Xena aus *Xena – Die Kriegerprinzessin* oder Katniss Everdeen aus *Die Tribute von Panem* lässt sie sich auf einen brutalen Kampf ein. Emilie kennt beide, die Xena aus der 90er-Jahre-Serie ebenso wie die Heldin aus den *Hunger Games*. Aber beide sind ihr, glaubt sie, denkbar fern.

Man könnte diesen Traum nun anhand seiner Bilder zu deuten beginnen. Da würden dann Fragen entstehen wie: Wofür steht der Einbrecher? Warum hilft der Vater nicht? Was will der Mann von Emilies kleinem Bruder, zu dem er sich ja hinbewegte? Und wofür steht womöglich der Brieföffner?

Fragen wie diese machen meiner Ansicht nach aber immer erst dann Sinn, wenn ein Traum nicht auch für sich selbst sprechen kann. Und das ist hier der Fall. Den Brieföffner gibt es, und er ist die einzige Waffe, an die Emilie gelangen kann. Um ihren kleinen Bruder hat sie mehr Angst als um sich selbst, seit sie weiß, dass es Pädophile gibt. Dass ihre Eltern schlafen – das ist jene Situation, die Kinder besonders fürchten. Dass nämlich niemand da ist, der sie beschützt. Hier könnten die Eltern beginnen, sich unwohl zu fühlen. Spiegelt der Traum womöglich wider, dass Emilie sich von ihnen nicht genug beschützt fühlt? Das ist natürlich prinzipiell möglich, doch kann die Fragestellung hier auch auf ein falsches Gleis führen. Es ist nämlich immer möglich, dass ein Kind in Situationen gerät, in denen es nicht zu schützen ist. Weil die Eltern nicht dabei sind zum Beispiel. Emilie weiß das. Spätestens ab dem Zeitpunkt, da Kinder bewusst erleben, dass sie manchmal ohne ihre Eltern auskommen müssen – was heute immer früher der Fall ist –, erleben sie auch die Schutzlosigkeit, die damit einhergeht.

Emilie weiß also, dass die Eltern sie nicht vor allem beschützen können. Diese Realitätserfahrung geht in den Traum mit ein. Daher stellt dieser Traum vor allem eins dar: Die bestürzend realitätsnahe Bewährungsprobe eines Kindes, das weiß, dass es schutzlos sehr schlimmen Situationen ausgesetzt sein könnte.

Vor diesem Grund ist die wichtigste Botschaft des Traums die, welche sagt: Emilie erlebt sich als wehrhaft. Wie ein Kind, das in einer Harry-Potter-Sequenz allein mit den dunklen Mächten konfrontiert ist, kann sie nur kämpfen. Und sich von dem leiten lassen, was an wilder, kämpferischer Energie in ihr steckt.

Ich kenne Eltern, die angesichts solcher Träume entsetzt sind. Das Kind tötet im Traum – ist das nicht eine schreckliche Erfahrung? Und muss man sich nicht Sorgen machen, was für heftige Energien in diesem Mädchen wüten?

Ja, klar ist es eine ziemlich extreme Erfahrung für ein Kind, im Traum zu töten. Aber wenn wir die Alternative anschauen – der Einbrecher hätte vielleicht dem kleinen Bruder etwas zugefügt oder auch Emilie selbst –, dann ist das Töten doch die bessere Alternative. Man darf nicht vergessen, wie archaisch Träume im Kern sind. Ihnen wohnt nichts Behagliches inne, sie sind kein Wellness-Programm, weil das Behagliche und Wellnessmäßige an eine sichere Grundsituation geknüpft sind. Unser Unbewusstes aber weiß, dass Sicherheit etwas ist, was Menschen immerzu erstreben, aber nie auf Dauer finden.

Emilie durchlebt also Schreckliches, geht aber aus dem, was ihr begegnet, als Siegerin hervor. Ich hielte es hier für sehr angemessen, dem Mädchen vor allem eins zu spiegeln: dass es in seiner Tiefe womöglich viel wehrhafter und entschlossener ist, als es sich das jemals vorgestellt hat.

*

Wenn ich die Jungen und Mädchen überschaue, mit deren Träumen ich zu tun hatte, dann würde ich aus heutiger Sicht vor allem einen Unterschied benennen. Und der betrifft die Bedeutung sozialer Einbindung und die Angst vor Zurückweisung. Bei Mädchen scheint es mir neben dem größeren Stellenwert, den sie ihren sozialen Kontakten beimessen, auch eine Neigung zum Bilden sozialer Hierarchien zu geben – nur eine kann die *beste* Freundin sein. In Träumen erweist sich dies dann als latente Bedrohung. Denn die Hierarchie bietet jederzeit die Möglichkeit, abzustürzen und sozial entwertet zu werden.

Warum träumen Jungen so etwas seltener? Vielleicht, weil sie früh lernen, ihre Beziehungswünsche mit anderen Bedürfnissen aufzuwiegen. In einer interessanten Studie zeigten Michael Schredl und Ewald Piel, dass Männer signifikant häufiger von der Arbeit träumen, während in den Träumen von Frauen häufiger bereits verstorbene Personen auftauchen.[4] Das legt nahe, dass hier Präferenzen sichtbar werden, die bei Frauen eher den Beziehungsbereich betreffen und bei Männern den der Erwerbstätigkeit. Aber wie kommt es dazu?

Eine Möglichkeit wäre, dass hieran die unterschiedlichen Hormonausschüttungen beteiligt sind. Testosteron ist nicht gerade dafür bekannt, die soziale Intelligenz und das Fürsorgeverhalten zu fördern, sondern eher die

Neigung zu Konkurrenz und aggressiver Auseinandersetzung. Das erklärt den gefundenen Unterschied vielleicht bei Erwachsenen, kann aber bei Kindern noch nicht ins Gewicht fallen. Denn die lange vertretene Annahme, dass Jungen mit etwa vier Jahren einen Testosteronschub erfahren, sich in der Folge aggressiver gebärden und auch entsprechend träumen, gilt heute als widerlegt. Erst mit ca. zehn oder elf Jahren steigt der Testosteronspiegel bei den Jungen mächtig an – und mit der nachfolgenden Verhaltensänderung werden dann auch die Träume sowohl kämpferischer als auch allmählich stärker von sexuellen Wünschen geprägt.

Mein Eindruck ist, dass die Arbeitsträume der Männer eine Tendenz fortsetzen, die bei Jungen oft schon erkennbar ist. Nämlich ihren sozialen Status zu sichern, indem sie Kompetenzen erwerben, die nicht den Beziehungsbereich allein betreffen. Sondern etwa den Fußballplatz, die Game-Welt oder später eben den Beruf. Der Hauptgrund für die Unterschiede zwischen Mädchenträumen und Jungenträumen dürfte bis zum Jugendlichenalter daher in den gesellschaftlichen Realitäten liegen, die die Kinder mitkriegen und die sich in der Traumwelt widerspiegeln. Indem Kinder sich diesen Realitäten anpassen, werden Träume dann »typisch Mädchen« oder »typisch Junge«.

5

Warum Kinder im Schlaf auch lernen können

Schon Tiere lernen im Schlaf

Der Biochemiker Robert Stickgold gehört zu den bedeutendsten Erforschern der Zusammenhänge von Lernen und Träumen. Amerikanische Kollegen erzählten mir, dass er nicht müde werde zu betonen, wie recht unsere Eltern hatten, als sie uns vor wichtigen Entscheidungen nahelegten, darüber noch einmal zu schlafen. Überhaupt hält Stickgold den Schlaf für einen hochbedeutenden Faktor jeder Lernleistung.

Was Robert Stickgold erforscht, ist im Grunde eine alte kindliche Wunschfantasie. Dass man nämlich im Schlaf, quasi über Nacht, etwas lernen kann. Radfahren, Schnitzen, Schwimmen – oder auch die Grammatik, die man für die Lateinarbeit braucht.

Hinter dem kindlichen Wunsch nach Lernen im Schlaf verbirgt sich natürlich die Idee, dass Lernen mühelos sein könnte. Normalerweise würden wir sagen, dass das bestimmt nicht klappen kann. Weil Schlafen Passivität bedeutet und weil Träume zu allem Möglichen da sein mögen, aber bestimmt nicht dafür, besser zeichnen zu können, Matheaufgaben zu lösen oder Tanzschritte im Kopf zu behalten.

Die moderne Traumforschung aber gibt eine andere Antwort. Denn es sieht tatsächlich so aus, als könnten wir im Schlaf lernen. Und als würden Träume bei diesen Lernleistungen die entscheidende Rolle spielen. Für die kindliche Entwicklung sind das bahnbrechende Perspektiven. Aber nicht nur für sie. Denn die Befunde, die wir über den Zusammenhang von Träumen und Lernen heute haben, sind für uns alle gleichermaßen gültig.

Experimentelle Hinweise auf den Effekt von Lernleistungen im Schlaf gibt es schon recht lange. So ließ sich zeigen, dass Ratten, die auf die räumliche Orientierung in einer Versuchsanordnung hin trainiert worden waren, offenbar zum Teil diese Lernleistung im Traum weiter durchspielten. Von den 40 Versuchstieren, denen Elektroden implantiert worden waren, zeigte die Hälfte im Schlaf ein EEG-Muster, das ihrer Lernaktivität vom Tag entsprach. Das Auffällige daran war: Die betreffenden Tiere zeigten am folgenden Tag eine deutlich bessere räumliche Orientierung.[1]

Meine Hausaufgaben mach ich im Schlaf

»Nee, das muss ich nicht mehr. Ich hab heute Nacht schon Mathe geübt!«

Es klingt nicht so, als würde er einen Witz machen, als Theo dies am Frühstückstisch sagt. Eher so, als habe er wirklich über Nacht etwas geschafft. Da sind seine Eltern schon ein wenig skeptischer.

Theo ist elf Jahre alt und in Mathe nicht eben eine Leuchte. Nicht, dass er richtig schlecht wäre. Aber gut ist eben etwas anderes. Und vor allem ist er an allem anderen mehr interessiert als an der Berechnung von Winkeln.

Was er von der Nacht erzählt, ist erstaunlich. Er habe, sagt Theo, akkurat Dreiecke gezeichnet, mit Geodreieck und allem, was dazugehört. Dann Formeln wiederholt und schließlich Berechnungen durchgeführt. Das auch keineswegs nur einmal, sondern mehrfach.

Wenn man Theo sieht, wie er da selbstsicher am Frühstückstisch sitzt und sich ganz offenbar für die kommende Mathearbeit gut gerüstet fühlt, dann kann man das schon beeindruckend finden. Theos Eltern blicken sich an. Kann es sein, dass er wirklich im Schlaf gelernt hat?

Dass der Schlaf uns Erkenntnisse und Lernleistungen ermöglicht, die im Wachzustand nicht erreicht werden, wird immer wieder diskutiert. Auch Theos Eltern haben davon gehört. Gesichertes Wissen aber gibt es dazu wenig. Stattdessen werden oft moderne Legenden reproduziert, wie etwa die von Menschen, die durch ablaufende CDs im Schlaf mehrere Sprachen gelernt haben.

Ist an diesen Legenden etwas dran? Und gibt es wirklich gesichertes Wissen über das, was sich im Schlaf lernen lässt? Wäre es nicht toll, so ohne Anstrengung im Traum etwas lernen zu können? Meist geht es in diesen Geschichten vor allem um die scheinbare Mühelosigkeit, mit der im Schlaf angeblich gelernt wird. So, als würde all das Engagierte, Aufwendige, Mühevolle des Lernens im Schlaf null und nichtig, und wir würden Erkenntnisse und Kompetenzen quasi gratis bekommen. Das würde Theo sicher gefallen. Und genau hier setzt die Skepsis seiner Eltern an, die mir von ihrem Frühstückserlebnis mit ihrem Sohn erzählen.

Einerseits teile ich ihre Skepsis, denn wer Träume kennt, der weiß: Ohne Anstrengung läuft auch in dieser Welt nicht so viel ab. Träume können sehr anstrengend sein. Ja, man kann so erschöpft aus ihnen aufwachen, als habe man ein hartes Training absolviert. Andererseits ist was dran an der Annahme, dass es Lernen im Schlaf gibt. Hierbei sehe ich vor allem drei Wege: Der eine betrifft die Festigung von Lernstoff im Schlaf. Der zweite betrifft das Üben im Traum. Und der dritte ermöglicht einen kreativen Lösungsansatz bei einem Problem, an dem man sich im Wachzustand vergebens abgemüht hat. Sehen wir uns alle drei Wege des Lernens im Schlaf einmal näher an.

Lernen im Traum 1: Die Sicherung von Lernstoff

Stellen wir uns ein Mädchen vor, das am späten Nachmittag Vokabeln gelernt und sich dazu noch eine französische Geschichte angesehen hat. Das Kind weiß, dass es in der Arbeit am kommenden Tag um diese Geschichte gehen wird. Es werden Fragen gestellt, die auf Französisch beantwortet werden müssen, und dabei sollen die neuen Vokabeln verwendet werden.

Das bedeutet: Der Stoff muss »sitzen«. Wie aber kriegt man das hin, dass ein Stoff wirklich »sitzt«? Gemeint ist damit ja, dass man nicht mehr ständig wiederholen muss, sondern ein Wissen verinnerlicht hat, das nicht einfach so wieder verloren geht.

Robert Stickgold forscht seit vielen Jahren daran, wie sich im Schlaf Erlerntes festigt. Seine Studien legen nah, dass Lernen in zwei Schritten vonstattengeht. Der erste Schritt ist der, den das Mädchen schon getan hat: die bewusste Lernleistung, die natürlich im Wachzustand erfolgt.

Würde dieses wache Sich einprägen aber immer so fortgesetzt, so hätten wir immer noch keinen gefestigten Lernstoff. Denn hierbei bleibt der Stoff im Hippocampus, einer Region des Gehirns, in der die Daten gewissermaßen zwischengelagert werden. Im Schlaf dann erfolgt die Auswahl jener Inhalte, die für so wesentlich befunden werden, dass sie ins Langzeitgedächtnis übertragen werden.

Der Traum vom Quasi-nebenbei-Lernen ist also auch bei Stickgold ausgeträumt. Denn etwas tun muss man schon. Und doch kann das lernende Kind, das womöglich fürchtet, im Schlaf ginge alles wieder verloren, weil es ja nicht weiterpaukt, beruhigt werden. Denn der zweite wesentliche Lernschritt, die sogenannte Konsolidierung (= Festigung), erfolgt tatsächlich im Schlaf. Was bedeutet, dass diejenigen Schüler, die wie verrückt lernen und dafür ihr Schlafpensum verringern, ihr Lernpotenzial nicht vergrößern, sondern verkleinern.[2]

Weitere Studien zeigen, dass verschiedene Schlafphasen für unterschiedliche Lernleistungen verantwortlich sind. Je stärker etwas emotional besetzt ist, umso wesentlicher werden die REM-Phasen. Wo es jedoch um den reinen schulischen Lernstoff geht, der ja eher selten mit starken Gefühlen besetzt ist, da erfolgt die verlässlichste Festigung offenbar im Tiefschlaf, wie die Tübinger Schlafforscher Jan Born und Susanne Diekelmann anhand von Studien zeigen konnten.[3]

Lernen im Traum 2: Üben, üben, üben

Eine andere Art von Lernleistungen kommt ebenfalls im Schlaf vor und kann mitunter zu spektakulären Erfolgen führen. Diese Leistung besteht im *Üben* von etwas, was man bereits kann, aber im Schlaf weitertrainiert. Diese Art von »Traum-Training« kennen zum Beispiel Musiker, Sportler oder Schauspieler. Wer Skifahren lernt, macht vielleicht auch die Erfahrung, dass er im Schlaf noch Buckelpisten hinabschießt. Und wer ein

Theaterstück einstudiert, wird womöglich träumend bestimmte Aspekte der Rolle variieren, vielleicht auch einmal Varianten erproben, die ihm oder ihr in der realen Probe lächerlich erschienen.

Bei Kindern geschieht so etwas mitunter ganz überraschend, weil man ja von Übungen im Traum als Mutter oder Vater erst einmal nichts mitbekommt. So im folgenden Beispiel:

Die vierjährige Annabelle überrascht ihre Familie mit der überaus selbstbewusst vorgetragenen Nachricht, sie könne jetzt Radfahren. Es stellt sich heraus, dass Annabelle in der Tat »die ganze, gaanze Nacht« über mit ihrem kleinen Pucki-Fahrrad unterwegs gewesen ist. Das ist erstaunlich, denn Annabelle hat sich bisher mit dem Radfahren ebenso wie mit dem Roller schwergetan. Das Bobbycar hat sie geliebt, aber der Übergang auf zwei Räder und die damit verbundenen Anforderungen an die Balance waren schwer für sie. Daher hat sie beides vermieden und lieber betont, wie schnell sie rennen kann.

Gestern nun wollte Annabelle nach einer längeren Zeit wieder einmal ihr kleines Fahrrad »gucken«. Das »Fahrradgucken« stellte sich als vorsichtige Annäherung heraus, denn kurz darauf probierte das Mädchen aus, wie es sich anfühlte, auf dem Fahrrad zu sitzen. Noch leicht schwankend traute sie sich, die ersten Runden zu drehen. Ihr Vater hielt sie am Anfang noch fest, aber dann, ganz am Ende, fuhr Annabelle ein Stück allein und wurde erst durch die Mülltonne gebremst, als sie kurz triumphierend zur Seite geschaut hatte, ob auch alle sie sehen. Annabelle lacht verächtlich, als sie sich die Hose abklopft wie eine Erwachsene. Diese blöde Mülltonne kriegt sie nicht unter.

Und nun hat ihr neuerlicher Fahrversuch also ein Nachspiel im Traum gehabt. Und was für eins! Annabelle berichtet, wie sie die Straße rauf- und runtergefahren sei und sogar beim Bäcker in den Laden hineinfuhr. Sie strahlt, als sie davon berichtet. Die skeptischen Blicke am Tisch irritieren sie nicht.

Am Nachmittag nach der Kita besteht Annabelle darauf, sie wolle Fahrrad fahren. Und zwar richtig Fahrrad fahren. Das bedeutet, sie will allein losfahren, ohne dass man sie festhält.

Die Eltern laufen mit der Kleinen zum nahe gelegenen Sportplatz. Da gibt es einen asphaltierten Weg, der in eine Wiese ausläuft. Ideal, falls Annabelle nicht bremsen kann. Aber schon auf dem Weg zum Sportplatz besteht Annabelle darauf zu fahren. Ihre Mutter joggt nebenher und muss sich anstrengen, denn ihre Tochter ist schnell geworden. Und ja, die Balance scheint ihr keine Probleme mehr zu bereiten. Nur mit dem Geradeausgucken und dem Bremsen, da besteht eventuell noch etwas Übungsbedarf …

Ganz eindeutig hat Annabelles Traum etwas bewirkt. Sie fährt so zügig, dass man die »alte« Annabelle kaum mehr erkennt. Aber natürlich kommt noch etwas dazu: Annabelle ist nämlich wahnsinnig motiviert. Das war sie vorher nie, was das Radfahren angeht. Man könnte von einem Zusammenspiel sprechen. Einerseits fühlt sie sich ganz offenbar bereit, etwas Neues zu erobern. Andererseits bewirkt diese Motivation eine Lust am Trainieren, die bis hinein in die Träume reicht.

Kinder, die eine so starke Neigung zu etwas entwickeln, haben damit etwas ungemein Wertvolles, was sie hoffentlich bis in ihr Erwachsenenalter mitnehmen können: Nämlich eine eigene Motivation, die von innen her kommt. Man nennt das eine *intrinsische* Motivation, im Gegensatz zur *extrinsischen* Motivation, die durch Lob, Belohnung oder Anpassungsdruck erzeugt wird. Intrinsische Motivationen setzen von sich aus Lust am Training und am Weiterkommen frei. Extrinsische benötigen immer Bestärkung von außen.

Wenn Kinder ihre Leistung im Traum so steigern, wie es Annabelle tut, dann gibt es zwei Möglichkeiten: Entweder liegt eine starke intrinsische Motivation vor, und dann ist alles großartig. Oder aber, die im Traum lernenden Kinder sind auf äußere Belohnungen erpicht, und dann tut man gut daran, diese zu überprüfen. Ein Kind kann, wenn es sehr stark von außen motiviert wird, ja durchaus an seinen eigentlichen Neigungen und Talenten vorbeigehen.

In seinen Träumen spielt Arne Mundharmonika. Er macht das so gut, dass sich andere Kinder um ihn herumsetzen und mitsummen.

In seinem wirklichen Leben hat Arne Klavierunterricht. Das ist okay, aber nicht gerade sein größter Wunsch. Er versteht, dass ein Klavier viel mehr Möglichkeiten eröffnet als eine armselige Mundharmonika. Das kann ja auch stimmen. Aber er mag die Mundharmonika eben lieber.

Der Klavierlehrer ist übrigens ein netter Mann. Er liebt das Klavier und meint, Arne müsse bloß immer viel üben. Das tut Arne, denn er möchte, dass seine Eltern nicht enttäuscht sind. Als er dem Klavierlehrer einmal davon erzählt hat, dass er gern Mundharmonika spielen würde, hat der gelacht. Und gesagt, da hätte er mit dem Klavier doch längst etwas Besseres gefunden.

Arne weiß, dass er keinen Mundharmonika-Unterricht bekommen wird. Er bekommt noch nicht einmal eine Mundharmonika. Und mit der Kleinkinder-Plastikmundharmonika, die er früher hatte, kann er nicht spielen, was er sich vorstellt.

Einige Monate lang spielt Arne mit dem ganzen Ernst seiner neun Jahre in seinen Träumen Mundharmonika. Währenddessen läuft der Klavierunterricht weiter. Er spielt nicht schlecht, aber richtig gut ist er nicht. Irgendwann wird es dann mit der Schule zu viel, um weiterzumachen. Wenn er heute, mit sechzehn Jahren, an diese Zeit zurückdenkt, wird er traurig. Im Traum Klavier geübt hat er nie.

Arne hatte einen Wunsch. Aber zugleich war sein Wunsch, es seinen Eltern und seinem Lehrer recht zu machen, stark. Das ist verständlich, aber in diesem Fall bedauerlich. Seine von innen kommende Motivation wurde ausgebremst, nicht etwa umgeleitet, wie seine Eltern glaubten. Sie hatten gedacht, dass man eine grundsätzliche Leidenschaft für Musik bloß in die richtigen Bahnen lenken müsse. Der Haken daran: Arne liebte die *Mundharmonika*, und die stand nicht bloß für Musik, sondern auch für Freiheit und Abenteuerlust. Zu glauben, man könne eine ausgeprägte intrinsische Motivation auf eine andere umleiten, funktioniert gewöhnlich ebenso wenig, wie eine Leidenschaft für Erdbeereis in eine Leidenschaft für Nusseis zu verwandeln.

Anders bei Annabelle. Bei ihr ist die von innen kommende Motivation so stark, dass sich hier eine kraftvolle Persönlichkeit zeigt, die weiß, was sie möchte. In diesem Fall dienen das Lernen und die Leistungssteigerung im Traum auch der Steigerung der kindlichen Glücksmöglichkeiten. Ein Faktor, der bei Arno fehlt, weswegen er niemals vom Klavierspielen träumt.

Noch etwas wird beim Training im Schlaf, wie es Annabelle praktizierte, ganz deutlich: Es klappt nicht mit Aktivitäten, die man niemals zuvor probiert hat. Man kann nur trainieren, was schon ein bisschen verankert ist. Annabelles Körper wusste schon, wie ein Fahrrad sich anfühlt. Es musste nur noch *richtig* trainiert werden. Wer von einer Sache gar nichts weiß, sie nie erprobt hat, der wird mit dieser Form der Leistungsentwicklung nichts anfangen können. Wer aber mit etwas begonnen hat, das Leidenschaft hervorbrachte, bei dem oder bei der können spezielle Traumphasen nun zu Trainingseinheiten werden. In den eher von bizarreren Bildern geprägten REM-Schlaf-Träumen trainieren wir eher selten, wohl aber in den leichteren Schlafphasen, die der REM-Phase vorausgehen. Im Kapitel über luzide Träume werden wir überdies sehen, dass diese Art der Träume, die gewissermaßen auf der Grenze zwischen dem willensgeleiteten Wachzustand und dem tiefen Träumen balanciert, sich für Trainingseinheiten im Schlaf besonders eignet.

Lernen im Traum 3: Das plötzliche Erkennen

Eine dritte Form der Lernleistung im Traum bezieht sich auf das *spontane Erkennen* von etwas, entweder im kreativen Sinn oder aber so, dass plötzlich ein Zusammenhang deutlich wird. Diese andere Variante des

Lernens im Traum bezieht sich nicht auf kontinuierliche Wiederholung, sondern zeichnet sich durch ihre *Plötzlichkeit* aus.

Plötzliche Erkenntnisse, die sich im Traum einstellen, betreffen in der Regel Probleme, mit denen sich Träumer oder Träumerin zuvor intensiv befasst haben, ohne zu einer Lösung zu gelangen. Ein berühmtes Beispiel hierfür ist die Entdeckung des Benzolrings durch den Chemiker August Kekulé. Bei seinen Versuchen, die Molekülstruktur des Benzols zu beschreiben, war Kekulé ein ums andere Mal gescheitert. Nichts schien dem zu entsprechen, was dieser Stoff für Anforderungen stellte. Müde geworden, döste Kekulé ein. Im Traum dann sah er eine Reihe tanzender und schwingender Atome, die sich zu einer Schlange fügten, welche sich selbst in den Schwanz biss. Die Erkenntnis war da: Das Benzolmolekül hat eine Ringstruktur.

Plötzliche Erkenntnisse in Träumen sind nicht selten. Es gibt viele Beispiele dafür, oft aus der Mathematik und der Naturwissenschaft. So fand Niels Bohr den Aufbau des Atoms, wie er sagte, im Schlaf, und das Periodensystem der Elemente wurde von Dimitri Mendelejew gleichfalls als Folge eines Traums entwickelt, in dem er die richtige Anordnung der Elemente erkannte. Der Pharmakologe Otto Loewi träumte die Versuchsanordnung, die zur Entdeckung der chemischen Übertragung von Nervenimpulsen führte, und der Mathematiker Henri Poincaré verdankte die Lösung einer Aufgabenstellung der Pariser Akademie der Wissenschaften dem Umstand, dass er erst, angeregt von einer Tasse Kaffee, bis in den frühen Morgen über dem Problem brütete, dann einschlummerte und im Traum zum Ergebnis gelangte.

Auch in der Kunst spielen Träume eine Rolle. Die Vorstufe zu dem Beatles-Hit *Yesterday* hat Paul MacCartney geträumt, und Stephenie Meyer erzählt, dass die Helden ihrer *Twilight*-Reihe im Traum zu ihr kamen. Viel häufiger aber dürften die privaten Problemlösungen sein, die sich in Träumen einstellen und von denen wir nichts wissen. Weil sie nämlich nicht erzählt werden. Und weil kaum jemand weiß, dass das überhaupt geht. Würden wir nicht unsere Träume wieder viel höher schätzen, wenn wir uns daran machten, ihren Problemlösecharakter neu zu entdecken?

Kinder tun dies in der Tat. Sie lassen einen begeistert wissen, wenn sie im Traum ein Problem geknackt haben, an dem sie im Wachzustand scheiterten. Allerdings zeigen sie dabei oftmals eine eigenartige Ambivalenz. Es ist, als würden sie sich die im Traum gefundene Problemlösung selbst nicht so ganz abnehmen.

Was sich hier zeigt, ist die Internalisierung eines kulturellen Musters. Wenn Kinder ihren eigenen Traumlösungen misstrauen, dann haben sie bereits verinnerlicht, dass Träume in Hinsicht auf die Intelligenzentwicklung nicht viel wert sind. Der Annahme, dass Träume nur eine Art Müll darstellen, sind wir ja im zweiten Kapitel schon begegnet. Und auch wenn für diese Annahme eher wenig spricht – warum sollte uns bloßer Müll so sehr beschäftigen, dass wir uns manchmal lebenslang an ihn erinnern? –, so steht sie doch bei manchen Erziehenden im Raum und schädigt so die Möglichkeit, den Traum tatsächlich als Lernkompetenz zu nutzen. Schöner wäre hier, wenn Eltern Lernfortschritte im Traum würdigen und so bestärken könnten.

Traumlernen: Wo ist es echt und wo bloß Fake?

So eindrucksvoll die Trainings- und Erkenntnisschritte in einzelnen Kinderträumen auch sind, es gibt neben ihnen die Variante, in denen der Wunschcharakter des Traums in den Vordergrund tritt. Das Kind träumt dann schlicht, dass es eine nervige Angelegenheit schon hinter sich hat und sich nun nicht mehr anstrengen muss.

Woran aber erkennt man das? Kehren wir hier noch einmal zu Theo zurück. Lässt sich zu seiner Selbsteinschätzung, er habe im Traum schon genug Mathe geübt, etwas Verlässliches sagen? Um das herauszufinden, müssten seine Eltern zwei Dinge wissen: Zunächst, ob Theo denn ungefähr weiß, was man über Dreiecke und Winkel so wissen muss. Und dann, ob er gerade bei einer Aufgabe Probleme hatte, die ihm vielleicht im Traum geglückt ist.

In jedem Fall würde sich ein kleines Gespräch darüber lohnen, was

Theo in seinen Träumen so gemacht hat. Wenn er wirklich grob Bescheid weiß, dann könnte seine Aussage zutreffen. Er hätte träumend einfach trainiert, und das hätte in etwa denselben Stellenwert wie das Üben im Wachzustand.

Die zweite Frage wäre die, ob er an einem bestimmten Problem festhing, das er im Traum lösen konnte. Das scheint aber nicht der Fall zu sein. Denn hier wäre die Voraussetzung für eine Problemlösung im Traum an ein Interesse geknüpft, das Theodor, der ja Mathematik nicht mag, wohl kaum hat.

Noch ein Satz zu den Lösungsansätzen, die Träume uns bieten können. Es gibt ein gutes Unterscheidungskriterium hinsichtlich der Frage, wie wertvoll im Traum gefundene Lösungen sind. Dieses Kriterium ist die emotionale Identifikation. Ebenso wie beim nächtlichen Training braucht es eine von innen kommende Motivation, um hier Erfolge möglich zu machen. Nur bei etwas, womit man sich intensiv beschäftigt hat und wo das Unbewusste gewissermaßen weiß, wie leidenschaftlich engagiert wir sind, werden uns im Traum echte Lösungen angeboten. Andernfalls winkt das Unbewusste gelangweilt ab, weil sich der Aufwand nicht lohnt.

Die andere Variante sieht dann so aus: Ich habe im Schlaf einmal ziemlich gut Italienisch gesprochen. Was das für ein Italienisch war, weiß ich nicht mehr. Es hat mir viel Spaß gemacht, und ich staunte, dass es so leicht war. Aber dass ich im Tagleben bloß ein bisschen Pizzeria-Italienisch kann, das ist leider immer noch so.

Als Konsequenz aus diesem Kapitel bleibt etwas übrig, was über viele Ideen zur Frühförderung von Kindern hinausgeht. Und das ist die Erkenntnis, dass Kinder wirklich im Schlaf lernen. Welche Art von Lernen dies ist, das hängt zum einen davon ab, was das Kind zum Zeitpunkt des Träumens beschäftigt. Und zum anderen von der Art seines Schlafs, denn unterschiedliche Schlafphasen sind offenbar für verschiedene Lernerfolge gut. Beides aber ist von außen kaum beeinflussbar, weshalb man sagen kann, dass das kindliche Lernen im Schlaf ein selbstreguliertes Lernen ist.

6

Konfliktträume: Wenn Menschen zwei Gesichter haben

Menschen im Traum verlieren

Konfliktträume kann man niemandem ersparen. Sie können uns quälen, weil sie oft etwas aufdecken, was unterschwellig noch geschlummert hat und nun plötzlich grausam sichtbar wird. Andererseits findet in ihnen immer auch eine Art von Aufarbeitung statt. Es ist wichtig, Kindern dabei nicht vorzugeben, auf welche Seite in einem Konflikt sie sich stellen sollten – etwa in einem Scheidungsgeschehen. Vielmehr erarbeiten Konfliktträume Lösungen aus der Sicht des Kindes *nach seinen Möglichkeiten*.

Das müssen nicht immer Lösungen sein, die der erwachsene Verstand und die entwickelte Moral gut finden. Je jünger das Kind ist, desto weniger sind seine Träume von dem berührt, was wir später für selbstverständlich halten.

Menschen zu verlieren, ist ein häufiger Albtraum. Träume dieser Art nehmen eine Angst auf, die jedes Kind kennt. Und die es im Wachzustand verdrängt, so gut es eben geht. Auch die Eltern tun dies, wenn sie dem Kind zur Beruhigung versichern, dass sie ganz sicher immer da sein werden. Die Träume aber durchbrechen diese Verdrängung. Und zwingen die träumenden Kinder, sich mit der Möglichkeit zu beschäftigen, dass jemand tatsächlich einmal nicht mehr da sein könnte. Und manchmal zeigt sich auch eine emotionale Spannung, die im täglichen Erleben so nicht wahrgenommen wird.

Wenn Justus träumt, dass seine Oma stirbt, dann wacht er manchmal in Tränen auf. Seine Eltern hören den schluchzenden Jungen und reden beruhigend auf ihn ein. Das dauert eine ganze Weile, denn Justus wird von seinem Gefühl von Welle zu Welle getragen. Ebbt der Tränenstrom für eine kleine Weile ab, kommt er nach kurzer Frist mit gleicher Kraft wieder zurück.

»Und wenn dann mal Ruhe ist«, sagt die Mutter kopfschüttelnd zum Erziehungsberater, »dann kommt immer dieselbe Frage: ›Geht Oma niemals weg?‹«

Justus' Mutter weiß nicht, wie sie mit diesem Problem umgehen soll. Sie kann dem Jungen doch nichts versprechen, was ersichtlich falsch wäre. Ihn freundlich anzulügen und zu behaupten, dass seine Oma steinalt werden würde, würde spätestens in dem Moment, in dem sie vielleicht doch einmal krank würde, als Lüge entlarvt werden. Und in der Folge wäre das Vertrauensverhältnis zumindest angeknackst.

Was kann die Mutter tun? Sie kennt das, was Justus erlebt, sehr genau. Ähnliche Träume hat sie als Kind auch gehabt. Und es tröstete sie nicht, wenn jemand sagte, das sei doch nur ein Traum. Überdies hatte sie nicht den Eindruck, dass Justus sich über den letzten Besuch der Oma sehr gefreut hat. Sie ist für einige Tage gekommen und hatte es eilig damit, viele Dinge zu erledigen. Wenn man ehrlich ist, war das ganz schön chaotisch. Hat Justus vielleicht eine tiefere Beziehung zur Oma, als das bisher ersichtlich wurde?

Träume, in denen Verwandte sterben, sind oft besonders schrecklich für das Kind. Und zwar, weil sie alles genau so inszenieren, als wäre es wirklich. Verlustträume enthalten meist nichts Fantastisches, keine Märchenmotive. In ihnen ertrinken Menschen oder werden überfahren, sie sterben an Krankheiten oder stürzen in einen Abgrund. Alles ganz realistisch.

Mit den Erklärungsmechanismen der Evolutionspsychologie würden wir sagen: Das Kind übt im Schlaf, mit Verlusten klarzukommen. Dafür gab es in früheren Zeiten Grund genug, die Eltern konnten früh sterben, an Seuchen, durch Gewalt oder Hunger. Dass wir heute immer noch so träumen, legt nahe, dass unsere unbewusste Psyche nicht davon ausgeht, wir würden immer sicher und in Frieden leben. Sie trainiert uns nachts, auch mit dem Schlimmsten zurechtzukommen. Sigmund Freud hatte vor über hundert Jahren allerdings zur emotionalen Reaktion auf den Verlust nahestehender Menschen eine andere Meinung als die heutige Evolutionspsychologie. Und zwar in Hinsicht auf Träume, die insbesondere den Tod von Geschwistern betreffen.

In seinem großen Werk *Die Traumdeutung* schrieb Freud, dass gerade da, wo Kinder in Verlustträumen besonders traurig schienen, der erste Eindruck falsch sei. Denn das Kind verschleiere so nur, was es sich heimlich wünsche. Mit anderen Worten: Das Kind, das im Traum erlebt, wie sein Geschwisterchen unters Auto kommt, hat tief in sich den klammheimlichen Wunsch, dass das Geschwisterkind wirklich sterben möge.

Ein schrecklicher Gedanke? Ja und nein. Freud verwendet in der *Traumdeutung* mehrere Seiten darauf, das so träumende Kind in Schutz zu nehmen. Kann man seine kindliche Egozentrik, seinen Wunsch, wieder allein im Zentrum der Aufmerksamkeit zu stehen, nicht auch nachvollziehen? Denn dem Kind fehlen ja noch viele Ressourcen, um seine Position zu verbessern. Weswegen es in sich den Wunsch fühlt, dass das rivalisierende Kind eben »weg« soll. Zugleich aber auch vor diesem Wunsch so sehr erschrickt, dass es ihn vor sich selbst und damit auch vor den anderen verbirgt.[1]

Sich zwischen zwei Menschen entscheiden

Letzte Nacht hat Ivy ihre beste Freundin verloren. Sie ist mit Moses, den sie aus der Parallelklasse kennt, nachts auf einer Baustelle gewesen. Moses sah anders aus als sonst, irgendwie stärker, obwohl er immer noch schlank war. Sie saßen beide zusammen und taten eigentlich nichts, aber es war trotzdem toll. Dann teilten sie eine Tafel Schokolade miteinander, und ihre Hände berührten sich, was wie ein elektrischer Schlag war. Es war alles wunderschön, bis Ivy sah, dass ihre Freundin langsam den Baukran hinuntergeklettert kam, sie ansah, sich umdrehte und ging. Mit nassen Augen erwacht Ivy.

Ivy ist ratlos. Sie spürt, dass sie im Schlaf geweint hat. Aber warum? Es war doch alles ganz wunderschön. Ein bisschen seltsam, sicher, aber auch sehr, sehr wunderbar. Kein Grund für Tränen, findet Ivy, die den Traum in ihr Tagebuch schreibt – in der Hoffnung, ihn loszuwerden.

Aber so leicht wird man Träume natürlich nicht los. Insbesondere wenn sie zeigen, dass es ein Problem gibt, das der wache Verstand noch nicht erkannt hat. So wie man im Traum zu Problemlösungen gelangen kann, die einem im Wachzustand nicht einfallen, so kann man auch Probleme aufgezeigt bekommen, die wir am Tag nicht wahrnehmen oder nicht wahrnehmen wollten.

Hier geht es erst einmal um die eigentümliche Nähe, die Ivy zu Moses spürt. Man könnte die geteilte Schokolade als Vorstufe einer erotischen Nähe ansehen – als Vorstufe wohlgemerkt, denn Ivy pubertiert noch nicht, sie macht in dieser Hinsicht eher einen zarten, noch zurückhaltenden Eindruck.

Ivy wird Moses an diesem Tag anders begegnen. Sie sieht ihn von fern an, aber sie sucht keinen Kontakt. Mit ihrer Freundin ist alles wie immer. Nur dass ihr Ivy den Traum nicht erzählt, was sie mit jedem anderen Traum, der etwa die Schule oder ihre Eltern beträfe, machen würde. Aber hier ist etwas anders, ihre Freundin war merkwürdig im Traum, und überhaupt, was machte sie eigentlich da oben auf dem Kran?

Die Nähe zu Moses, die Ivy sucht, ist erst einmal ein Wunsch. Einer, der von Moses nicht unbedingt erwidert wird, denn der ist im Traum trotz seiner Stärke sensibler, als er es auf dem Schulhof ist. Sodann ahnt Ivy aber auch, dass sie mit ihrer Neigung zu Moses nicht allein ist – oder zumindest fürchten muss, damit nicht allein zu sein. Wenn sich also mit Moses etwas anbahnen würde, so könnte sie dafür bezahlen müssen: nämlich mit dem Verlust einer anderen Beziehung. Die Freundin, die vom Kran heruntergeklettert kommt, könnte die beiden beobachtet haben. Und hat womöglich auch ein Interesse an Moses.

Was uns Erwachsenen hier einleuchtend scheint, bleibt Ivy noch nebelhaft. Dieser Nebel aber entspricht ganz der Art, wie sie fühlt. Es ist wie an einem Morgen kurz vorm Sonnenaufgang, wenn man merkt, jetzt wird gleich alles hell, aber zunächst mal ist es noch dunstig. Das Vorgefühl ist da, das eigentliche Ereignis noch nicht.

Eine beunruhigende Begegnung

Er lächelt immer zuerst. Und dann wird aus dem Lächeln etwas anderes. Es wird starrer, fieser. Und dann bösartig. Dann packt der Eismann Mira und zieht sie über die Theke.

Ein schlimmer Traum, keine Frage. Und am allerschlimmsten: Es gibt diesen Eismann wirklich. Er arbeitet in dem Eiscafé um die Ecke, in dem sich Mira und ihre Schwestern manchmal Milchshakes gönnen.

Wie soll Mira nun mit dem freundlichen Eismann umgehen? Hat ihr der Traum nicht angedeutet, dass hinter der freundlichen Fassade etwas ganz anderes stecken könnte? Mira weiß natürlich, dass es Menschen gibt, die Kinder missbrauchen. Und dass die vorher oft lieb und freundlich tun.

Was an diesem Traum beeindruckt, ist die bildliche Umsetzung der Redensart, dass jemand zwei Gesichter habe. Dabei bleibt die Frage offen, ob der Eismann Mira wirklich bedrohlich erscheint oder ob die Traumfügung auf einem anderen Weg entstand und womöglich eher allgemein zu verstehen ist.

Mira erlebt in ihrem Traum etwas, was ihr abstrakt bekannt ist. Menschen sind meist nicht nur gut, und auch freundliche Leute können unlautere Absichten haben. Allerdings erscheint die Umsetzung dieses abstrakten Wissens in Miras Traum ungewöhnlich drastisch. Vielleicht, weil das Bewusstsein der Elfjährigen Bedrohungen klarer realisiert. Vielleicht auch, weil die Geschichten von missbrauchten Kindern medial gern ausgeschlachtet werden und Mira diese grausamen Inhalte stärker wahrnimmt als früher, als sie noch die kindlichen Filter besaß, die Kinder an Zeitungsauslagen vorübergehen lassen, ohne dass sie von den brutalen oder sexorientierten Headlines der Yellow Press Notiz nehmen.

Es gibt auch noch eine dritte Möglichkeit, und die ist hier sogar die wahrscheinlichste. Das Thema der zwei Gesichter spielt nämlich in den politischen Debatten von Miras Eltern und Großeltern eine Rolle. Da geht es beim Grillen in aufgeregtem Hin und Her zum Beispiel um Asylsuchende und um Bettler in der Innenstadt, um Sozialbetrug und um Lügen ganz allgemein.

Mira hat, obschon niemand mit ihr über diese Themen redet, hier so manches aufgeschnappt. Dass manche Leute einem ins Gesicht lächeln und einen hintenrum reinzulegen versuchen zum Beispiel. Dass man mit einigen Leuten keine Geschäfte machen darf, denn die würden einen bloß über den Tisch ziehen. Und dass man freundlichen Leuten erst einmal misstrauen muss, weil sich dahinter etwas anderes verbergen kann. Mit diesen oft bruchstückhaften Botschaften muss sie umgehen lernen. Und da niemand mit ihr ernsthaft erörtert, wie zum Beispiel Vertrauen entsteht und wie man mit neuen sozialen Herausforderungen zurechtkommen kann, hat sich ihre Traumwelt des Themas angenommen. Dabei zeigt sich die vorerst rudimentäre Bearbeitung darin, dass manche Redewendungen wörtlich in den Traum hinein übersetzt wurden. So das umkippende Lächeln und das Über-den-Tisch-gezogen-Werden.

Die finnische Neurowissenschaftlerin Katja Valli hat zu sozialen Konfliktsituationen im Traum einen Ansatz entwickelt, die sogenannte »Social Simulation Theory«. Hiernach spielen wir in Träumen immer wieder auch soziale Konfliktfelder durch, die von Bedrohungen über das Schlichten von Konflikten bis hin zu freundschaftlichen Annäherungsversuchen und dem Knüpfen von Bündnissen reichen.[2]

Auffällig ist, dass Traumszenarien dabei erheblich öfter negativen Charakter haben, als das in der Wirklichkeit vorkommt.[3] Es ist, als sollten wir uns in Träumen keineswegs ausruhen, sondern vielmehr unsere Überlebenskompetenz und unsere Konfliktfähigkeit üben. Wie Mira werden wir dabei in Situationen gestellt, die erst angenehm erscheinen und dann plötzlich bedrohlich werden. Wie Mira müssen wir im Traum immer wieder unser System zur Vertrauensbildung justieren und auf andere Situationen einstellen.

In Katja Vallis Modell ist der oder die Träumende gewissermaßen als Avatar unterwegs und erlebt in virtuellen Traumszenarien unterschiedliche soziale Herausforderungen. Indem im Traum soziale Situationen trainiert wurden, so der evolutionspsychologische Hintergrund, wurde die Urmenschen-Gemeinschaft in sich sicherer und konnte sich der Vermehrung und der Aufzucht von Nachkommen besser widmen.[4]

Mira wird also im Traum weiter aufarbeiten müssen, was sie an sozialen Konflikten beiläufig zugeschoben bekommt. Würde man ihr beistehen wollen, so müsste man die sozialen Aufgaben, die sich im Traum stellen, zugleich im erkundenden Gespräch bearbeiten. Dabei könnte es dann zum Beispiel um die Rolle der Intuition gehen, die oft schon zeigt, ob man jemanden als vertrauenswürdig erlebt oder nicht. Oder darum, wie man reale Menschen von den Klischees unterscheidet, die sie umgeben.

Wenn Kinder Nacht für Nacht das Gleiche träumen

Da ist jede Nacht die Spielstraße, da sind jede Nacht die anderen Kinder, die Federball spielen. Jede Nacht läuft der Nachbarhund Bessi hin und her, begeistert versucht er, den Federball zu erwischen. Mascha fährt mit ihrem neuen roten Fahrrad die Spielstraße hinunter. Das neue Rad ist super, es schnurrt nur so. Mascha ist froh und stolz. Bessi kläfft. Die anderen spielen. Mascha ruft: »Hier kommt die Königin der

Spielstraße! Platz da, haha!« Die Kinder gucken teils auf, teils nicht, es wird alles ganz langsam. Bessi springt auf Mascha zu, sie bellt begeistert, aber sie ist auch schnell, und sie ist riesengroß … Wie ein Tiger springt sie Mascha an, die reißt den Lenker herum, um nicht zu stürzen, bricht in den Holzzaun zu ihrer Linken und fühlt noch, wie der schwere Hundeleib sie jede Nacht begräbt.

Man nennt das, was Mascha hier widerfährt, einen Serientraum. Aber es ist schon ein besonderer Serientraum, mit dem wir es hier zu tun haben. Denn Mascha erlebt immer exakt das Gleiche, immer genau den gleichen Schrecken ohne die kleinste Variation.

Wer Kinder behandelt hat, die unter posttraumatischen Störungsbildern leiden beziehungsweise litten, kennt das Phänomen: Nacht für Nacht kehrt der gleiche Traum wieder, und wie bei einer immer neu eingelegten DVD ändert sich am Traumgeschehen nichts. Das entspricht eigentlich nicht den Funktionsweisen des Gehirns – Erinnerungen werden im Allgemeinen in schon vorhandenes Material eingebettet, mit Fantasien angereichert und durch Erzählen abgewandelt. Bei einem erlittenen Trauma ist das anders. Stellt man sich die Ströme der Erinnerung wie eine fließende Bewegung vor, die immer neue Durchmischungen möglich machen, so stellt die traumatische Erinnerung etwas durch Schock Eingefrorenes dar. Nichts bewegt sie mehr, nichts variiert sie, nichts bindet sie ein.

Was Mascha träumt, hat genau so stattgefunden. Leicht nachzuvollziehen daher, dass Mascha das nicht mehr träumen möchte. Es ist ja jedes Mal schrecklich. Jedes Mal fühlt sie Todesangst unter dem schweren Tier. Da sich die Träume nicht ändern, kommt Mascha zu einer Kinderpsychotherapeutin, die sich mit der Behandlung kindlicher Traumata auskennt. Die erklärt dem Mädchen, dass es wichtig ist, die Erinnerung aufzubewahren – denn auch wenn sie schlimm ist, stellt sie ja eine wichtige Lernerfahrung dar. Plötzlich kann etwas ganz Unerwartetes passieren. Das will aber natürlich verarbeitet werden.

Mascha lernt, dass sie den Traum wie einen Tagtraum aufrufen kann, aber anders als in der Nacht guckt sie nun dabei zu. Die Therapeutin hat ihr gesagt, sie soll sich einen Laptop vorstellen, auf dem sie sieht, was da passiert ist. Aber sie soll dabei wissen, dass es vorbei ist. Und irgendwie schon weit weg.

Für Mascha ist das neu. Sie kann sich mit dem Erlebten beschäftigen und empfindet dabei immer weniger Angst. In den ersten zwei, drei Sitzungen war das anders, da hätte sie am liebsten nur von anderen Dingen gesprochen. Aber dass sich dadurch nichts ändern würde, war ihr auch klar.

Nun sitzt sie in den Therapiestunden aufrecht und mit erhobenem Kopf und schaut sich selber zu, wie sie die Spielstraße hinunterfährt, herausfordernd schreit und wie dann Bessi auf sie zurennt und springt. Einmal hat sie das ganz langsam angeschaut, in Slow Motion, und da hat sie gemerkt, dass sie ab einem bestimmten Punkt einfach nichts mehr machen konnte. In den Zaun fahren wäre ja Unsinn gewesen, und zum plötzlichen Anhalten war sie schon zu schnell.

Gibt es trotzdem etwas, was Mascha mitnimmt aus dem Traum und der Therapie? Ja, zwei Dinge. Erstens, dass es keinen Sinn hat, wenn man nur versucht, ein belastendes Ereignis zu vergessen. Zwar wird einem oft empfohlen, einfach »nicht mehr dran zu denken«, aber das kann wie hier nach hinten losgehen. Mascha weiß jetzt, dass auch ein schlimmes Erlebnis wichtig sein kann und zur Erinnerung gehört. Traumatische Erlebnisse will zwar keiner haben, aber so funktioniert das nun mal nicht. Es hilft nichts, man muss sich auch solche Erfahrungen zugestehen.

Zweitens, und das ist für zukünftige Situationen sehr gut verwertbar: Mascha kam sich plötzlich ganz blöd vor, wie sie da heranfuhr und unbedingt wollte, dass alle gucken. Da hat dann natürlich auch

Bessi geguckt. Und weil sie Mascha so mag, ist sie herangestürmt. So sind Hunde nun mal. Mascha würde nicht wieder so handeln. Und Bessi hat sie wieder sehr gern. Die Träume haben schon etwa nach der Hälfte der Therapie aufgehört.

Neben den durch Traumata bedingten Serienträumen bei Kindern gibt es zwei weitere Arten seriellen Träumens. Einmal gibt es Traumserien, in denen immer das Gleiche geschieht, aber mit unterschiedlicher Ausstattung, wechselnden Personen und an verschiedenen Orten. Etwa ein Junge, der immer wieder von Schlägereien träumt, aber mal sind es Erwachsene, die sich im Fußballstadion schlagen, mal Jugendliche auf der Straße und mal Kinder auf dem Schulhof. Hier wird das Leitthema »gewalttätige Auseinandersetzung« durchgespielt, und wir müssten aufmerksam die Gefühlswelt betrachten, die der Junge dabei erkennen lässt. Hat er Angst vor körperlicher Gewalt, oder lässt er im Traum etwas geschehen, was ansonsten verboten ist? Kocht eine unterschwellige Wut in ihm, oder ist es eher die Sehnsucht nach dem Kräftemessen?

In der anderen Variante der Traumserie begegnen wir immer wieder demselben Menschen, Tier oder Fabelwesen. Ein Beispiel hierfür wären Kinder, die immer wieder von Schlangen träumen oder in deren Träumen immer wieder eine alte Frau vorkommt, die das Kind jedoch nie im realen Leben gesehen hat. Bei Träumen dieser Art ist es hilfreich, die unterschiedlichen Erlebnisweisen des Kindes aufmerksam zu betrachten. Fühlt es jedes Mal das Gleiche? Oder lässt der Traum eine Ambivalenz erkennen? Oft werden Träume dieser Art bereits seltener, wenn das Kind spürt, dass seine Traumambivalenzen Raum bekommen. Und wenn es Gelegenheit hat, diese Gefühle näher zu erkunden.

Behutsame Annäherungen an etwas, was Angst macht

Auch in dem folgenden Beispiel geht es um Hunde. Aber nicht um einen konkreten Hund wie Bessi, sondern um Hunde ganz allgemein.

Immer wieder kommen sie, die Hunde, vor denen Tim sich fürchtet. Sie tun Tim nichts, sie sind nur da. Aber trotzdem hat Tim Angst vor ihnen. Und möchte nur, dass sie verschwinden. Aber das tun sie nicht. Zielsicher kehren sie wieder. Nahezu jede Nacht.

Serienträume gelten unter Therapeuten zurecht als besonders aussagekräftig. Denn in den allermeisten Fällen thematisieren sie einen Konflikt, der nicht gelöst wurde. Man kann sie sich vorstellen wie eine Akte, die einem immer und immer wieder auf den Tisch gelegt wird, weil man sich weigert, sie zu bearbeiten. Das Unbewusste erkennt, dass die notwendige Auseinandersetzung noch nicht geleistet wurde. Und wie ein hartnäckiger Sekretär nervt es, indem es das Thema immer wieder zur Sprache bringt.

Die Ergotherapeutin meint, es sei das Wilde in Tim, das sich hier melde. Und wovor er Angst habe. Kann sein, denken Tims Eltern und machen sich auf einiges gefasst. Es passiert aber nichts, zumindest nichts Erkennbares.

Bis eines Tages eine ältere Nachbarin, früher Grundschullehrerin, wissen möchte, was für ein Verhältnis Tim denn zu Hunden hat. Da zeigt sich: Eigentlich gar keins. Früher allerdings, als kleiner Junge, hatte Tim Angst vor Hunden. Heute – na ja. Sind sie ihm gleichgültig. Oder nicht?

Ob er mal mitkommen möchte ins Tierheim, fragt die Nachbarin. Da kann man Hunde für ein Stündchen mal ausführen. Die Hunde fühlen sich oft einsam und haben zu wenig Bewegung. Nach einigem Zögern geht Tim auf den Vorschlag ein. Als er in Begleitung der Nachbarin und seiner Mutter im Tierheim ankommt, bricht allerdings Panik in ihm aus. Er bebt am ganzen Körper und möchte nur noch raus.

Offenbar sind Hunde Tim keineswegs gleichgültig. Und die alte Angst war unterschwellig noch da. Nach geduldigem Nachfragen zeigt sich, dass es für Tims Hundeträume dann doch einen Anlass gibt. Tims bester Freund wird nämlich einen Hund bekommen. Die Familie hat beschlossen, dass es doch toll wäre, zumindest einen Hund zu haben, wenn es schon kein kleines Geschwisterchen mehr gibt.

Tims Konflikt sieht nun so aus: Sein bester Freund wird bald einen Hund zu Hause haben. Tim fürchtet Hunde, was er aber gut verbergen konnte, indem er die Tiere einfach mied. Jetzt wird das nicht mehr möglich sein. Was bedeutet, er wird sich seiner Angst stellen müssen, oder aber er wird seinen Freund vernachlässigen. Wie so oft erscheint dieser Konflikt ihm kaum lösbar, weswegen er versucht hat, ihn wegzudrängen. Was aber seine Träume nicht zuließen, weil es hier ja um etwas emotional sehr Bedeutsames geht.

Gibt es für Tims Konflikt eine Lösung? Ja, gewiss. Die alte Grundschullehrerin war schon auf dem richtigen Weg, als sie die behutsame Annäherung an Hunde im Tierheim thematisierte. Aber das ging noch zu schnell. Tim wird eine langsamere Annäherung brauchen, sowie natürlich eine Auseinandersetzung mit dem, was ihn an Hunden so ängstigt. Seine Träume haben ihn schon auf den richtigen Weg gebracht. Er könnte unter Anleitung beginnen, sich mit Hunden auch im Tagtraum zu beschäftigen. Und so das Thema gefühlsmäßig erschließen, das er zuvor hatte verdrängen wollen.

Konfliktträume als Versuch der Selbsttherapie

Wenn Kinder von belastenden Dingen träumen, denken viele Eltern daran, ob das Kind nicht womöglich therapeutische Hilfe benötigt. Manchmal ist das gewiss so, aber keineswegs immer. Vielmehr lohnt es sich, erst einmal anzuschauen, auf welche Art das Kind von den Belastungen träumt. Und ob es, wenn es sich dabei um mehrere Träume handelt, dabei womöglich Entwicklungen gibt.

Denn in Träumen zeigt sich oft stärker als im wachen Tagesdasein, über welche Ressourcen das Kind noch verfügt. Stellt man sich das Unbewusste nicht nur als Träger geheimer Konflikte, sondern auch als einen Hort potenzieller, aber noch unintegrierter Fähigkeiten vor, so zeigen die Träume, wo diese liegen und wie man das Kind fördern kann, um das im Traum sichtbar werdende Potenzial zu entfalten.

Manu hat der Umzug ihrer Familie schwer zugesetzt. Aus dem platten Norddeutschland sind sie, der Anstellung des Vaters in der Autoindustrie wegen, nach Schwaben gezogen. Hier ist alles anders, es fehlt die weite Sicht, und die Leute reden komisch. Dass die Kinder dort eher Manus norddeutschen Zungenschlag komisch finden, hat das Mädchen auch schon gemerkt. Sie wird hier nicht heimisch werden können, nie.

Der Umzug ist eine klassische Sachzwangentscheidung gewesen – oder was man eben so nennt. Wirklich Zwänge sind das ja selten, vielmehr Prioritäten, die Eltern eben setzen. Hier wurden die Prioritäten zugunsten besserer Arbeitsmöglichkeiten und eines höheren Verdienstes gesetzt. Eine Entscheidung, die Manu absolut nicht einleuchtet. Fast täglich liegt sie ihren Eltern in den Ohren, dass sie wieder zurück in den Norden möchte. Dahin, wo sie sich heimisch fühlt.

Die Familie macht in dieser Zeit eine schwere Krise durch. Manus Mutter solidarisiert sich mit dem leidenden Kind, während ihr Vater die Sachzwänge ins Feld führt.

Eines Morgens nun hat Manu einen ausdrucksvollen Traum gehabt. Sie hat eine Sprachschule eröffnet, in der sie Norddeutsch für Schwaben unterrichtet. Dabei hat sie eine Menge Spaß, und auch die Kinder, die mit ihren Eltern zu ihr kommen, lachen viel.

Seit diesem Traum ist Manu anders. Sie scheint weniger zu leiden. Und sie hat begonnen, sich zwei Mädchen in ihrer Klasse anzunähern, die ihr kichernd erklären, wie das funktioniert mit dem Schwäbischen. Und dass »gell« am Ende eines Satzes genau so toll ist wie »nech«.

Man könnte sagen, Konfliktträume spielen im besten Fall Probleme des Kindes so durch, dass dabei Lösungen erprobt werden. Dabei kann es sein, dass manches im »echten Leben« verworfen wird. Und in der kommenden Traumnacht entsteht ein neuer Lösungsansatz.

Die kindliche Kreativität wird hier zur Problemlösung in den Dienst genommen. Wie fehlerfreundlich Träume sein können, erkennt man daran, dass mitunter eine ganze Anzahl von unterschiedlichen Lösungen durchgespielt wird. Auch Manu hatte zuvor Träume von der Auflösung ihrer Familie gehabt, vom Tod ihres Vaters einmal sogar, den sie für ihr Elend verantwortlich machte, und von netten Leuten, die mit ihr zurück in den Norden fuhren. Einmal ist sie im Traum auch weggelaufen. Die in der knappen Zusammenfassung so genial erscheinende Lösung hatte also etliche deutlich weniger eindrucksvolle Vorstufen.

Natürlich hat Manu die meisten dieser Träume für sich behalten. Sie konnte sich ja denken, wie diese bei ihren Eltern angekommen wären. Als dann der Traum mit der schöpferischen Lösung kam, hat Manu schon nicht mehr an eine gute Entwicklung geglaubt.

Man kann hier also schlussfolgern, dass der Traum manchmal nicht unbedingt Therapiebedürftigkeit zeigt, sondern dass der Traum selbst bereits die Therapie ist.[5] Dass man sich neu beheimatet, indem man miteinander Sprachspiele spielt, wäre vielleicht weder einem Kinderpsychologen noch einer Lehrerin eingefallen. Aber Manus unbewusster Kreativität eben schon.

7

Symbole: Die drei Frage-zeichen der Traumdeutung

Von weißen Schwänen träumen

»Mama«, fragt Carolina, »ich habe von weißen Schwänen geträumt. Hat das was zu bedeuten?« Ratlos blickt ihre Mutter Carolina über den Frühstückstisch hinweg an. Sie ist nicht ganz sicher, ob sie die Frage überhaupt richtig verstanden hat.

»Du meinst, es muss etwas bedeuten, wenn du von Schwänen auf einem See träumst?«

»Nicht auf einem See, Mama. Am Ufer.«

Carolinas Mutter hilft das nicht wesentlich weiter. Von Schwänen träumen, na gut. Das könnte ihr auch schon passiert sein. Aber woher hat Carolina die Idee, dass dieser Traum etwas zu bedeuten hat?

»Träume haben einen Sinn, Mama. Das haben die Leute immer schon gewusst.«

Carolinas Mutter ist eine kritische, aufgeklärte Frau, die sich nichts vormachen lässt. Ihr BWL-Studium hat sie gelehrt, klar hinzuschauen und sich mit dem zu befassen, was Fakten sind. Zu Traumdeutungen hat sie ungefähr dasselbe Verhältnis wie zu Leuten, die meinen, schon einmal gelebt zu haben. Sollen sie daran glauben, denkt sich Carolinas Mutter, ihr ist es egal.

Und jetzt so eine Frage. Dass Carolina von Schwänen träumt, ist ja wohl eher banal. Schwäne eben. Wie kommt sie darauf, dass das etwas zu bedeuten habe? Dreht ihre Tochter womöglich irgendwie ab? Carolinas Mutter weiß, dass manch eine esoterische App sich gezielt an Heranwachsende wendet, die sich über ihre Gefühle im Unklaren sind. Da werden dann die abseitigsten Erklärungen für ganz normalen Schulstress herangezogen. Oder eben für ganz normale Träume von irgendetwas. Kann gut sein, dass die Kinder sich besser fühlen, wenn sie da irgendwas über ihren Ätherleib lesen. Aber auf ihr Zeugnis hat das wohl kaum eine Auswirkung.

Carolinas Mutter liebt ihre Tochter sehr. Sie wünscht ihr ein tolles Leben. Dazu gehört auch ein guter Job. Und um den zu bekommen, muss man sich auf das Wesentliche konzentrieren. Eigentlich dachte sie, Carolina sähe das auch so. Umso mehr irritiert sie Carolinas Insistieren darauf, dass ein höchst banaler Schwanentraum etwas bedeuten müsse.

Bevor wir uns Carolina und ihr Traumbild anschauen, sollten wir einmal in die Psyche ihrer Mutter hineinblicken. Und zwar, weil wir dort vieles finden, was im Augenblick sehr typisch für Denkweisen und Handlungsformen ist. Die Denkweise vieler Eltern wird von wirtschaftlichen Erwägungen geprägt. Das ist kein Wunder, denn überall ist die Rede davon, dass die Digitalisierung viele Arbeitsplätze kosten wird. Und dass nur die Chancen auf einen guten Job haben, die gute Abschlüsse mitbringen.

Da erstaunt es nicht, dass es auf der Agenda vieler Eltern ganz oben steht, ihre Kinder leistungsorientiert zu erziehen. Das gilt oft für die Mädchen noch mehr, wenn, wie in unserem Fall, die Mutter sich selbst hat durchbeißen müssen. Niemand hat ihr einen roten Teppich ausgerollt, im Gegenteil. Sie hat hart gearbeitet, um die zu werden, die sie ist.

Blicken wir ein paar Stunden später wieder zu Carolina und ihrer Mutter hinüber, so ist einiges passiert. Carolina hat mit Freundinnen über Schwäne im Traum geredet. Die Mädchen besprechen so etwas öfter. Sie fragen sich auch, ob ihre Handlinien etwas zu bedeuten haben. Und wie Telepathie funktioniert.

Carolinas Mutter gefällt das nicht. Aber wenn sie sich nur kritisch distanziert, wird sich ihre Tochter verschließen, das merkt sie. Also besucht sie gemeinsam mit ihr eine von den Websites, die die Mädchen mögen. Auf denen wird alles das diskutiert, was in den Augen kritischer Erwachsener Quatsch ist. Unwissenschaftlicher Flachsinn. Von weißen Pferden träumen hat etwas mit spiritueller Energie zu tun. Und weiße Schwäne können eine glückliche Zukunft verheißen.

Wo die Traumdeutung herkommt

Seit wir von Träumen wissen, werden diese gedeutet. Von Druiden und Priestern, von weisen Frauen und esoterischen Lehrerinnen. Und natürlich, seit Sigmund Freud die Psychoanalyse entwickelte, von Psychoanalytikerinnen und Psychotherapeuten.

Freuds Werk *Die Traumdeutung* erschien, auf das Jahr 1900 vordatiert, im Jahr 1899. Als ein Buch, das im ausgehenden 19. Jahrhundert verfasst wurde, erscheint es einerseits heute noch ziemlich modern. Andererseits: Auch wenn Freud mit seinen Entdeckungen zur Sexualität des kleinen Kindes unglaublich befreiend gewirkt hat, so blieb er doch dem verhaftet, was seine Zeit an Herangehensweisen anbot.

Zum Beispiel hat die Freud'sche Traumdeutung immer etwas vom Lösen eines Kriminalfalls.[1] Indizien werden gesammelt und aufeinander bezogen, und am Ende hat man das Ergebnis, in diesem Fall die eigentliche Botschaft des Traums. Das ist ein bisschen wie bei Sherlock Holmes, den der Arzt und Schriftsteller Arthur Conan Doyle ungefähr zur selben Zeit erfand.

Warum aber so an die Träume herangehen? Freud unterschied einen »latenten« von einem »manifesten« Anteil des Traums. Manifest ist das, was der Traum zeigt. Latent ist, was er verbirgt. Denn um der geheimen Wunscherfüllung willen schmuggelt der Traum seine womöglich verbotenen Botschaften nur codiert in die Wahrnehmung des Träumenden.

Der Grundgedanke ist hier, dass es im Träumer – auch im träumenden Kind – eine kritische Instanz gibt, der bestimmte Themen nicht passen. Man kann diese Instanz »schlechtes Gewissen« nennen oder den »inneren

Richter«. Bei Freud hieß sie das »Über-Ich«. An dieser Instanz versucht die triebhafte tiefere Psyche Inhalte vorbeizuschmuggeln, die einerseits wichtig sind, aber eben auch oft so heikel, dass der innere »Zensor«, wie Freud diese Instanz auch nennt, einschreiten würde. Also muss der Traum vorgehen wie ein Schriftsteller in einer Diktatur.

Ich bin selbst kein Psychoanalytiker, habe aber vor zwei Jahrzehnten mehrere Jahre an einer Weiterbildung in Analytischer Psychologie nach C. G. Jung teilgenommen. Da konnte es im Traumseminar dann geschehen, dass der Ausbildungsleiter einen Traum jungianisch auslegte, wobei jedes Traumbild – ein Pferd, ein junges Mädchen, eine weite Landschaft, ein dunkles Haus – plötzlich eine klare Bedeutung bekam. Die Auslegung drehte sich, soweit ich mich entsinne, um eine Art seelischer Gefangenschaft, aus dem das Mädchen, das in einer emotional eher engen Pfarrersfamilie aufwuchs, auszubrechen hoffte. Das Pferd war wie in den Märchen (auf die sich Jung oft bezog) das plötzlich auftauchende rettende Tier, mit dem das Mädchen in die weite Landschaft ihrer individuellen Psyche entfliehen würde.

Alles schien zu passen. Bis einer der Seminarteilnehmer anbot, jetzt einmal die freudianische Deutung auszuprobieren. Lächelnd stimmte der Ausbildungsleiter zu. Es erwies sich, dass auch in dieser Deutungsweise alles zusammenpasste. Nur – es war schlicht nichts wiederzuerkennen. Anders als die jungianische Auslegung war die freudianische die einer erkennbar erwachenden Sexualität mit den sie begleitenden Bedrohungen. Im Haus saß das drohende, wachende Über-Ich, während das Pferd, das nun klar als Hengst zugeordnet wurde, sexuelles Begehren signalisierte. Doch nicht jedes Traumgeschehen, das nach Sexualität aussieht, muss unbedingt Sexualität sein. Unsere Zeit ist in dieser Hinsicht ziemlich tabubefreit, sodass es nur noch wenig Gründe gäbe, den Eros im Traum aufwendig zu tarnen.

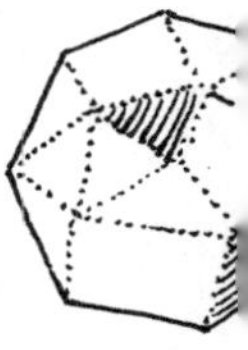

Ganz allgemein kann man sagen, dass der psychoanalytische Blickwinkel in unserer Zeit an vielen Eltern vorbeigeht und auch in der Wissenschaft zunehmend an Boden verliert. Große, aufwendige Bücher, die von Psychoanalytikern über Träume publiziert wurden, sind daher auch eher für ein Fachpublikum gedacht und bieten für die Erziehung und Begleitung von Kindern wenig, was sich verwenden ließe.[2]

In der Symbolwerkstatt unserer Psyche

Die Symbolsprache scheint so etwas wie eine Ursprache der Psyche zu sein. Sie entsteht gleichsam nebenbei, man muss sie – anders als das logische Denken – nicht anerziehen oder fördern. Ein Kind setzt ein Klötzchen auf das andere und sagt: Das ist die Mama. Dann lässt es ein weiteres Klötzchen, so wie es ist: Und das ist das Kind. Noch einmal werden zwei Klötzchen aufeinandergestapelt und etwas entfernt aufgestellt: Papa, der den Rasen mäht.

Für gewöhnlich kommen wir kaum darauf, dass dies eine Form der Symbolbildung ist. Mama sieht mitnichten so aus wie zwei aufeinandergeschichtete Klötzchen, und auch das Kind würde sich selbst nicht mit einem Bauklotz vergleichen. Aber im Spiel, wo die Objekte stellvertretend für etwas anderes benutzt werden, wird diese Symbolisierung als stimmig empfunden.

Unsere Lebenswelt ist durch und durch von Symbolen durchdrungen. Manche von ihnen sind uns so geläufig, dass wir nicht mehr über sie nachdenken müssen. Das betrifft vor allem Firmenlogos in Form von Symbolen, denn auch sie stehen ja nicht für sich selbst (im Fall des Mercedessterns also für einen Stern und im Fall der Audiringe einfach für Ringe), sondern erstens für die Autos einer jeweiligen Marke und zweitens für die Firma selbst.

Erich Fromm hat drei Formen von Symbolen unterschieden. Die erste Form von Symbolen nannte er die *konventionelle*. Konventionelle Symbole sind zum Beispiel sprachlicher Natur (ein Wort repräsentiert ein Ding). Mehr noch aber sind sie zeichenhaft: Fromm nennt als Beispiel die Flaggen. Eine Flagge repräsentiert ein Land. Ebenso könnten wir sagen, verhält es sich auch mit den Symbolen der Autofirmen oder der großen Computerkonzerne. Fromm wäre die Welt der Logos zwar vermutlich eher fremd gewesen, doch hätte er das Prinzip des konventionellen Symbols – dass es nämlich aufgrund von festgelegten, gesellschaftlich verankerten Prinzipien entschlüsselt werden kann – im digitalen Kapitalismus überall wiedergefunden.

Sodann gibt es *zufällige* Symbole. Die zufällige Symbolisierung ist erstens individuell und zweitens von Ereignissen abhängig. So kann eine Brücke, auf der ein Kind sich übergibt, für das Kind zum Symbol für die Übelkeit selbst werden. Die zufällige Symbolik findet sich häufig in Träumen – und sie ist schwer zu entziffern, wenn man das Kind nicht näher kennt. In kunsttherapeutischen Sitzungen habe ich das öfter erlebt:

Ein Kind malt sein Zimmer. Da sind seine Kuscheltiere, da ist sein Bett, da sein Kochherd mit einem kleinen Esstisch. So weit sieht alles sehr schön aus. Kindlich-ungelenk noch, aber anrührend. Dann malt das Kind um sein Bett herum ein mächtiges geschwungenes schwarzes Gitter. Die Betrachtenden sind entsetzt und rätseln, was dem Kind wohl ein solches Gefühl von Gefangenschaft gibt. Bis jemand nachfragt, was das denn da eigentlich sei, dieses Schwarze da um das Bett herum. Und das Kind fröhlich antwortet, dass dies das Moskitonetz ist, das es sich immer gewünscht hat, weil es früher so oft von Mücken gestochen wurde.

Drittens, meinte Fromm, gebe es auch *universale* Symbole. Hierfür nennt er als Beispiele den Fluss oder das Meer. Universale Symbole werden weder gesellschaftlich geprägt noch basieren sie auf individuellen Erlebnissen. Sie sind allgemein verständlich, weil jeder sie kennt.

Fromm nannte die Sprache der Träume und Märchen eine »vergessene Sprache«.[3] Das kann aber eigentlich nur für die universalen Symbole gelten. Dass diese Flagge Deutschland repräsentiert und jene Frankreich, das ist ja keineswegs vergessen, sondern ziemlich präsent. Und auch meine persönliche Symbolbildung ist mir in der Regel vertraut.

Doch mit den universalen Symbolen ist Vorsicht geboten. Wenn Fromm etwa meinte, der Fluss sei ein universales Symbol, so darf man skeptisch werden. Denn gerade ein Fluss-Traum kann unglaublich viele Facetten haben. Er kann Symbol der Tiefe sein, der Verbindung mit etwas Entferntem, er kann die Grenze zwischen zwei Ländern sein und die Spiellandschaft, in der ich meine Papierschiffchen in die Welt schicke.[4]

Es wird überdies eine Rolle spielen, ob ich schon einmal in einem Fluss geschwommen, womöglich gar beinahe ertrunken bin. Die Tochter eines Binnenschiffers in den Niederlanden wird anders von Flüssen träumen als der Sohn eines Bergführers in Südtirol. Manche Kinder träumen von Flüssen, die sie kennen. Andere nur von ihrer Vorstellung von einem Fluss, wenn sie nämlich noch nie an einem gewesen sind.

Offenbar dringt die Lebensform in die Gestaltung unserer Träume mit ein. Wir wissen zum Beispiel, dass Kinder häufiger von Tieren träumen als Erwachsene. Aber Landbewohner träumen auch öfter von Tieren als Stadtbewohner. Das hängt, wie William Domhoff glaubt, damit zusammen, dass Träume viel mit dem Erschließen und Ergründen unserer Lebenswirklichkeit zu tun haben.[5]

Träume von Landschaften und Elementen

Das Meer und die Wüste, der Wald und der Fluss sind große Traumbilder. Von Landschaften zu träumen, ist etwas anderes, als von Wesen zu träumen. Landschaften ermöglichen vielleicht Begegnungen, aber man kann ihnen nicht selbst begegnen.

Allerdings können frühe Prägungen in ihnen sichtbar werden. Diese bewirken nämlich oftmals, ob uns Elemente vertraut sind oder ob wir diesen gegenüber eher Angst verspüren. Einer meiner Freunde ist in Afrika geboren und als Kind nach Deutschland gekommen; er fühlt sich in den brodelnden Städten anderer Kontinente grundsätzlich daheim. Ich selbst, der als kleines Kind einmal von einem Matrosen von einer Fähre getragen wurde, weil Seewasser in sie eingedrungen war, bin von keinem Sturm in Angst zu versetzen, auch nicht, wenn ich ihn auf einem Schiff erlebe.

So können Landschaften und Elemente im Traum etwas früh Erlebtes aufrufen und damit an alte Gefühlswelten andocken. Dabei sind die Traumbilder vollkommen individuell, sodass sie nicht als allgemeine Symbole gedeutet werden könnten.

Überhaupt steckt der Teufel da, wo wir Landschaften und Elemente zum Sinnbild menschlicher Erlebnisweisen machen, im Detail. Wenn man wie Verena Kast Wüstenträume mit menschlichen Grenzerfahrungen in Verbindung bringt, dann meint das vor allem jene Träumer, denen die Wüste fremd ist. Und die Grund haben, ihr mit Furcht oder Respekt zu begegnen.[6]

Der gleiche Mangel an Differenzierung droht da, wo zum Beispiel ein Auto als Traumgegenstand auftaucht. Man kann dies als Symbol des Unterwegsseins deuten, wie Verena Kast das macht.[7] Man kann es auch als Gegenstand von Energie und Bewegtheit nehmen, als Triebsymbol also, wie eine andere Lesart lauten würde. Auf Kinder aber treffen beide Interpretationen unter Umständen gar nicht zu.

»Wenn ich groß bin, fahre ich einen Ferrari.« Als Sally von ihrem Traum erzählt, schiebt sie energisch ihre Lippe vor.

Hintergrund ihres Traums ist dieser: Sally hatte auf dem Heimweg von der Schule einen Platten und musste das Fahrrad schieben. Sie hatte gehofft, jemand würde ihr Los teilen und mit ihr gehen, aber das ist nicht passiert. Stattdessen haben ein paar Mädchen sie ausgelacht, und in Sally stieg eine mächtige Wut auf.

Eher zurückhaltend, wie Sally ist, hat sie ihren Zorn für sich behalten. Und ihr Bedürfnis nach Revanche verschob sich in den Traum. Da fuhr sie dann einen schnellen Wagen und sauste allen anderen davon. Als sie den Traum erzählt, wird deutlich, dass sie darin zwar immer noch Schülerin ist, aber trotzdem schon »groß«. Nämlich überlegen und sehr, sehr cool.

Sallys Traum zeigt, wie das Auto einerseits für die mutmaßliche Überlegenheit eines Erwachsenen stehen kann. Und andererseits für Schnelligkeit und Status (Ferrari). Beides sind aber Sallys eigene Symbolbildungen, in denen sich die Wünsche ihrer gekränkten Psyche ausdrücken.

Was und wie viel kann man deuten?

Ich selbst verwende anstelle des Begriffs »Deutung« lieber den Begriff »Interpretation«. Oder ich spreche davon, dass wir den Traum verstehen wollen. Um ihn zu verstehen, müssen wir schauen, wie er gewissermaßen hergestellt wurde oder in welcher seelischen Sprache er verfasst worden ist.

Denn Symbole sind lesbare Zeichen. Und sie wenden sich an die Träumenden selbst. Wo also der Traum das Verständnis des Träumers überfordern würde, da wäre er schlicht unsinnig. Träume wurden ja nicht für Psychologen, Gelehrte und Priester erfunden. Sondern für die, die sie träumen.

Kinder kennen meist weder Sherlock Holmes noch wissen sie viel über Sigmund Freud. Aber Detektivgeschichten in irgendeiner Form kennen sie alle, da diese von den *Fünf Freunden* bis hin zu *Harry Potter* ein Leitthema der Kinderliteratur sind. Es geht immer irgendetwas vor, und die Kinder entschlüsseln, was das ist. Auf die kindliche Psyche übertragen kann es daher tatsächlich helfen, wenn man an die Träume des Kindes herangeht wie an eine Geschichte der *Drei Fragezeichen*.

Unsere drei Fragestellungen sind:

* Worum geht es genau in dem Traum?
* Was sind meine Gefühle im Traum?
* Warum träume ich gerade so und nicht anders?

Man merkt schnell, dass Kinder anspringen, wenn man ihnen mit diesen drei Fragezeichen kommt. Und sie gewinnen zur Traumsprache einen anderen Zugang. Wer sich immer mal wieder mit dem ersten Fragezeichen befasst, merkt, dass es zum Beispiel in einem Traum, in dem Monster das Kind jagen, nicht um Monster, sondern um *Verfolgung* geht. Dass Träume, in denen das Kind hoch in einen Baum steigt, vielleicht nicht nur von Bäumen handeln, sondern auch davon, mit sich allein sein zu wollen.

Das zweite Fragezeichen liefert den wichtigsten Schlüssel zum Verstehen des Traums. Denn Bilder können täuschen, wenn sie voreilig interpretiert werden. Gefühle aber täuschen nicht. Wer von der Begegnung mit einem Tiger träumt, sich dabei aber wohl fühlt, der hat wohl nichts Bedrohliches erlebt. Sondern eher eine innere Ressource gefunden. Und wer in einem Traum aus den Wolken stürzt, aber dabei lacht, der erlebt den Fall womöglich als Spiel und weiß, dass er nicht tiefer fallen kann als in den Halt, den die Eltern ihm bieten.

Fragezeichen drei ist dann schon eher knifflig angelegt. Hier muss man nämlich zusammenbringen, was der Alltag an Bildern anbietet und was der Traum daraus gemacht hat. In Verbindung mit dem begleitenden Gefühl ergibt das oft sehr stimmige Erkenntnisse, wie etwa diese:

»Ich habe von sieben Kamelen geträumt«, sagt der elfjährige Henri, »und sie gingen in die Wüste. Ich war froh, weil die Wüste so schön war. Teure Autos fuhren auch in die Wüste, aber die blieben im Sand stecken. Ich sah meine Freunde auch in Richtung der Wüste laufen, und ich rief ihnen zu, wir könnten doch zusammen laufen.« Henri meint, dass sein Traum mit Weihnachten zusammenhängt. Da sind nämlich die heiligen drei Könige mit Kamelen zur Krippe gekommen. Sieben sind es, weil es nur noch eine Woche bis zum Fest ist, also sieben Tage. Und die Wüste ist nicht bedrohlich, sondern schön, weil da das begann, was heute Weihnachten ist. Dass die teuren Autos stecken bleiben, ist ja klar: Wer nur Geld im Sinn hat, kommt zum Weih-

nachtsfest nicht hin. Und die Freunde – ja, Henri würde wahnsinnig gern mal nicht nur mit der Familie Weihnachten feiern. Sondern eben auch mit den Freunden.

Ob Henris Interpretation stimmt? Kann sein. Aber ebenso gut ist es möglich, dass er dem Traum die Interpretation gleichsam überstülpt, einfach weil ihn das Weihnachtsfest sehr beschäftigt. Wer Henris Traum mitsamt der Interpretation liest, könnte meinen, das laufe ja wie geschmiert mit dem Deuten eigener Träume. Aber das ist keineswegs immer so.

Wann ist eine Interpretation richtig?

Einen Traum zu interpretieren, ist die eine Sache. Herauszufinden, ob die Interpretation stimmt, ist dann die zweite. Wie aber soll man das klären? Die Möglichkeit, beim Interpretieren völlig danebenzuliegen, taucht selbst in alten Geschichten, in Legenden und Mythen schon auf. Meist geht es dabei nicht nur um Träume, sondern um die Deutung von Zeichen überhaupt: also um Sterndeutung, das Erkennen von Omen und Ähnliches. Für den Fall, dass seine Interpretation sich als falsch erweist, droht dem Zauberer oder dem Druiden Strafe. Liegt er aber richtig, dann soll er belohnt werden.

Von solchen Methoden sind wir weit entfernt. Nicht aber von ihren autoritären Hintergründen. Denn für gewöhnlich wird die Interpretationshoheit über den Traum ja auch heute noch dem Fachmann oder der Fachfrau zugeschrieben, die durch ihre Ausbildung und ihr theoretisches Wissen in der Lage sein sollen, den Traum zu deuten.

Das ist aber, wie Skeptiker immer wussten, eine fragwürdige Angelegenheit, weil die zugrunde liegenden Kriterien ja niemand überprüfen kann. Auch weiß man nicht, wie die Fachleute zu ihrer Interpretation kommen. Wenn man davon ausgeht, dass man seine Träume nicht für andere Leute träumt, dann kann letzten Endes nur derjenige, von dem der Traum stammt, auch seine Bedeutung entschlüsseln. Der aber sieht sich im Allgemeinen zur Deutung selbst außerstande. Dem Träumer nämlich kommt der Traum seltsam, verworren und oft genug sinnlos vor. Hierin liegt ja der Grund dafür, dass Träume zu interpretieren Teil eines Berufsbildes geworden ist.

Da einerseits diejenigen, von denen die Träume stammen, ihnen oft selbst ratlos gegenüberstehen und andererseits eine unumstrittene Deutungshoheit ein problematisches Machtverhältnis ergäbe, ist die beste Lösung diese: Der Psychologe bietet Möglichkeiten der Deutung an. Und der Klient überprüft, ob diese stimmen könnte.

Wie aber macht ein Psychologe das? Und woran merkt man, dass etwas richtig ist? Zwar gibt es Kriterien, an denen man sich orientieren kann, man kann sie aber nicht theoretisch definieren, was ja auch merkwürdig wäre, da der Traum selbst auch keine Sache der Theorie ist, sondern ein Erlebnis. Warum also nicht die persönliche Erlebnisweise zum Kriterium einer gelingenden Deutung machen?

Björns Traum beginnt mit einer Reise. Der zwölfjährige Junge ist unterwegs zu einem Ziel, das er nicht kennt. Er sollte sich freuen, aber das tut er nicht. Stattdessen sitzt er im leeren Zug und fährt. Einfach immer weiter. Dann steigt ein Mann ein, den er nicht kennt. Erschrocken erwacht Björn.

In diesem Traum ist wenig passiert, aber trotzdem ist die emotionale Nachwirkung stark. So stark, dass Björn dem Therapeuten, bei dem er wegen seiner Schulängste in Behandlung ist, davon erzählt.

Der Therapeut möchte als Erstes wissen, was Björn selbst von diesem Traum hält. Björn zuckt mit den Schultern und sagt: »Keine Ahnung.«

Gut, so wird es also nicht gehen. Ob Björn glaubt, dass Freunde oder Mitschüler ähnliche Träume haben?

Björn guckt skeptisch. Woher soll er das denn wissen?

Na ja, es könnte ja sein, dass eine Klassenfahrt bevorsteht. Oder eine andere Reise. Und dass der Traum die Sorge transportiert, dabei einsam zu sein. Allein im Zug eben.

Björn schüttelt den Kopf. Das passt überhaupt nicht.

Gut, um eine äußere Reise scheint es nicht zu gehen. Der Therapeut betrachtet noch einmal den Traum als ganzen. Dieser Mann zum Beispiel – ein Lehrer vielleicht?

Björn bezweifelt das.

Der Therapeut lässt sich nun Zeit. Er will nicht, dass Björn gelangweilt dichtmacht. Dafür war die Stärke des Gefühls zu ausgeprägt, mit der Björn seinen Traum schilderte. Was sind die drei Hauptbestandteile des Traums? Unterwegs sein, allein sein, ein Mann. Moment mal …

Der Therapeut weiß, dass es in der Vorgeschichte von Björns Ängsten mehrere kritische Lebensereignisse gegeben hat. Einen Schulwechsel. Wechselnde Beziehungen der Mutter. Und davor eine dramatische Trennung von dem Mann, der Björns Vater ist. Und von dem Björn seit Jahren getrennt lebt, weil es hieß, er habe dem Kind Gewalt angetan.

Björn hat niemals etwas von gewalttätigen Übergriffen erzählt. Nur dass er mit dem Vater nichts zu tun hat. Aber muss das so geblieben sein? Immerhin ist Björn in einem Alter, in dem Jungen sich vermehrt an männlichen Rollenbildern orientieren. Aktuell findet Björn da keines, das hat er einmal durchblicken lassen.

Ihm komme da ein Gedanke, sagt der Therapeut, und der könne natürlich auch ganz abseitig sein. Aber wie sähe es eigentlich mit Björns Vater aus? Wer von einem Elternteil getrennt lebe, der sei ja vielleicht trotzdem innerlich nach ihm auf der Suche. Im Raum bleibt es still, keine Resonanz. Der Therapeut spricht weiter, über an- und abwesende Eltern, über das Bedürfnis nach Auseinandersetzung. Da unterbricht ihn Björn und sagt, er habe das wohl gar nicht erzählt, aber seine Mutter und sein Vater würden wieder telefonieren, ganz freundschaftlich. Er erzählt es wie eine rein sachliche Angelegenheit, die nichts mit seinen Gefühlen zu tun hat.

Vor diesem Hintergrund wird der Traum nachvollziehbarer. Und bedrängender wird er auch. Insbesondere, dass Björn sich darin freuen sollte, es aber nicht tut. Und dann auch, dass er sich so allein sieht.

Das mit der Mutter sei ja interessant, meint der Therapeut. Aber wie sei es denn mit ihm selbst? Kann es sein, dass Björn selbst sich auch wieder auf seinen Vater zubewegt hat? Dann wäre die Reise, wäre die Zugfahrt, die er ja allein angetreten hat, ein Bild für diese Annäherung.

Der Therapeut bemerkt, dass Björn aufmerksamer geworden ist. Er schaut zwar vor sich hin, jedoch in einer Körperhaltung, die der Therapeut kennt. So sitzt Björn meist, wenn er sich intensiv mit etwas beschäftigt. Also gibt er dem Jungen einen Hinweis. Er möchte dem Jungen eine Geschichte erzählen. Vielleicht erkennt Björn ja etwas wieder.

Und dann beginnt der Therapeut seine Geschichte. Björns Geschichte. Von Trennung und Abstand und von einer Wiederannäherung, an der Björn selbst nicht teilhat. Er wird dabei genauso wenig gefragt wie damals bei der Trennung; so etwas machen Erwachsene unter sich ab. Nun also hat sich der Junge auf eine Reise gemacht, allein. Er müsste sich freuen, meint er, aber das stimmt gar nicht. Vielmehr ist es ganz normal, dass er abwartend bleibt, vielleicht sogar skeptisch. Aber etwas zieht ihn auch an. Und in dem Moment, in dem der Mann zusteigt, ist er ein vollkommen Fremder. Einer, der alles sein könnte. Toll oder ein mieser Typ, freundlich oder distanziert. Es ist alles offen.

Von dem Moment an, in dem es um Björns Gefühle ging, hat der Junge begonnen, seinen Kopf zu bewegen. Aber das ist kein Verneinen gewesen, sondern Verwunderung. Als der Therapeut fertig ist und fragt, ob das so zu seinem Traum vielleicht passt, schaut ihn der Junge mit einer Mischung aus Klarheit und Erstaunen an: »Alter!«, sagt er.

Für zutreffende Traumdeutungen beziehungsweise -interpretationen haben wir eine Art Körpersinn entwickelt. Eine gute Interpretation fühlt sich an wie ein Einrasten. So, als würde etwas »Klick« machen und zeigen, dass Deutung und Traum zusammenpassen.

Warum wir dies vor allem körperlich spüren, ist leicht erklärt. Rein intellektuell sind viele Deutungen möglich, die alle stimmig wären. In den Geisteswissenschaften lernt man zum Beispiel, Gedichte oder Bilder so zu interpretieren, dass die Interpretation in sich konsistent ist und es keine inneren Widersprüche gibt. Dabei kann keine Interpretation den Anspruch auf vollständige Gültigkeit erheben, das könnte allenfalls der Dichter oder der Maler, und auch denen ist das, was ihr Unbewusstes hervorbringt, oft eher fremd. So können verschiedene Interpretationen hervorgebracht werden, die alle ein Recht auf Gültigkeit haben.

Bei einem Traum ist das anders. Zwar kann es auch hier verschiedene Möglichkeiten der Interpretation geben, die sich nebeneinanderstellen lassen. Aber wenn es dabei bleibt, entsteht auch Verwirrung. Wir müssen also herausfinden, was gilt. Und das geht nur über eine innere Wertung, eine Entscheidungsfindung in der Psyche des Träumers oder der Träumerin. Gelingt es dem Therapeuten oder der Analytikerin, hier Vorschläge zu machen, unter denen auch die gültige, emotional zutreffende Version ist, so erlebt der Träumer eine Gefühl, als sei ein Sudoku gelöst oder ein plötzlicher erlösender Lerneffekt eingetreten: Natürlich, *so* muss es sein …!

Warum Symbole Kulturen trennen und verbinden

Hierzulande ist es ein häufiges Symbol der Beschämung, wenn wir in einem Traum nackt zwischen Angezogenen herumlaufen. Das kann aber natürlich nur in einer Gesellschaft funktionieren, in der man gewöhnlich bekleidet unterwegs ist. In einer Kultur, in der Nacktheit normal ist, würden Schamträume anders aussehen. Wir haben es also mit einem konventionellen, auf eine bestimmte Kultur bezogenen Traumbild zu tun.

Andererseits gibt es Überschneidungen zwischen kindlichen Träumen, die auch interkulturell auftreten. Offenbar ist in unserem Traumgeschehen nicht alles an kulturelle Muster gebunden. Manches scheint auch allgemein menschlich zu sein.

Janines Traum ist ein häufiger Traum. Nicht nur Janine träumt ihn häufig, auch anderen Menschen ist er vertraut. Überdies kommt er auch in anderen Kulturen vor, was die Interpretation sehr schwer macht. Janine läuft darin über einen Weg, der zu beiden Seiten von Wasserläufen gesäumt ist. Vielleicht ein Stück Deich, möglicherweise eine Hafenpromenade. Es könnte aber auch ein Kanalsystem sein, wie man es aus dem friesischen Binnenland kennt.

Janine weiß, dass ihr die Umgebung im Traum jedes Mal bekannt vorkommt. Aber trotzdem weiß sie nicht, wo sie ist. Möglicherweise handelt es sich um eine Mischung aus dem Emsland, in dem Janine aufgewachsen ist, und der süddeutschen Großstadt, in der sie jetzt lebt.

Zunächst fühlt sich Janine wohl in diesem Traum. Dann aber merkt sie, wie links und rechts das Wasser steigt. Es steigt langsam, aber unaufhaltsam. Janine weiß, dass sie sich beeilen muss. Sie rennt, aber da ist kein Ziel. Kein rettender Ort, kein Zuhause. Das Wasser steigt weiter, und Janine rennt nun nicht mehr, sie jagt förmlich dahin. Es bläst ein rauer Wind, und die steigenden Wasser beginnen den Weg zu überschwemmen. Am Ende bleibt Janine stehen, denn sie weiß, sie kann dem Ertrinken nicht entkommen.

Wenn man sich Janines Traum aus therapeutischer Sicht anschaut, könnte es sein, dass in Janine selbst etwas ansteigt, was sie verzweifelt zu kontrollieren versucht. Womöglich ist das ein Eindruck von Überlastung. Janine ist äußerst ehrgeizig, sehr kontrolliert, und sie ist hinsichtlich ihrer Schulleistung am Limit angelangt, ohne dass sie mit ihren Noten zufrieden wäre.

Es könnte aber auch sein, dass in Janine Gefühle aufsteigen, die ihr unangenehm sind. Wut zum Beispiel oder ein Freiheitsdrang; etwas, was ihrer Anpassung an die sie umgebende Welt widerspricht.

Es gibt auch noch eine dritte Lesart dieses Traums. Und die hat mit Janine als Individuum wenig zu tun. Denn soweit wir wissen, kennen alle Völker die mythische Geschichte von einem großen Wasser, das die Welt ertränkt. Mal ist es die Sintflut, mal ein großer Regen, mal eine gewaltige Welle oder Flüsse, die über die Ufer treten. Angenommen, alle Kulturen beziehen sich hier auf ähnliche Erfahrungen – läge es nicht nahe, dass diese große und schreckliche Erfahrung interkulturell reproduziert wird?

Vielleicht. Es könnte zwischen dieser Lesart und einer eher modernen Sichtweise noch eine weitere Verbindung geben. Janine macht sich nämlich Sorgen um die Erde. Sie hält den Klimawandel für eine sehr ernst zu nehmende Bedrohung, und es empört sie, dass so wenig dagegen getan wird.

Ich spreche mit Janine über jede dieser vier Möglichkeiten, und es zeigt sich etwas Überraschendes: Es sind nämlich alle Lesarten irgendwie richtig. Dass alle Völker das seelische Bild einer großen Überschwemmung kennen, weiß sie. Und sie hält es für angemessen. Nicht, weil sie mythengläubig ist, sondern weil es ihr logisch erscheint, dass es auch früher schon schlimme Klimawandel gegeben hat.

Symbole können auch der Versuch einer universellen Sprache des Unbewussten sein. So besehen wären sie nicht zum Vertuschen da, sondern zum *Verbinden.*

Warum Symbole wertvoll sind

»Wir wissen heute«, schreibt der Wissenschaftsjournalist Stefan Klein, »dass Träume weder verschlüsselte Botschaften vermitteln noch sich einer Symbolsprache bedienen.«[8] Das klingt griffig und eindeutig. Aber so wie Klein ihn geschrieben hat, stimmt der Satz leider nicht.

Gewiss, die meisten Schlafforscher teilen diese Haltung. Und aus dem, was sie im Labor mit Hilfe von Hirnstrommessungen, bildgebenden Verfahren und Interviews ermitteln, lässt sich tatsächlich nichts über eine mögliche Traumsymbolik sagen. Wer daher Studienmaterial sortiert und Gespräche mit Forschern im Schlaflabor führt, der wird Kleins bündiger Aussage tendenziell zustimmen. Die meisten Psychotherapeuten aber, die mit Menschen über längere Zeiträume arbeiten, haben wahrscheinlich eine andere Meinung. Denn sie finden in ihren Gesprächen etwas, was im Labor kaum zu untersuchen ist. Dass Menschen zum Beispiel eigene Codes in ihren Träumen verwenden, die mit einer vergröberten und für alle gültigen Traumsprache nichts zu tun haben. Und diese Traumcodes dienen nicht unbedingt der Verschlüsselung, also dem Verbergen einer Wahrheit, nein, sie sind vielfältiger in ihren Funktionen. Oftmals scheinen sie sogar in Bildern etwas auszudrücken, was der Klient oder die Klientin schon wissen könnte. Worauf er oder sie aber möglicherweise nicht geachtet hat.

Hector, zwölf Jahre alt, träumt eine Schießerei, in die er und sein Freund Nick verwickelt sind. Die beiden erwehren sich der Angriffe einer Clique, die gleichfalls bewaffnet ist. Schüsse fallen, aber niemand stirbt. Nach einer Weile sind die Jungen aus der Bande fort. Hector und Nick winken einander mit ihren Pistolen zu. Als Hector Nick in den Arm nimmt, löst das eine seltsame Freude in ihm aus.

Ein sexueller Traum – und das passt auch, denn Hector hat wirklich Gefallen an dem sehnigen, sich lässig bewegenden Nick. Er hat auch bei Spaßringkämpfen schon Lustgefühle verspürt, und es ist ihm sehr peinlich, dass er solche Ringkämpfe offenbar öfter sucht als andere Jungen.

Aber hier geht es eben auch nicht nur um Sexualität. Wer in den Pistolen Penissymbole sähe und meinen würde, damit wäre alles klar, der würde nur ein Klischee bestätigen. Gewiss, es wird geschossen, und, ja, es kommt ein Lustgefühl vor. Aber muss das eine zwangsläufig auf das andere verweisen? Und wie sieht es zum Beispiel mit der Aggression aus, die hier auch eine Rolle spielen könnte?

Kennt Hector die Jungs, mit denen sich die Schießerei ereignet? Nein, er hat niemanden davon wiedererkannt. Das waren eher Typen, wie sie in Serien vorkommen – so gut aussehende, coole. Die, die nie mit irgendwas Probleme haben. So einer ist Hector selbst eher nicht. Er fühlt sich selbst eher unsportlich als drahtig. Und cool ist er auch nicht, eher schüchtern.

Der Traum bestätigt also keineswegs die Klischees über Sexualsymbole im Traum. Eher ist es andersherum. Manchmal gibt es wirklich Symbole, in denen sich etwas Reifendes – hier die Sexualität – eben ausdrückt. Das erlaubt dann aber keine platten Deutungen, die hier bedeuten würden, dass Hector homoerotische Wünsche hat. Die hat er vielleicht auch, aber viel wichtiger ist die Mehrschichtigkeit, in der Hectors Gefühle sich ausdrücken. Eine tiefe Freundschaft ist die eine Schicht, um die es hier geht: Wie Winnetou und Old Shatterhand kämpfen Nick und Hector gegen den Rest der Welt, hier eben eine andere Clique. Darin steckt wirklich etwas Aggressives: Der Kampf der Underdogs, die selbst nicht so cool sind, gegen die maskulinen Draufgänger, denen man so gern angehören würde. Tiefe Freundschaft also und Bekämpfung eines Ideals, dem man selbst nicht entspricht: Das sind gewiss keine kleinen Themen. Aber es gibt noch mehr in diesem Traum zu lesen.

Zum Beispiel das Abenteuerliche als Wunschfantasie. Schießereien sind nicht unbedingt gern gesehen auf Schulhöfen, ja, die Fantasie davon rührt schon an ein Tabu, das Jungen mitunter daran hindert, solchen Fantasien Ausdruck zu verleihen. Dass hier niemand getötet wird, legt schon nahe, dass es nicht wirklich um ein gefährliches Waffengefecht geht. Und endlich ist da die Ebene der körperlichen Lust, ausgedrückt als die »seltsame Freude«.

Was den Gebrauch der Symbolik angeht, so kann man hier sagen: Ein Symbol kann etwas überaus Komplexes besser fassen, als das mit langwierigen Erklärungen möglich wäre. Daher verwenden Träume Symbole dann, wenn ein umfassender Sachverhalt, an dem mehrere Ebenen beteiligt sind, den Traum beherrscht. Simple Eins-zu-eins-Deutungen sind dann genau der falsche Weg. Weil sie die Komplexität zerstören würden.

Ich selbst arbeite nach einer einfachen Regel: Ein Symbol ist immer mehr als die Summe seiner Deutungen. Das bedeutet, es kann durchaus sein, dass der Traum eine Symbolik verwendet. Das bedeutet, auch wenn eine Analyse noch so sauber aufgeht, bleibt ein kleiner Rest.

Was nun die Meinung vieler Schlaf- und Traumforscher angeht, die von der Laborforschung ausgehen und den Gedanken der Traumsymbolik verwerfen, so kann man sagen: Sie untersuchen das, was am Traumgeschehen messbar ist. Aber nicht alles ist messbar an uns, auch wenn das mancher gern hätte.

8

Unheimliche Träume: Wie im Gruselfilm

Was Eltern glauben, bietet Schutz

Augen, Augen, Augen. Das sind keine menschlichen Augen, Elsa weiß es genau. Und Tiere sind es auch nicht, zumindest keine, die sie kennt. Kein grünliches Katzenaugenfunkeln. Sondern fremdartige Augen, blass und wie leblos. Aber sie folgen ihr, wohin sie auch geht.

Ein Traum wie dieser lässt mehrere Sichtweisen zu. Man könnte zum Beispiel annehmen, Elsa fühle sich übermäßig beobachtet. Zum Beispiel in einer »Helikopter«-Situation, bei der die Eltern ständig kontrollieren, ob es dem Kind denn auch gut geht.

Würde Elsa sich nur beobachtet fühlen, so könnte dies tatsächlich der Hintergrund des Traums sein. Aber elterliches Beobachten drückt sich im Traum eher so aus, dass das Kind sich von einer Institution kontrolliert fühlt, einem Schuldirektor zum Beispiel, den es real gar nicht gibt. Hier ist das anders. Denn die Augen erzeugen bei Elsa keinen »Ich muss alles gut genug machen«-Stress, sondern eher ein Gefühl von »Da ist noch etwas …« Und dieses Etwas versetzt sie in Angst.

Unheimliche Träume sind in der Regel auch Albträume. Aber anders als die vertrauten Albträume, in denen Verfolgung, Verlust und das Fallen die Leitthemen sind, greift der unheimliche Traum etwas auf, was mit der Welt, in der wir leben, anscheinend nichts zu tun hat.

Überdies hat der unheimliche Traum ganz offenbar nichts von jenen evolutionär bedeutsamen Funktionen, die wir mit Albträumen verbinden. Man kann natürlich sagen, auch Träume, in denen ein Kind sich vor Gespenstern fürchtet, seien eine Form von Verfolgungsträumen. Als Therapeut aber würde ich sagen, dass das der Sache nicht gerecht wird. Denn mehr als jeder andere Albtraum berührt der unheimliche Traum das kindliche Weltbild. Und stellt die Frage, was denn in unserer Welt stimmt und was nicht.

In seiner ein Jahr nach dem Ende des Ersten Weltkriegs publizierten Schrift *Das Unheimliche* wies Freud darauf hin, dass das Erlebnis des Unheimlichen (ein Wort, in dem ja »heimlich« und also »Heim« vorkommt) eine kindliche Erfahrung aufgreift, die in der erwachsenen Person gewissermaßen nicht mitgereift ist. Wir sind in dieser Erfahrung nicht daheim, daher ist sie uns un-heimlich.[1]

Das ist einerseits sehr scharf beobachtet und gibt auch eine Ahnung davon, wohin die Reise gehen könnte. Ein Schriftsteller, dem Freud viel verdankt, ging allerdings noch weiter. Fjodor Dostojewskij nämlich meinte einmal, es heiße, nur Kinder und Fieberkranke sähen Gespenster. Das bedeute aber nicht, dass es keine Gespenster gäbe. Sondern, dass man Kind sein oder fiebernd liegen müsse, um sie sehen zu können.

Wenn man dies ernst nimmt, berührt es unsere persönliche Weltanschauung als Eltern. Glauben wir an Geister? Oder tun wir es nicht? Ich selbst muss sagen: Ich habe als Bewusstseinsforscher eine Reihe ziemlich irritierender Erfahrungen gemacht. Und da wir das Gegenteil nicht beweisen können, würde ich zugeben, dass es Geister durchaus geben könnte. Nur dass man mit so einer Antwort einem Kind, das unter unheimlichen Träumen leidet, nicht weiterhelfen kann. Als Erwachsene können wir die Spannung zwischen Wissen und Unsicherheit meist aushalten. Nur selten holen uns irrationale Ängste ein, wenn wir etwa nach dem Anschauen eines Horrorfilms nicht in den Keller gehen mögen. Ansonsten belastet uns die Möglichkeit, dass unheimliche Dinge wahr sein könnten, in der Regel nicht. Bei Kindern aber ist das anders. Sie wünschen sich ein verlässlich geschlossenes Weltbild, in dem klar ist, was gilt.

Freud freilich hatte hier eine klare Position. In seiner Weltanschauung hatten Geister keinen Platz. Bei Dostojewskij war das anders. Er hatte Achtung vor dem Volksglauben, der immer dabei geblieben ist, dass es Geister geben könnte. Allerdings konnte er damit weder Hilfe anbieten noch seelisch für Klarheit sorgen.

Eine Mutter träumt, sie werde zu ihrem im Nachbarzimmer schlafenden Kind gerufen. Das Kind sagt, hier sei so ein komisches Läuten und Glöckchenklingeln im Raum. Da ist es tatsächlich und die Frau hört es auch. Und gleich, sagt das Kind, würden wieder diese komischen Bewegungen kommen. Welche Bewegungen, denkt die Mutter, aber da sieht sie schon, wie die Decke am Fußende plötzlich ruckt und zuckt und sich aufwirft; zu weit unten für die Kinderfüße und vor allem viel zu stark. Von Grauen erfasst, wirft sich die Mutter auf die zuckende und strampelnde Decke, denn sie hofft, dass sie den Geist darin auf diese Weise in Schach halten kann. Mit klopfendem Herzen erwacht sie.

Geisterträume kann man sich so vorstellen, als würden Fantasy oder Horror im Traum real. Es gibt keine Trennlinie mehr zwischen möglich und unmöglich, denn auch das, was wir für unmöglich halten, wird im Geistertraum real. Für Kinder kann das sehr verstörend sein, denn sie suchen ja nach verlässlichen Richtlinien für das, was gilt und was nicht. Und aus sich selbst heraus können sie diese Trennlinien nicht erzeugen.

Eine Märchenerinnerung

Als ich ein Kind war, lag ich inmitten von Märchen. Die Wand, an der mein Bett sich befand, war nämlich mit einer Tapete beklebt, auf der Rumpelstilzchen, Hänsel und Gretel und Dornröschen szenisch dargestellt waren. So spielten die Märchen sich vor meinen Augen ab.

Ich erinnere mich, manchmal auch in diese Tapetenbilder »hineingewandert« zu sein, wenn ich zum Beispiel krank oder gekränkt war und nach innerer oder äußerer Hilfe verlangte. Ich erinnere mich aber auch, dass die Märchenfiguren nicht nur etwas Tröstendes hatten. Es war durchaus möglich, dass sich die Märchenwelt von der Tapete gewissermaßen ablöste und Fantasien möglich machte, die alles andere als einladend waren.

Das galt insbesondere, wenn ich zuvor noch etwas gehört hatte, was die Inhalte jener Welt bestärkte, die die Märchen aufriefen. Es war eine Welt fern der Rationalität und weitab von dem, was Erwachsene nachvollziehbar oder auch nur möglich fanden.

Da war zum Beispiel jene Geschichte vom Männlein, dem beide Beine zusammengewachsen waren. Es konnte so immer nur hüpfen. Das Männlein kam in einer Geschichte vor, die ich am Abend vorgelesen bekam. Aber eine gute Nacht wurde dies nicht. Im Schlaf erinnerte ich nämlich rein gar nichts von dem, was in der Geschichte womöglich sonst noch vorkam. Mir blieb nur das seltsame Männlein im Gedächtnis. Und mit dem Männlein eine Angst. Konnten womöglich auch mir, dem Kind, die Beine zusammenwachsen? Womöglich, ohne dass ich das merkte? Am Ende – über Nacht?

Wann immer ich mich nun der Einschlafphase näherte, riss ein innerer Alarm mich wieder zurück. Schnell die Beine spreizen, ob das noch ging. Natürlich »wusste« ich, dass Beine nicht einfach so zusammenwachsen. Und ich hatte sicherheitshalber auch nachgefragt, ob es denn sicher sei, dass das auf keinen Fall mit mir geschehen könne. Die Antwort meiner Mutter war vorhersehbar: Natürlich ginge das nicht.

Das Dumme war: Ich kannte die Antwort schon im Vorhinein. Und ich glaubte sie nicht. Denn meine Fantasie ließ zu, dass dergleichen möglich war. Und da ich wusste, dass Erwachsene keineswegs alles begriffen, was einem Kind widerfuhr, musste ich davon ausgehen, dass die Erwachsenen sich auch hier irren konnten.

Fantasie wirkt bis in den Körper hinein

Was ich hier beschreibe, kommt recht häufig vor. Ein Kind nimmt etwas aus einer Geschichte mit, und dieser Teil der Geschichte bekommt ein Eigenleben. Und zwar gleich in zweierlei Hinsicht. Zum einen können Kinder Geschichten wie die eben erzählte mit in die Traumwelt hineinnehmen und werden dann dort von der Möglichkeit heimgesucht, dass

Beine eben vielleicht doch zusammenwachsen können. Zum anderen kann aus dem Traum selbst etwas übrig bleiben, was dann in die Tagesrealität gleichsam hineinragt wie der Bugspriet eines unheimlichen Schiffes, das von der Nachtmeerfahrt geradewegs in den hellen Tag hineingesegelt ist.

Gereon träumte etwas sehr Merkwürdiges. Er saß auf einem Kutschbock und hielt die Zügel zweier Pferde, die die Kutsche zogen. Das machte Spaß, es ging holpernd voran, die Pferde trappelten zügig.

Mit einem Mal wurde alles anders. Die Pferde wandten sich in unterschiedliche Richtungen; anstatt weiter miteinander geradeaus zu laufen, zog das eine nach links, das andere nach rechts. Gereon versuchte, sie zu bändigen und wieder auf die gemeinsame Richtung zurückzuführen, aber es gelang ihm nicht. Der Wagen ruckte, schlug hin und her. Dann begann er auseinanderzureißen.

Entsetzt beobachtete Gereon, wie vor seinen Füßen das Holz auseinanderriss wie nasses Papier. Er hörte sich rufen, zerrte an den Zügeln. Umsonst, der Riss wurde tiefer, rückte unausweichlich näher. Die Kutsche schien nun nur noch aus zwei Hälften zu bestehen, und Gereon, der halb auf der einen und halb auf der anderen saß, spürte, wie es seine Beine auseinanderzog und wie der unaufhaltsam weiter werdende Riss auch ihn zu zerreißen begann.

Ein Albtraum, klar. Ein Konflikttraum möglicherweise auch, denn die auseinanderziehenden Pferde könnten für die Seiten in Gereon stehen, die er emotional zu einem schwierigen Thema einnimmt. Für uns ist aber jetzt etwas anderes wichtig. Nämlich die Nachwirkung dieses Traums.

Als Gereon am Morgen erwacht, hat er Schmerzen an den Innenseiten der Oberschenkel. Das liegt daran, dass die Bewegungen, die er im Traum machte, auch real seine Muskulatur angespannt haben: Er hat die Beine fest eingestemmt und versucht, etwas zusammenzuhalten, was nicht zusammenbleiben wollte. Was er jetzt spürt, ist schlicht Muskelkater.

Mit der Begründung, das tue zu weh, weigert sich Gereon, mit dem Rad zur Schule zu fahren. Aber damit nicht genug. In der Schule sitzt er auffällig verkrampft auf seinem Stuhl, die Beine parallel zueinandergestellt. Ein Mitschüler spottet, er habe wohl in die Hose gemacht.

Das ursprüngliche Bild mit dem Kutschbock hat Gereon aus einem Film, den er abends gesehen hatte. Es ging da um einen Pferdehof, auf dem allerhand Aufregendes geschah. Und immer wenn Hilfe geholt oder ein Arzt herbeigerufen werden musste, sah man den Vorarbeiter oder die Gutsherrin einen Wagen nehmen und eilends davonfahren.

Dieser Wagen hat also Eingang in Gereons Traum gefunden. Aber was dann geschah, hat nichts mehr mit dem Film zu tun. Sondern mit einer Angst, die Gereon eingeholt hat und die er häufig verspürt.

Und sie hört einfach nicht auf. Gereon vermag nicht die beruhigende Sicherheit der realen Welt dem Schrecken im Traum gegenüberzustellen. Als habe sich seinem Körper eine Angst eingebrannt, er fürchtet, zerrissen zu werden.

Diese Angst kommt allerdings nicht aus Gereon allein. Vielmehr haben hier einige Gespräche unter Schülern, ein bisschen Geschichtsunterricht und das Internet mitgewirkt. Die Schüler haben sich mit Schreckensgeschichten über mittelalterliche Folterungen und Hinrichtungen gegenseitig aufgeheizt. Dabei spielte auch das Vierteilen eine Rolle. Gereon, dessen Fantasie stark und dessen Fähigkeit zum Mitempfinden sehr ausgeprägt ist, hat diese Vorstellung schockiert: Man hat wirklich Leute von Pferden auseinanderreißen lassen …

Er hat natürlich versucht, nicht mehr daran zu denken. Hat sich abgelenkt, gespielt, über andere Dinge geredet. Das half aber nicht. Die Vierteilung blieb immer in seinem Kopf. Und wie intensiv die Vorstellung auch in körperlicher Hinsicht sitzt, zeigt Gereons Muskelkater. Die Grenze vom Traumgeschehen zum Realitätsempfinden ist hier ganz offenbar diffus. Etwas kommt vom Tag aus in den Traum hinein und von diesem ins Lebensgefühl des Tages wieder zurück. Aufgearbeitet wird dabei gar nichts. Der Schrecken nimmt einfach nur mehr Raum ein. Wie aber kommt es dazu? Und warum leidet Gereon mehr, als er vielleicht müsste?

Unter dem rationalen Denken wegtauchen

Als Hypnotherapeut habe ich mit einem Phänomen zu tun, das »Suggestibilität« genannt wird. Es meint die Fähigkeit eines Menschen, Vorstellungen wirksam werden zu lassen. Dies ist bei den meisten Menschen der Fall, jedoch in unterschiedlicher Ausprägung. Wenn jemand hinter Ihnen stünde und würde Sie bitten, sich vorzustellen, Sie würden von einem riesigen Magneten nach hinten gezogen, dann wäre da etwas zu spüren. Sie fallen zwar nicht unbedingt nach hinten – wobei auch dies vorkommen kann –, aber Sie würden doch einen kleinen, vielleicht auch etwas stärkeren Zug spüren.

Ich verwende diese Suggestion manchmal, um den Suggestibilitätsgrad eines Menschen zu erkunden. Und auch um zu sehen, inwieweit unsere therapeutische Beziehung schon erlaubt, tiefer zu arbeiten. Manche Menschen sinken tatsächlich sehr weit nach hinten.

Suggestionen lassen etwas wirklich werden, was ursprünglich nicht wirklich war. Wörtlich genommen bedeutet das Wort »Vorschlag« – ein Vorschlag, wie etwas sein könnte. In der Auswirkung aber meint das Wort mehr. Vor Gericht sind Suggestivfragen verboten, weil sie eine bestimmte Antwort nahelegen. Wenn wir im klinischen Rahmen einer Person hohe Suggestibilität bescheinigen, dann heißt das, die Person hat eine hohe Bereitschaft, auf Suggestionen zu reagieren.

Es ist die Suggestibilität, die Kinder dazu bringt, im Raum etwas wahrzunehmen, was zuvor nur in einem Buch oder in einem Film vorgekommen ist. Doch auch Erwachsene können gruselige Träume bekommen, wenn sie am Abend einen Horrorfilm gesehen haben. Ja, mehr noch: Die Suggestivität des Films wirkt in das erwachsene Lebensgefühl auch im Wachzustand hinein. Nach dem Anschauen eines spannenden oder gruseligen Films haben viele Menschen Angst, allein in den Keller zu gehen. Warum bloß? Dort ist doch nichts, was beunruhigen müsste. Aber der gesehene Film suggeriert eben etwas anderes, das die Realitätsprüfung unterläuft.

Gereon ist ein ungewöhnlich suggestibler Junge. Erzählt man von einem köstlichen Eis, leckt er sich die Lippen. Spricht jemand davon, dass von einem Campingplatz Wolken von Tabaksqualm aufstiegen, kann es passieren, dass er husten muss. Er will das nicht. Es passiert aber trotzdem.

Tatsächlich unterläuft Suggestibilität das rationale Denken. Sie taucht unter diesem gewissermaßen weg. Wenn einem Kind daher rational plausibel gemacht wird, dass sein Schlaf geschützt ist und ihm nichts geschehen kann, dann spricht die Suggestibilität unter Umständen eine andere Sprache. Und zwar bis in seine Träume hinein.

Marcellas Nacht war die Hölle. In mehreren aufeinanderfolgenden Träumen ist sie dem Vampir wiederbegegnet. Sie wusste dabei immer genau, dass es keine Vampire gibt. Aber das hat den Vampir nicht gestört. Er hat nur gelächelt und die Zähne gebleckt. Und Marcella schrie und schrie. Beim Erwachen dann wunderte sie sich, dass alle um sie herum so still waren. Vielleicht hatte sie ja gar nicht geschrien?

Marcella hat auf einem Klassenausflug eine Horrorgeschichte erzählt bekommen. Diese Horrorgeschichte hat Eingang in ihre Träume gefunden. Schlimmer aber noch, Marcella träumt die Gruselszene weiter, auch wenn sie erwacht.

Ein Albtraum ist ja schon schlimm genug. Aber wenn der sich dann in der Realität fortsetzt? Mehrere Nächte nacheinander sitzt Marcella aufrecht im Bett, angestarrt von dem teuflischen Vampir. Der tut ihr eigentlich gar nichts – aber Marcella weiß, dass er es könnte. Und dieses Wissen reicht, um ihre Nächte entsetzlich zu machen.

Wenn gesunde Kinder Verrücktes träumen

Der Schlafforscher Allan Hobson hat es sich scheinbar einfach gemacht mit dem, was an Träumen verstörend sein kann. Er hat, nachdem er Träume schon mal als Delirien bezeichnet hatte[2], Träume auch mit dem Wahnsinn in Verbindung gebracht.[3] Das klingt erst einmal ziemlich überspitzt. Aber es ist sogar ein kleines Körnchen Wahrheit daran.

Um die Jahrtausendwende herum führte ich im Rahmen eines größeren Projekts zur Psychose eine kleine Studie durch. Sie beschäftigte sich mit der Frage unheimlicher, ja, verrückter Wahrnehmungen. Die Frage, die ich meinen Probanden stellte, war nur eine einzige. Sie lautete: »Haben Sie je in Ihrem Leben eine Erfahrung gemacht, von der Sie niemandem erzählt haben, weil Sie fürchteten, dass man Sie für verrückt hält?«[4] Meine Probanden waren ausnahmslos seelisch gesunde Leute. Es waren Architekten und Ärzte dabei, Handwerker, Künstler, Studenten und Studentinnen der Germanistik und Geschichte – kurz, Leute aus unterschiedlichen Lebensbereichen.

Die erste Überraschung, die sich für mich ergab: Ausnahmslos *alle* erzählten mir von seltsamen Erlebnissen. Die zweite Überraschung war dann noch spektakulärer. Ich hatte erwartet, dass manche vielleicht von Drogentrips erzählen würden oder davon, was man erlebt, wenn man zwei Tage lang nicht schläft. Aber nein, so etwas hätten die meisten einordnen können. Zu achtzig Prozent aber erzählten die Befragten von etwas, was sie als *Kinder* erlebt hatten. Manchem war dabei der kindliche Schrecken anzusehen, der sich nie hatte auflösen können.

Ein Mann berichtet, er hatte als Junge einen Adler in seinem Zimmer. Ein Holzspielzeug, das oben auf einem Schrank stand. Tagsüber war das einfach ein hölzernes Ding. Aber immer, wenn seine Mutter abends das Licht ausgeschaltet hatte, sah der Junge den Adler durch das Zimmer fliegen. Er zog eine Kurve und landete erneut auf dem Schrank. Wieder und wieder. Der Junge hatte furchtbare Angst, aber erzählen konnte er nicht, was er da allnächtlich für eine Weile erlebte.

Es ist sicher die traurigste Variante verstörender Traumerfahrungen, wenn man mit diesen allein bleibt. Aber ausgerechnet das muss der Fall bei diesem Jungen gewesen sein, auch wenn er eine ganz normale Familie hatte. Zu groß war seine Sorge, für verrückt gehalten zu werden. Und selbst wenn dies nicht geschehen wäre – hätte denn jemand dem Jungen geglaubt? Oder würde heute jemand so einem Jungen glauben? Ich würde vermuten: nach wie vor eher nicht. Denn wenn man als Mutter oder Vater schon manche Traumbilder nur schwer interpretieren kann, was soll man dann mit verstörenden Erfahrungen wie diesen machen? Insofern ist die Chance heute kaum größer, Bilder wie diese erzählen zu können. Und damit von Erfahrungen zu sprechen, die den Rahmen dessen sprengen, was man einfach so erklären kann. Ein anderes Beispiel:

Der Träumer sagt, er müsse damals so sieben, acht Jahre alt gewesen sein. In seinem real nachwirkenden Traum sah er weiße Wände, an denen er entlanglief. Die Wände begannen zu vibrieren, als lebten sie. Und der Junge wusste: Diese Wände leben wirklich, sie haben Augen, die außer ihm keiner sehen kann. Er aber sieht sie und sie sehen ihn an. Am schlimmsten ist, dass sie seine Zukunft wissen. Und dass diese Zukunft zugleich von ihnen abhängt.

Nichts hiervon kann der Träumer bis heute erklären. Auch wo der Traum aufhörte und die Realwelt anfing, weiß er nicht zu unterscheiden. Nur dies: Er war am Ende wach. Und die Wände sahen ihn immer noch an.

Wenn der Albtraum nicht endet

Der Verlauf ist immer gleich: Ein grauenerregender Albtraum, in dem der Träumer das Gefühl hat, alles dies schon einmal erlebt zu haben. Noch tief unter dem Eindruck des Geschehens erwacht er und spürt zu seinem Schrecken, dass der Traum nicht vorbei ist. Nein, er geht einfach so weiter …

Wer so etwas einmal erlebt hat, weiß, von welchem Grauen ich spreche. Normalerweise erscheint uns das Erwachen als die einzige verlässliche Sicherheit, die wir bei Albträumen haben: gewissermaßen das rettende Ufer, nachdem wir in einer wilden See ums Überleben rangen. Und dann der vernichtende Eindruck, dass es kein Ufer gibt.

Der kanadische Psychologe James Allan Cheyne hat sich mit solchen Phänomenen befasst. Er fand heraus, dass hierbei die Schlafparalyse, die normalerweise dafür da ist, dass der Träumer sein Erleben im Albtraum nicht ausagiert, in die äußere Wirklichkeit hineinragt.[5]

Das ist jedoch nur ein Teil dessen, worum es hier geht. Denn so viele Beispiele Cheyne auch anführen kann, sie entsprechen nicht immer dem, was man mit Kindern erlebt, deren Albtraum nicht endet. Ganz ohne Frage ist das Erleben der bewusst-wachen Lähmung, in der sich ein albtraumhaftes Geschehen fortsetzt, furchtbar und nachhaltig beeindruckend. Ich habe jedoch Beispiele erlebt, in denen von Paralyse keine Spur war und die Kinder heftig um sich schlugen, weil sie wie in einem paranoiden Wahnzustand erlebten, dass das Albtraumgeschehen kein Ende nahm.

Wie kann man sich so etwas vorstellen? Es handelt sich hier um sogenannte »hypnagoge« Erfahrungen. Cheyne und seine Mitarbeiter konzentrierten sich vor allem auf jene Erlebnisse, die sich während der Schlafläh-

mung einstellen können.[6] Das hat dazu geführt, dass die Schlaflähmung vielfach als entscheidendes Kriterium nächtlicher Schreckenszustände nach dem Erwachen angesehen wird. Doch vermag ein hypnagoger Zustand auch ohne eine vorhergehende Schlaflähmung aufzutreten.

Der Begriff »Hypnagogie« geht auf einen französischen Archäologen und Historiker zurück, Alfred Maury. Wir verstehen unter Hypnagogie die Möglichkeit, nach dem Erwachen halluzinatorische Erfahrungen zu machen, sei es in Form von Bildern, Stimmen oder anderen Geräuschen, Berührungen oder etwa dem Eindruck, geschaukelt oder gerüttelt zu werden. Dabei wird vorausgesetzt, dass die Person weiß, dass sie halluziniert.

Dies letztgenannte Kriterium kann für Kinder nicht gelten. Und zwar, weil sie oftmals entweder noch gar nicht wissen, was Halluzinationen eigentlich sind, oder deren starken Eindruck so sehr erliegen, dass ihnen alles abstrakte Wissen nichts nützt. Auch Erwachsene sind sich keineswegs sicher, dass sie halluzinieren – wenn sie es tun. Sie wissen das eher abstrakt. Aber jede echte Halluzination hat eine starke Suggestivität, bei der einem das Wissen um Halluzinationen wenig nützt.

Als Therapeut und als jemand, der diese Erfahrungen sowohl selbst gemacht als auch behandelt hat, würde ich einen anderen Erklärungsansatz vorschlagen: Wenn der Albtraum sich in der Wachwirklichkeit fortsetzt, dann ist der Traum gewissermaßen in eine Trance übergegangen. Das kann äußerlich unbemerkt bleiben – Studien belegen, dass wir in Trance sein können, ohne das überhaupt zu bemerken.[7]

Man erkennt jedoch deutliche Unterschiede im Verhalten. In Trance können wir wie in der Wahnvorstellung heftige Körperbewegungen machen, wir können toben und um uns schlagen. Im Albtraum geht das nicht, da wir ja der Schlafparalyse erliegen. Wo also ein Kind sich wehrt und kämpft, da kann es nicht mehr im Albtraum sein. Wohl aber in dessen Nachwirkungen.

Trancen sind mit Träumen verwandt, bilden aber gleichwohl eine eigene Bewusstseinskategorie. Hypnotherapeuten wissen, dass das kindliche Bewusstsein sich sehr leicht in Trancen versetzen kann, oft schon bei hoher Konzentration, etwa beim intensiven Lesen oder Filmschauen.

Das Bewusstsein bekommt dann eine hohe Dichte, die Aufmerksamkeit ist gebannt, und wer versuchen würde, das Kind anzusprechen, käme damit nicht durch.

Am Tag nun erfahren spontan eintretende Trancen durch das alltägliche Geschehen einen natürlichen Gegenpol, der die Aufmerksamkeit wieder ins Hier und Jetzt herholt. Aber nachts ist das anders. Ein Kind, dessen Bewusstsein vom Schlaf in eine Wachtrance übergeht, hat hier keine äußeren Korrekturmöglichkeiten, sondern ist seiner Wahrnehmung vollkommen ausgeliefert.

Interessanterweise enden nächtliche Schreckenstrancen meist sehr schnell, wenn dem Kind erlaubt wird, im selben Raum mit den Eltern zu schlafen. Die Suggestivität des elterlichen Schutzraums scheint es nicht zu erlauben, dass hier etwas Bedrohliches eindringt. Insofern ist die Erlaubnis, bei Albträumen nachts im Elternschlafzimmer zu bleiben, gut und richtig.

»Bei meinen Eltern fühle ich mich sicher«

Wenn Kinder nach unheimlichen Träumen zu ihren Eltern können, dann passiert zweierlei: Erst einmal stellt sich das Rudelgefühl ein, die Sicherheit, die aus der räumlichen Gemeinschaft entsteht und die unsere Urahnen schon empfanden, wenn sie in derselben Höhle schliefen. Dann aber steht die Nähe der Eltern auch für den elterlichen Realitätssinn. Die seelischen Häute eines Kindes müssen ja erst wachsen. Meiner Ansicht nach durchläuft die frühe Psyche überdies eine Art Shaping-Prozess, indem sie ihre Wahrnehmungsfähigkeit nach und nach den kulturellen Mustern, in denen sie lebt, anpasst. Als junge Wesen sind wir unglaublich wahrnehmungsfähig, können aber Muster noch nicht verlässlich zuordnen. Wir nehmen alles Mögliche wahr, ohne es sicher deuten zu können. Und es dauert ziemlich lange, bis wir real und irral unterscheiden können.

Wenn das Kind nun bei den Eltern ist, so bedeutet dies auch: Hier gelten elterliche Gesetze. Schon das Kind in der sogenannten »magischen

Phase«, zwischen dem dritten und dem fünften Lebensjahr, kennt das. In dieser Zeit durchmischen sich Einbildungskraft und Realitätswahrnehmung stark, und das Kind bildet daraus seine eigene Logik. Es nimmt zum Beispiel an, dass Äpfel erst dann vom Baum fallen, wenn sie Lust dazu haben. Oder dass der Schrank böse ist, weil er nicht aufgehen will.

Die Durchdringung von Einbildungskraft und Realitätswahrnehmung sorgt auch für spezifische Ängste. Das Kind fürchtet zum Beispiel, dass unterm Bett ein Krokodil liegt. Die Mutter hockt sich hin und erklärt, da sei keins. Das Kind rutscht zu ihr und überzeugt sich: Nein, da ist keins. Bleibt die Mutter nun nahe beim Kind und liest zum Beispiel vor, bis es eingeschlafen ist, so bleibt das Krokodil verschwunden. Liegt das Kind aber noch eine Weile allein wach, so ist auch das Krokodil unterm Bett mit einem Mal wieder da.

Die elterliche Präsenz steckt also das Gelände ab, in dem die elterliche Realität gilt. Sie ist, in Märchensprache gesprochen, wie die Macht einer guten Königin und eines guten Königs, die man auch in entlegenen Zonen des Reiches noch spürt. Daher reicht der elterliche Bannkreis auch bis in den Traum hinein. Und das Kind fühlt sich vor unheimlichen Träumen sicher.

Gartenkinder und Wildwiesenkinder

Bei der folgenden Unterscheidung stütze ich mich auf ein Modell des schon erwähnten Traumforschers Ernest Hartmann, das ich für die Arbeit mit Kindern und Jugendlichen weiterentwickelt und mit neuen Metaphern versehen habe. In seinen späten Jahren baute Hartmann sein Konzept, das ursprünglich das eines Traumforschers gewesen war, zu einem Modell für unser Lebensgefühl und unseren Zugang zur Welt überhaupt aus.[8]

Ernest Hartmann glaubt, dass es in unserem Bewusstsein ein Kontinuum von fokussierten, der Ratio offenen Wachzuständen zu den Zuständen des Traumlebens gibt. Das bedeutet, es gibt zwischen beiden keine festen

Grenzen, sondern eher allmähliche Übergänge. Doch neigen manche Menschen eher der einen Erlebnisweise des Tages zu und manche der anderen, der des nächtlichen Traums. Die Unterschiede zeigen sich darin, dass die Tagorientierung von sauberen Unterscheidungen geprägt ist, logischen Gesetzen folgt und eindeutige Zuordnungen kennt. Während die Traumorientierung sprunghaft und assoziativ angelegt ist, kaum klare Grenzen zwischen Erlebnis und Imagination kennt und weniger logisch operiert als vielmehr kreativ. Man könnte anstelle von Hartmanns Unterscheidung vielleicht auch von »Kopfmenschen« und »Fantasiemenschen« sprechen. Beides passt jedoch zu Kindern wenig, wie mir scheint. In meinem Modell unterscheide ich daher lieber »Gartenkinder« von »Wildwiesenkindern«.

Bei den Gartenkindern gibt es klare Ordnungen, und die Beete im Garten ihres Geistes sind säuberlich voneinander abgegrenzt. Das gibt Sicherheit und erlaubt zum Beispiel geordnetes, zielorientiertes Lernen.

Den Wildwiesenkindern hingegen kann es geschehen, dass ihre Fantasien und Assoziationen das klare und geordnete Tagesbewusstsein stören. Sie platzen vor lauter Ideen und Einfällen, sind dabei aber auch ablenkbar. Und manchmal überlappen sich bei ihnen Realität und Fantasie.

Wer nachts nicht zwischen Realität und Imagination unterscheiden kann, wem die eine Wirklichkeit in die andere übergeht, der ist ein Wildwiesenkind. Seine Imagination reichert die Realitätswahrnehmung an. Und das passiert besonders leicht und besonders intensiv, wenn das Kind allein ist. Überdies ist die Fähigkeit zur Realitätsprüfung niedriger, wenn wir müde und erholungsbedürftig sind, sodass es zu einem vernünftigen Abwägen der realen oder nicht realen Möglichkeiten gar nicht erst kommt.

Es hilft Kindern sehr, wenn man ihnen erklärt, dass sie eben Wildwiesenkinder seien, und da ginge es manchmal mit der Wahrnehmung etwas durcheinander. Dass sich Träume dann erschreckend wahr anfühlen, ist völlig okay – man kann Beispiele von Schriftstellern wie Tolkien erzählen, der später glaubte, die von ihm in *Der Herr der Ringe* erfundene Welt gebe es wirklich. Oder es habe sie zumindest gegeben.

Oder von Filmregisseuren, die versuchen, durch Lichteffekte Bilder zu erzeugen, bei denen man nicht weiß, wo die Wirklichkeit endet und die Imagination anfängt.

Zum Glück müssen wir nicht ständig unterscheiden, ob ein Kind nun zu den eher ordentlichen Gartenkindern gehört oder zu denen mit der wilden Wiese. Und natürlich gibt es nicht nur die eindeutigen Ausprägungen dieser beider Typen. Sondern auch eine Fülle von Mischtypen, die irgendwo dazwischenliegen. So haben wir schließlich eine Menge Kinder, die einzelne geordnete Beete in ihrem Seelengärtchen haben, um die herum es aber eifrig durcheinander blüht und wächst.

9

Wie Computerspiele bei Albträumen helfen

Zocken gegen die Angst

Kinder sind heute anders, als ihre Eltern in ihrem Alter waren. Sie haben infolge der Auswirkungen der digitalisierten Welt »nicht mehr den gleichen Kopf«, wie der französische Philosoph Michel Serres schreibt.[1] Und das ist nichts Neues. Denn jede Form der Erweiterung kommunikativer Möglichkeiten und Mediennutzung, von der allgemeinen Verwendung der Schrift bis zum Buchdruck, brachte einen anderen Weltzugang hervor und eine andere Art zu denken. Könnte das bedeuten, dass unsere Kinder auch anders träumen?

Bis jetzt lassen sich dafür nur wenige Anzeichen finden. Aber natürlich hält die Computer- und Gamewelt nach und nach Einzug in die Träume, da die reale Umwelt das Traumgeschehen mitprägt. Vielleicht hängt die Tatsache, dass bisher erst wenige Hinweise auf Interaktionen von Gaming und nächtlichem Traumgeschehen existieren, auch damit zusammen, dass Traumforscher sich nur selten für Videospiele interessieren, während die, die sich mit den Gamewelten befassen, kaum je etwas von Träumen verstehen. Doch es gibt Ausnahmen. So konnten Jayne Gackenbach, Beena Kuruvilla und Raelyne Dopko in einer Studie zeigen, dass die Träume häufiger Gamer oftmals bizarrer, also von den Bildern her wilder und fantasievoller werden.[2] Das kann als sehr toll empfunden werden, wenn das betreffende Kind Freude am Wilden und Abenteuerlichen hat. Aber ebenso gut ist es möglich, dass die Welt der Spiele, die ja noch eine kontrollierbare Welt ist, im Traum ein Eigenleben bekommt. Und das kann dann auch schon einmal beängstigend werden.

Idealerweise sind Eltern auch ein klein wenig mit der Gamewelt vertraut, um deren Einfluss auf die kindlichen Träume nachvollziehen zu können. Denn wenn ein Kind von einem »Enderman« träumt, dann ist es gut, wenn man die Welt von »Minecraft« ein bisschen einschätzen kann.

Träume und Online-Welten ergänzen einander

Anlässlich einer öffentlichen Schulveranstaltung, bei der ich als Redner auftrat, meinte ein sehr aufgeweckter Zwölfjähriger, er fände es eigentlich komisch, dass wir uns heute immer noch mit Träumen beschäftigen würden.

Johannes kennt mich schon von anderen Schulbesuchen her. Wir haben schon mehrfach über Computerspiele gesprochen und gemeinsam erkundet, in welchem Verhältnis sie zur Intelligenz stehen, ob sie Fähigkeiten trainieren, die man auch analog brauchen kann. Johannes liebt Autorennen und überhaupt tendenziell Spiele, in denen es auf schnelle Reaktionen ankommt. Aufwendige Figurenszenarien oder Charakterentwürfe sind ihm dagegen beim Spielen ein Gräuel.

Dass ich auch über Träume arbeite, und das schon ziemlich lange, findet Johannes merkwürdig. Es kommt ihm so unmodern vor. Nicht auf der Höhe der Zeit.

Ich habe Johannes gefragt, ob er *Tron* kennt? Das ist ein Film, in dem ein Mann in ein Computerspiel eindringt und dort Kämpfe und Auseinandersetzungen bestehen muss. In der Fortsetzung *Tron 2* ist der Protagonist älter geworden, der Bart, den er nun trägt, ist grau. Und er kämpft nicht mehr nur. Er meditiert auch. Und er hat ein Brett, auf dem Bücher stehen, alte Bücher, Klassiker.

Johannes kennt den ursprünglichen Film nicht, die Fortsetzung hat er gesehen. Den Mann darin fand er cool, er war wie ein alter Yedi-Meister. Er kämpfte, aber er hatte auch eine Art Weisheit gefunden. So als ob er nicht nur das technische Wissen hätte, sondern – irgendetwas sehr, sehr Altes …

Genau, damit hat er es getroffen. Etwas sehr, sehr Altes. Wie die Bücher, so stehen die Träume für das alte Wissen. Ein Wissen, das gewachsen ist und uns in unterschiedlicher Gestalt nachts zuströmt. Nicht immer ist das angenehm. Aber alt und bewährt ist es auf jeden Fall. Johannes überlegt einen Moment. Dann fragt er, ob das eigentlich auch irgendwie Träumen sei, wenn er seine Games zockt. Ich meine, sagt er, die gibt es ja auch nicht wirklich.

Der Philosoph Paul Virilio würde ihm zustimmen. Ende der Neunzigerjahre unterschied er zunächst drei Formen des Träumens: Neben den nächtlichen Träumen gebe es die hypnotischen Träume und die chemischen Träume. Mit den letzteren waren wohl in erster Linie Drogenträume gemeint, möglicherweise aber auch solche, die durch andere physiologische Veränderungen wie etwa Hunger oder Schlafentzug entstehen. Die hypnotischen Träume sind die, die ein Therapeut in geleiteten Trancen vornimmt, sie siedeln auf der Grenze zwischen Nachttraum und Tagtraum.

Virilio glaubte nun, dass unsere Zeit eine vierte Form des Träumens entwickelt habe, nämlich die, die durch elektronische Medien möglich werde. Auch der Cyberspace halte eine Art des Traums bereit, die wiederum ganz eigen sei.[3] Genau dies meint Johannes auch, wenn er wissen will, ob er irgendwie träumt, wenn er zockt.

Tatsächlich wirkt die Welt der Games und des Internets zunehmend in die Welt der Träume unserer Kinder hinein. Dies geschieht erst einmal unabhängig davon, ob Kinder tatsächlich gamen – es ist zum Beispiel keine Seltenheit, dass Jungen im Grundschulalter von dem Spiel *Clash of Clans* träumen, auch wenn sie dies noch nicht spielen dürfen. Es handelt sich dann um klassische Wunscherfüllungsträume, in denen die Bilder, die das Kind von dem Game schon einmal gesehen hat, sich mit Fantasien anreichern und so höchst befriedigende Träume kreieren.

Es geht freilich auch andersherum. Was in den Spielen geschieht, kann die Träume auch mit Angstthemen aufladen. Dies gilt insbesondere dann, wenn die Bilder, die das Spiel bestimmen, für das Kind noch nicht verarbeitbar sind. In meinem Buch *Digitale Hysterie. Warum Computer unsere Kinder weder dumm noch krank machen* findet sich ein beispielhafter Fall, in dem ein Junge infolge des Spielens eines Ego-Shooters Albträume bekommt.[4] Dass das möglich ist, leuchtet unmittelbar ein. Wenn aber Computerspiele in der Lage sind, Albträume zu erzeugen, können sie dann vielleicht auch bei Albträumen helfen?

Ein Zocker behandelt Albträume

Marc ist ein Junge, der angsterzeugende Träume hat. In seinen Träumen wird er beschossen, von Soldaten gejagt, muss sich in Kellern verstecken und in verfallenen Gebäuden verbergen. Sind dies womöglich die Träume eines Gamers, in dem sich Ego-Shooter-Szenarien wiederholen?

Nein, antworte ich seinem Vater, das sind sie nicht. Denn Marc zockt zwar gern, aber keine explizit gewalttätigen Spiele, sondern Aufbauspiele, bei denen man Kulturen entwickeln, für sie eine Staatsform wählen und sich um die wirtschaftliche Versorgung kümmern muss. Seine Eltern vermuten, dass Marcs Albträume wohl mit seinem erwachenden Bewusstsein für das zu tun haben, was in der Welt vorgeht. Marc verfolgt die Nachrichten, schaut Dokus über Krisengebiete und sieht dabei schlimme Dinge. Das Schlimmste dabei: Sie sind alle wirklich passiert. Das hat in ihm das Gefühl erzeugt, dass auch er selbst nicht sicher lebt. Und genau das spiegeln seine Träume wider.

Ich habe Marcs Vater von der amerikanischen Psychologin und Traumforscherin Jayne Gackenbach erzählt. Sie hat insbesondere das sogenannte luzide Träumen eingehend untersucht, jene Form des Träumens also, bei der uns klar ist, dass wir träumen, und bei der wir sogar auf das Traumgeschehen selbst Einfluss nehmen können.

Neben ihrer Traumforschung verfolgt Jayne Gackenbach auch die Entwicklung von Computerspielen. Hierzu hat sie mit dem – in seinen eigenen Worten – Hardcore-Gamer Teace Snyder ein Buch verfasst, das den schönen Titel *Play Reality* trägt. Und dessen Untertitel verheißt, dass Computerspiele in Zukunft einfach alles verändern werden.[5]

Wie ist es zu dieser ungewöhnlichen Zusammenarbeit gekommen? Nun, Jayne Gackenbach ist Teace Snyders Mutter. Als ihr Sohn exzessiver zu spielen begann, entwickelte sie wie die meisten Eltern eine Reihe von Sorgen, was seine Zukunft anging. Anstatt sich aber von diesen Sorgen überwältigen zu lasssen, beschloss sie, die Computerspiele selbst zu ihrem Forschungsinhalt zu machen. Sie fand dabei überraschende Übereinstimmungen zwischen dem, was in Games an Schlüsselsituationen auftaucht, und der Dramatik unserer Träume. Greifen Games möglicherweise also auf Traumwissen zurück?

Ohne Frage. Zumindest jene, die Simulationen enthalten. Das Verhältnis ist allerdings ein gegenseitiges. Der im Albtraum-Kapitel schon erwähnte Traumforscher Antti Revonsuo betont, dass auch Träume virtuelle Realitäten im Dienst der Evolution erzeugen.[6] Wo also in virtuellen Welten mit Traumthemen umgegangen wird, da spielt man im Grunde ein Thema, das ursprünglich aus unserer Evolution kam, auf dem Umweg übers Spiel wieder in die Psyche zurück.

Marcs Vater geht so einen Weg. Aber er hat sich für eine imaginative Variante entschieden, die ich ihm und seinem Sohn zuvor erklärt habe. Zunächst geht es darum herauszufinden, wie die Situation im Traum beschaffen ist und wie Marcs Handlungsmöglichkeiten darin sind. Da Marc Computerspiele liebt, kann diese Analyse auf Spielprinzipien zurückgeführt werden. Jede Spielfigur hat spezielle Möglichkeiten, wie sie sich zum Beispiel bewegen, sich verteidigen oder flüchten kann. Wenn Marcs Traum-Ich so eine Figur wäre, welche Optionen hätte sie dann?

Marc steigt ein. In seinen Träumen hat er offenbar nur wenige Optionen. Weglaufen und sich verstecken. Das passt zu den Bildern, die Marc in Nachrichtensendungen sieht. Menschen, die flüchten. Bombardements von Städten. Ohnmächtige Opfer. Als würde er in seinen Träumen erleben, was sie erleben.

Marcs Eltern haben parallel zu der imaginativen Übung, die hier beschrieben wird, oft mit ihm diskutiert. Sie ahnen ein erwachendes politisches Bewusstsein, das vielleicht einmal in Handlungen übergehen wird. Marc entwickelt in diesen Gesprächen nicht nur Positionen, sondern auch Ideen. So wie in der Game-Simulation auch.

Als sein Vater fragt, mit welchen zusätzlichen Optionen man den Traum-Marc denn vielleicht ausstatten sollte, ist das für Marc ganz klar: Verhandlungskompetenz. Er möchte kein Ballerspiel aus seinen Träumen machen, in dem er mit der Maschinenpistole herumrennen würde. Nein, er meint, hier müsse man anders vorgehen.

Marc kennt auch das Verhandeln aus der Game-Welt. In den Aufbauspielen, die er gern spielt, hat man eine eigene Gesellschaft entwickelt, aber die hat mitunter Gegner, manchmal Feinde. Und jetzt geht es darum, Bündnisse zu schließen, Bedürfnisse zu klären oder womöglich Kompromisse zu finden.

Verhandlungskompetenz also. Wie kann man die imaginativ erfahrbar machen? Nun, Marc könnte sich als Parlamentär zu erkennen geben, der eine weiße Fahne zeigt. Er kann Interessenlagen erkunden und Ressourcen im Tausch für etwas anderes anbieten. Er kann Handel treiben.

Es zeigt sich, dass Marcs Versuche Ergebnisse bringen. Hisst er in der Imagination eine weiße Flagge, sind die Angreifer erst einmal verwirrt. Und das Game – Marc grinst, als er das sagt, mit geschlossenen Augen – gibt vor, dass sie jetzt nicht weiterschießen dürfen.

Deutlich wird: Marc nimmt in der Game-Imagination Einfluss, wo er zuvor nur reaktiv gewesen war. Das passt, wie seine Eltern sagen, auch zu dem, was in seinem »Real-Life« passiert. Zuvor betont reaktiv und daher häufig unter Stress, überlegt er nun, wofür er sich einsetzen möchte. Überdies entwickelt er Strategien. Das ist vielleicht der stärkste Impuls, den er aus der Verbindung von Game und Traum mitgenommen hat: Dass er sein strategisches Denken nicht mehr nur beim Spielen einsetzt. Sondern es zur Gestaltung seiner Träume und vor allem seines real gelebten Lebens verwendet.

In ihren Studien fand Jayne Gackenbach heraus, dass Computerspiele die Fähigkeit steigern, Albträume besser zu verarbeiten und sogar selbst zu beeinflussen. Sie konnte zeigen, dass Gamer die Fähigkeit zur kontrollierenden Einflussnahme, die sie aus den Computerspielen ja kennen, auf Träume übertragen können.[7] Und sie stellte fest, dass das Gamen ebenso wie etwa Achtsamkeitsmeditationen sowohl auf Wacherlebnisse als auch aufs nächtliche Träumen positiv wirken können.[8]

Was folgt hieraus? Etwas, woran die Traumforscher früherer Jahrhunderte niemals denken konnten, weil ihnen das Equipment fehlte. Die Möglichkeit nämlich, zielgerichtet gute Spiele einzusetzen, damit ein Kind seinen Albträumen besser gewachsen ist. Als Therapeut kann ich die Funktionsweise der Games überdies imaginativ zur Traumverarbeitung einsetzen. Oder wie in unserem Fall Marcs Vater zeigen, wie das geht.

Marc selbst fand die Idee, seine Albträume in ein Game zu packen, übrigens erst einmal gar nicht so toll, da es ja Dinge seien, die ihn belasten, die schlimm für ihn sind und nicht zum Spielen. Doch sein Vater konterte, dass Spiele oft genauso funktionieren. Die bekannten Ego-Shooter wie *Battlefield* oder *Call of Duty* entnehmen ihre Szenarien aus wirklichen bewaffneten Konflikten, Aufständen etwa oder Bürgerkriegen. Das kann man zynisch finden. Man kann aber auch sagen, dass hier wie bei realistischen Comics, die gern auch wahre historisch-politische Szenarien verarbeiten, auf dem Umweg über die Pop-Kultur politisches Bewusstsein angeregt wird.

»Metube«: Träume als persönliche Videos

Der Philosoph Paul Feyerabend hat über seine Träume einmal etwas Interessantes gesagt. Viele Jahre lang, so Feyerabend, habe er seine Träume zu deuten versucht, weil er hinter ihnen tiefere Botschaften vermutete. Das habe er später aufgegeben. Heute lege er sich nun einfach ins Bett oder aufs Sofa und »genieße die Show«.[9]

Ist das eine gute Methode? Zumindest ist es eine Methode mehr. Und man muss sich ja auch nicht gleich für alle Zeiten vom Deuten verabschieden, um den Spaß am eigenen Träumen zu entdecken. Paul Feyerabend behauptet ja nicht, dass seine Träume keinen Sinn hätten, er wollte sie nur aus der Sphäre der Deutung herausholen und mehr Freude an ihnen haben. Die Botschaft, die der Idee zugrunde liegt, ist ganz einfach. Bedeutung hin, Bedeutung her: Man kann auch einfach Spaß an seinen Träumen haben. Als Alternative zu Youtube zum Beispiel kann man sie wie Videos sehen. Nennen wir das, was die Träume in uns »hochlädt«, also einfach »Metube«.

»Metube« ist ein ganz persönlicher Kanal. Anders als bei Youtube geht es hier nicht darum, dass möglichst viele zugucken. Sondern nur das Kind selbst hat hier Zutritt. Das wirkt nur im ersten Moment ein bisschen langweilig. Denn eigentlich ist es ziemlich cool.

Hier werden nämlich Clips gedreht, bei denen das Kind alles ist: Regisseur und Schauspieler, Follower und natürlich auch die Instanz, die am Ende den Daumen hochhält. Oder senkt. Denn man kann das, was das Unbewusste »hochlädt«, durchaus auch bewerten – ein bisschen so, als gäbe man dem Unbewussten zu verstehen, welche Träume man schätzt und welche weniger. Schließlich soll sich das »Metube«-Abo ja lohnen.

Wer Youtuber und ihre Fans kennt, wird hier vielleicht einwenden, dass das Wichtigste bei »Metube« doch fehlt: die Öffentlichkeit. Das ist richtig und falsch zugleich. Denn der Entwurf soll ja keine Konkurrenz zu Youtube darstellen oder die Lust daran stören. Kinder bilden Metaphern stark anhand dessen, was der Zeitgeist vorgibt. Und dies machen wir uns hier zunutze, um den Kontakt zum Traumgeschehen zu intensivieren und zu verbessern. Auch die Metapher vom Biocomputer als unserem Gehirn, die gegenwärtig weit verbreitet ist, stimmt so ja nicht. Aber sie kann illustrieren, was im Gehirn geschieht. Und genauso kann »Metube« als Modell das Gefühl für die Entstehung und Betrachtung von Träumen entwickeln.

Wie eine Datenbank helfen kann

Es gibt eine besondere Form kindlichen Erwachens in der Nacht, die oft mit dem Albtraum gleichgesetzt wird. Und doch handelt es sich um etwas anderes. Beim sogenannten »Pavor nocturnus« – der nächtlichen Angst – schreien Kinder im Schlaf laut auf. Ihre Eltern finden sie im Bett sitzend, mit geöffneten Augen, aber noch im Schlafmodus. Wer sich auskennt, berührt das Kind jetzt nicht, denn Berührungen können das angstvolle Erleben verstärken. Wer hingegen ein wenig abwartet, findet, dass das Kind plötzlich wie aus einer anderen Welt hervorkommt, meist zu weinen beginnt und verwirrt erscheint. Es kann wenig erzählen und wenn doch, ist es gewöhnlich verfolgt worden.

Im Unterschied zum Albtraum hat der Pavor nocturnus keinerlei Nachwirkung. Die Episode, die maximal ein paar Minuten währt, wird vom Wachbewusstsein offenbar nicht angenommen. Daher erscheint es dem Kind hinterher selbst, als wäre nie etwas gewesen.

Für den Therapeuten ist dies mitunter schwierig. Denn wie soll man etwas behandeln, was das Kind gar nicht kennt beziehungsweise woran es sich nicht erinnert? Hier eine Motivation zu erzeugen, bedeutet, dem Kind zunächst zu vermitteln, dass da nachts etwas in ihm passiert. Oft ist das leicht, denn meist haben andere Familienmitglieder auch schon unter dem Pavor nocturnus gelitten.Albträume treten nicht unbedingt gehäuft in Familien auf, sie scheinen individueller zu sein. Beim Pavor nocturnus ist das anders.[10]

Obschon der Pavor nocturnus nur drei Prozent aller Kinder betrifft und im jungen Erwachsenenalter gewöhnlich völlig verschwunden ist, haftet ihm etwas Mythisches an. Eltern, die davon sprechen, glauben oft, im Kind müsse ein schrecklicher Konflikt wüten. Ich sage dann meist, dass die familiären Häufungen eher gegen spezifische Konflikte sprechen. Und dass die Wege, mit denen wir helfen können, überhaupt nicht konfliktbezogen sind. Sondern sehr konkret und einfach.

Tatsächlich scheinen Pavor nocturnus und Schlafwandeln in einem engeren Zusammenhang zu stehen als Pavor nocturnus und Albtraum.[11]

Sie finden in den gleichen Schlafphasen statt, dem sogenannten »langwelligen« Schlaf, der sich in der ersten Hälfte der Nacht, meist wenige Stunden nach dem Einschlafen, einstellt. (Albträume kommen, Sie erinnern sich, später.)

Glücklicherweise gibt es Hilfe. Und zwar eine ganz konkrete, die gar nichts mit dem zu tun hat, was wir von Albträumen kennen. Dafür mit sehr genauem Buchführen über Schlafmenge, Ernährung und Stressfaktoren. Denn wenn wir auch nicht genau wissen, wie der Pavor nocturnus begründet werden kann, so können wir doch sehr genau sagen, was ihn wahrscheinlicher macht. Und wer das weiß, der kann auch darauf hinwirken, dass er weniger wahrscheinlich wird.

Die Methode, mit der Eltern mit ihren Kindern gegen den Pavor nocturnus angehen können, ist im Kern simpel. In der Inszenierung aber nicht. Es geht nämlich darum, eine Simulation wissenschaftlichen Arbeitens zu erreichen. Zwar haben die Kinder an den nächtlichen Schrecken keine Erinnerung. Sie sind jedoch oft verstört, wenn sie davon erzählt bekommen. Das akribische Vorgehen, das ich Ihnen im Folgenden beschreibe, dient auch dazu, dieser Verstörung entgegenzuwirken.

Sie beginnen damit, dass Sie eine Datei anlegen und ihr einen bedeutsam klingenden Namen geben. Also nicht »Natalie soll besser schlafen«, sondern etwa »Verbesserung Nachtschlaf Natalie«. In dieser Datei notieren Sie zunächst eine sogenannte Baseline, das heißt, Sie tragen die durchschnittliche Häufigkeit ein, mit der Ihr Kind den nächtlichen Schrecken erlebt. Sodann richten Sie drei Rubriken ein, die mit Fragen überschrieben sind, nämlich:

a) Bekommt das Kind ausreichend Schlaf oder hat es einen Mangel aufgebaut?
b) Ist seine Ernährung hinreichend und gut verdaulich?
c) Gibt es aktuelle Stressfaktoren, die dem Kind zusetzen?

Stellen Sie fest, dass Frage eins mit »Mangel« beantwortet werden muss, Frage zwei zum Beispiel mit »Abendessen eher schwer« und Frage drei mit »hoher Stressfaktor, da Ärger mit dem Klassenlehrer«, so wächst die Wahrscheinlichkeit auf eine Schreckensnacht. Das werden Sie, wenn überhaupt, nur ein-, zweimal erleben, denn diese Erfahrungen sind ja schlimm, und wenn sie also vermeidbar sind, wird man alles tun, um an einer Verbesserung zu arbeiten. Das hieße hier, konkrete Maßnahmen zu ergreifen, die ebenfalls protokolliert werden, etwa so: »Klassenlehrer anrufen«, »mit dem Kind über leichtes und befriedigendes Abendessen sprechen« und vielleicht auch »einmal richtig ausschlafen lassen«.

Der Hauptfaktor, der im Blick behalten werden muss, ist natürlich der erlebte Stress. Ein Schlafdefizit ist rasch aufgebaut, eine Übernachtung bei Freunden genügt. Aber Stressfaktoren wie zum Beispiel hinausgezögertes Lernen für eine wichtige Klassenarbeit lassen sich vermeiden.

Wenn Sie mit der geschilderten Methode eine Weile arbeiten, wird in der Regel der nächtliche Schrecken deutlich weniger. Und Sie gewinnen einen Überblick über die Faktoren, die in Ihrem konkreten Fall den größten Einfluss haben. Größere Kinder können an den Erhebungen schon mitarbeiten und so mehr Wissen, auch über sich selbst, gewinnen. Bei kleineren Kindern ist es möglich, ihnen die Aufzeichnungen später zu zeigen, um ihnen so mehr Selbstkompetenz zu ermöglichen. Dies ist insbesondere deshalb gut, weil Kinder in solchen Erhebungen ganz unterschiedliche Stressanfälligkeiten offenbaren. Manche Kinder mit Pavor nocturnus reagieren besonders auf den Stress, der durch »Aufschieberitis« entsteht, andere eher auf soziale Konflikte, bei denen dann elterliche Nähe ausgleichend wirkt. Hier Übersicht und individuelle Erkenntnisse zu gewinnen, ist der wichtigste Effekt unserer kleinen Imitation wissenschaftlicher Methodik. Einmal abgesehen davon, dass exaktes hilfreiches Vorgehen auch Freude bereiten kann.

Karl, elf Jahre alt, träumt häufig von abstürzenden Flugzeugen, verunglückenden Autos und sinkenden Schiffen. Immer ist er dabei in einer passiven Position, das heißt, er sitzt als Passagier im Flugzeug, ist Reisegast auf einer Fähre oder sitzt im Auto auf dem Beifahrersitz. Dann passiert etwas, Karl weiß nicht, was. Aber plötzlich gibt es eine Durchsage, Leute schnallen sich hektisch an, und das Flugzeug verliert an Höhe. Oder es ist plötzlich Wasser im Schiff, Panik bricht aus, und die Rettungsboote werden zu Wasser gelassen. Oder aber das Auto fährt mit voller Wucht auf einen geparkten Lkw auf, und Karl weiß, jetzt ist alles vorbei.

Woher kommen diese Träume? Zwei Möglichkeiten bieten sich an. Die erste würde fragen, ob die Träume auf etwas Reales zurückgeführt werden können. Die zweite, ob »Verunglücken« vielleicht im übertragenen Sinn für etwas steht.

Das sieht bei Karl erst einmal nicht so aus, er kommt überall gut klar und sieht nichts in seinem Leben, was an Unglücke erinnern könnte. Daher frage ich: Hat er vielleicht einmal Vergleichbares erlebt?

Nein, hat er nicht. Geflogen ist er zwar noch nie, aber er hat natürlich im Auto gesessen und war zweimal auf Fähren in den Ferien unterwegs. Da ist aber nie etwas passiert.

Kennt Karl Menschen, die Angst vor Unglücken haben? Allerdings. Karl verdreht mit einem Lächeln die Augen. Denn Karls Vater ist ein höchst ängstlicher Beifahrer und würde niemals in ein Flugzeug stei-

gen. Ein Satz ist Karl in Erinnerung geblieben: »Es muss nur ein Vogel in die Düse fliegen, und alles ist gelaufen.«

Und wie war das mit Karls Vater auf dem Schiff? Oh, da war der Vater nicht dabei, die Ferien am Meer hat Karl mit seinen Großeltern verbracht. Und wie hat ihm das gefallen? Ach, es war schon cool. Denn Papa ist Papa, und er liebt ihn, klar. Aber Papa stresst auch dauernd und macht vieles nicht mit.

Man spürt, wie belastet die Beziehung des Jungen zu seinem Vater ist. Unterschwellig fühlt er sich von der Angst des Vaters, der ja sein männliches Modell darstellt, gefährdet, denn er ahnt, dass er dessen Ängste übernehmen könnte. Aber darauf weisen bislang nur die Träume hin, in die bewusste Auseinandersetzung ist dies nicht eingedrungen.

Ich entscheide mich für eine doppelte Strategie: einerseits Karls Auseinandersetzung mit dem Vater im realen Leben zu stärken. Karl könnte das Gespräch suchen, ihn zu einem Kartenspiel herausfordern oder auch nur fragen, ob er ihm bei den Hausaufgaben hilft. Das ist alles aber nicht ganz einfach, denn die Angst vor »Unfällen« scheint er auch im sozialen Kontakt zu haben. Karls Vater meidet Diskussionen und zwischenmenschliche Spannungsfelder ganz allgemein. Was, wie ich nach und nach erfahre, die Ehe der Eltern immer wieder Belastungen aussetzt, da Karls Mutter meint, man könne über nichts miteinander reden.

Außerdem aber setzen wir einen Flugsimulator ein: Ein Computerspiel, in dem Karl ein Flugzeug steuert und sich nach einer Weile ziemlich sicher in der Luft bewegt. Dazu kommen Simulationen von Autorennen in verschiedener Form. Erst als Videos anzuschauen, dann probeweise als Spiel. Und endlich nach Absprache mit den Eltern ein Spiel, in dem Kriegsschiffe einander bekämpfen.

Die Hintergrundidee ist die, dass Karl lernt, selbst zu steuern. In den Träumen ist er ja immer passiv. Diese Passivität hat zwei Seiten. Eine realistische, denn natürlich ist er weder Pilot noch Kapitän, und einen Führerschein hat er auch nicht. Wer allerdings Träume kennt, weiß, dass sich Träume, auch Kinderträume, um so etwas wenig scheren. Wichtiger ist, dass die Passivität auch etwas ausdrückt, was sich seelisch vollzieht. Karl wird nämlich von den ihm vorgelebten Ängsten gleichsam mitgerissen. Und erlebt dann das, was nicht er, sondern der Vater am meisten fürchtet: Unfälle.

Nach drei Monaten tauchen die Träume nicht mehr auf. Oder vielmehr, sie sind ersetzt worden durch Autorennszenarien und Seekriege, bei denen Karl die Oberhand behält. Etwas aber könnte noch dauern: Karl hat nämlich seinen Vater aufgefordert, mit ihm auch mal am Computer zu spielen. Bisher hat der Vater das abgelehnt mit dem Argument, das sei nichts für ihn. Aber Karl will, wie er sagt, »noch ein bisschen Druck machen«. Dann klappt es vielleicht.

10

Luzide Träume: Was Kinder sich wünschen

Wovon möchtest du träumen? Selbsthilfe und Wunscherfüllung

»Träum was Schönes«, sagt die Großmutter zu dem kleinen Mädchen, »träum von Ferien am Meer.«

Eine freundliche Aufforderung. Aber daraus wird nichts.

»Ich möchte aber lieber von der Müllabfuhr träumen«, sagt das Mädchen. Und dreht sich auf die Seite.

Am Morgen stellen Kind und Oma fest: Beides hat nicht geklappt. Betty möchte wissen, wieso nicht. Das fragt sich die Oma augenzwinkernd auch. Wo es sich doch beide so gewünscht haben.

»Ich möchte das noch mal machen«, sagt Betty und wischt sich die Marmelade vom Mund. »Aber diesmal müssen wir beide dasselbe wünschen. Dann wird es stärker.«

Die Großmutter lässt sich überzeugen. Nun stellt sich die Frage: Ferien am Meer oder Müllabfuhr? Betty und Oma einigen sich auf etwas Drittes. Sie wollen beide versuchen, von einem Zirkus zu träumen …

Es ist tatsächlich ziemlich spannend, wenn man versucht, gemeinsam im Traum dasselbe Thema zu träumen. Oft gelingt das nach einigen Ansätzen ganz gut. In Seminaren arbeite ich mitunter damit, dass ich meine Teilnehmer ermutige, dass wir alle bis morgen versuchen, ein Thema im Traum zu ergründen. Die Ergebnisse sind nicht selten recht eindrucksvoll.

Am Morgen tragen Oma und Betty zusammen, was sie in der Nacht erlebt haben. Betty war auf einem Einrad unterwegs, und alle Kinder in der Straße haben gestaunt. Die Großmutter hatte einen Esel, den sie durch ein Kaufhaus geführt hat. Betty ist enttäuscht – keine von beiden hat einen Zirkus geträumt.

Allerdings … Vielleicht hat die Richtung doch schon gestimmt. Die Großmutter weist Betty darauf hin, dass mit einem Einrad Kunststücke vorzuführen doch so etwas wie Akrobatik ist. Und Esel werden oft durch Manegen geführt, in einem Zirkus.

Immerhin – man kann beim Träumen interaktiv mit dem eigenen Unbewussten umgehen. Man kann dem Traum etwa eine Aufgabe geben, ihn nach etwas fragen oder mit ihm etwas herausfinden. Manchmal klappt das, manchmal – anscheinend – auch nicht. Entscheidend ist das innere Wechselspiel, mit dem das Kind sich tiefer erfährt, erkundet, kennenlernt.

Es gibt jedoch eine Methode, mit der die Wunschträume ziemlich sicher in Erfüllung gehen, Man nennt diese Methode »luzides Träumen«. Dass es sich um eine Methode handelt und nicht nur um ein Phänomen, ergibt sich daraus, dass man luzides Träumen trainieren und für sich einsetzen kann.

Selbsthilfe und Wunscherfüllung

Luzide Träume sind gegenwärtig ein trendiges Thema. Der Begriff »luzides Träumen« (im deutschen Sprachraum wird auch vom »Klarträumen« gesprochen) wurde vor etwa einem Jahrhundert von dem niederländischen Psychiater Frederik van Eeden eingeführt.[1] Er meint eine Fähigkeit des wachen Bewusstseins, sich in das Traumbewusstsein gewissermaßen einzuschleichen. Dabei entsteht eine Steuerungsfähigkeit dessen, was sich im Traum ereignet. In diesen Träumen ist man sich vollkommen klar darüber, dass man träumt, und man vermag die Inhalte und die Personen des Traums nach Belieben zu dirigieren.

Es macht ziemlich viel Spaß, wenn man luzides Träumen entdeckt und merkt, was man damit machen kann. Man kann zum Beispiel hohe Berge besteigen, durch die Luft fliegen oder in Höhlen herumlaufen. Manche bevorzugen sexuelle Erlebnisse, andere möchten lieber in der Wüste ein Überlebenstraining absolvieren.

Für Kinder können Klarträume eine großartige Schatzkammer darstellen. Und zwar deswegen, weil sie sich des Umstands, dass sie träumen, im Traum häufiger bewusst sind als Erwachsene. Ich selbst kann mich an eine ganze Anzahl kindlicher Träume erinnern, in denen mir klar war, dass ich träumte. Was mir als Kind fehlte, war die Erkenntnis, dass ich so auch hätte Einfluss auf meinen Traum gewinnen können.

Warum Kinder leichter in Klarträume gelangen als Erwachsene, ist nicht sicher. Wir erklären es uns aktuell mit den noch nicht ausgereiften Gehirnstrukturen. Die Verbindungen zwischen dem präfrontalen Cortex und den Wahrnehmungszentren des Gehirns festigen sich erst nach und nach. Und wo sie noch nicht gefestigt sind, könnte es so etwas wie ein mentales Hin- und Hergleiten durchaus geben. Gleichwie, das Phänomen bleibt: Kinder wissen häufiger im Traum, dass sie träumen. Und das lässt sich nutzen.

Wie bei jeder Methode braucht es aber ein paar Wege, um dahin zu gelangen, dass Klarträumen gelingt. Die meisten Kinder erfahren interessanterweise anhand von Albträumen, dass sie im Traum durchaus Kontrolle ausüben können.

Die zehnjährige Esther hat mit ihrer zarten seelischen Haut gegenüber unschönen Reizen nur geringe Abgrenzungsmöglichkeiten. Sie hat Bilder von Orks aus der Verfilmung des Hobbit gesehen. Diese Bilder fand sie erst nur widerlich, dann schrecklich. Und dann hatte Esther nächtelang scheußliche Träume.

Das änderte sich, als ihr in einem dieser Träume auffiel, dass sie träumte. Sie muss etwas gedacht haben wie »O je, ich habe schon wieder so einen abartigen Traum von den Orks!«, als ihr auffiel, dass das nicht typisch ist für einen Traum. Dass man weiß, dass man träumt.

Esther entwickelte hieraus eine Strategie. Sie beschloss, den Orks den Zutritt zu ihren Träumen zu verweigern. Tauchten Orks in den Träumen auf, zückte sie ein Stoppschild und rief im Traum: »Für Orks verboten!« Das half erstaunlich gut …

Esther hat eine Selbsthilfemethode entwickelt. Dass sie sich dabei einer Möglichkeit luziden Träumens bedient hat, darauf wäre man erst nicht gekommen. Denn meist verbinden wir das luzide Träumen ja nicht mit Selbsthilfe, sondern mit Lust. Und hierbei scheint der luzide Traum mitunter auch gegen die Tagesmoral zu verstoßen.

Octavio träumt, dass er wie gewohnt von der Schule nach Hause geht. Da sieht er plötzlich Leute, die eine Bank überfallen haben und mit Geldscheinen um sich werfen. Octavio kennt das, die Panzerknacker machen das immer so.

Octavio möchte auch einen Schein haben, vielleicht sogar zwei. Als er gerade einen erhascht hat und schon den knisternden Schein in den Händen spürt, zeigt ein Polizist mit dem Finger auf ihn. Octavio lächelt, denn er weiß, ihm kann gar nichts passieren. Er pustet den Polizisten im Traum einfach an, und schon ist er verschwunden.

Was hat Octavio hier erlebt? Steckt vielleicht ein kleiner Bankräuber in ihm? Natürlich nicht. Er tut nichts wesentlich anderes als verheiratete Erwachsene, die im luziden Traum Sex mit anderen Menschen haben. Er tut etwas, was eigentlich verboten ist. Und gerade weil es das ist, findet er es im Traum ziemlich toll.

Im Gespräch offenbart sich, dass er im Übrigen ziemlich gut weiß, dass die Gesellschaft von Bankräubern für ihn vielleicht nicht ganz so bekömmlich wäre wie die eines Polizisten, der ja eigentlich auch zu seinem Schutz da wäre.

Klarträumen kann man lernen

»Träumst du, Papa, oder bist du wach?«

Der zwölfjährige Anton hat diese Frage ganz ernst gemeint. Obschon er sieht, dass sein Vater an der Werkbank baut, stellt er die Frage so, als könne es an seiner Wachheit Zweifel geben.

Antons Vater hält einen Moment inne, ehe er antwortet:

»Nun, ich denke, ich bin wach. Also wach-wach.«

Anton, der verstanden hat, was sein Vater meint, muss lachen.

Die beiden benutzen eine unter Traumforschern bekannte Methode, um sich luzidem Träumen anzunähern. Im Klartraum weiß man ja, dass man träumt. Daher wird diese Technik so angewendet, dass man sich zunächst immer wieder bewusst macht, in welchem Zustand man gerade ist.

Der Hintergedanke hierbei ist, dass die prüfende Selbstaufmerksamkeit auf den Traum übertragen werden kann. Wenn sich der Effekt der Übung einstellt, dann wird Antons Vater sich plötzlich im Traum fragen, ob er denn gerade wach ist. Und dann wird er merken, dass er träumt. Wenn man davon ausgeht, dass wir den Klartraum vom Wachzustand her beeinflussen können, muss man sich erst einmal eine Frage beantworten. Nämlich die, ob der Traum überhaupt etwas ganz anderes ist als der Wachzustand. Wenn ja, so dürfte es eigentlich keine Verbindung zwischen den beiden Zuständen geben. Doch da es diese Verbindung zu geben scheint, können wir uns vorstellen, dass unser Bewusstsein so etwas wie eine Linie bildet, auf der man sich in verschiedene Richtungen bewegen kann. Ich selbst bin als eher erlebnisorientierter Bewusstseinsforscher weniger an abstrakten Definitionen und einer Theorie des Bewusstseins interessiert. Luzide Träume halte ich für eine großartige Methode, um Selbsterfahrungen möglich zu machen, die sonst zum Beispiel zu gefährlich wären. Und sie lassen sich durch übende Methoden ebenso begünstigen wie durch suggestive Einflüsse.

Esther, die Sie eben schon kennengelernt haben, öffnet die Augen. »Oh Mann, das war aber lecker!«

Soeben ist sie, begleitet von meiner Stimme, durch eine kleine suggestive Trance gegangen, in der sie auf die Insel zurückkehrte, wo ihre Familie im letzten Sommer Urlaub machte. Esther hat dort ein italienisches Eiscafé gekannt, in dem es eine unbeschreiblich leckere Eissorte gab.

Esther wollte lernen, schön zu träumen. Und da ich sie als ein Mädchen kannte, das eher für die dunklen Seiten des Träumens anfällig war, habe ich den Wunsch aufgenommen und begonnen, ihr Wege zu zeigen, die dem angenehmen Klarträumen näher führen.

Suggestive Rückführungen in betont angenehmes Erleben steigern die Kompetenz dafür, sinnliche Erfahrungen in sich aufzurufen. Rückführungen sind dabei nur deshalb das Mittel der Wahl, weil sie die sinnliche Repräsentation leichter machen: Man hat das ja schon mal erlebt. Aber wer so etwas dann weiter übt und womöglich noch die Methode benutzt, die Anton und sein Vater verwenden, der steigert die Chance auf bewusstes Träumen und nächtliche Wunscherfüllungen deutlich.

Noch einmal wahrscheinlicher werden solche Träume, wenn sich das Kind einen mentalen Plan macht, dass es diese Nacht einen schönen Wunscherfüllungstraum haben wird. In diesem mentalen Plan wäre dreierlei enthalten: erstens das Thema des Traums, sagen wir, fliegen wie ein Adler. Zweitens die suggestive Festigung, in der das Kind sich sagt: Ich träume in der Nacht vom Fliegen im Gebirge; ich fliege wie ein Adler. Diese suggestive Wendung »Ich träume in der Nacht …« oder auch »Ich werde in der Nacht …« ist stärker als das, was Betty und ihre Großmutter zu Anfang dieses Kapitels probiert haben. Sie formulierten Wünsche. Suggestionen sind mehr, in ihnen sagt das Kind sich: So wird es sein.

Drittens hilft es, die Zeit des Traums in den mentalen Plan einzubeziehen. Wie Albträume und der Pavor nocturnus jeweils ihre bevorzugte Zeit haben, so haben auch luzide Träume eine Zeit, die ihr Eintreten begünstigt. Luzide Träume geschehen häufig gegen Morgen, das näher kommende Wachbewusstsein scheint auf sie einzuwirken. Idealerweise also erzeugt das Kind sich seinen mentalen Plan so, dass es sich sagt: »Ich werde gegen Morgen im Traum wie ein Adler fliegen.«

Träumen, was gefährlich werden könnte

Wenn Kinder mit luzidem Träumen beginnen, können sie sich sogar Wünsche erfüllen, die in der äußeren Welt ein bisschen problematisch wären.

Solvejg möchte einmal wie Madita, ihr Idol aus den Astrid-Lindgren-Büchern, über einen Dachfirst balancieren. Ihre Mutter hat mit Schrecken festgestellt, wie tief dieser Wunsch in dem Mädchen sitzt.

Die Kinderpsychologin macht einen anderen Vorschlag. Zunächst soll es einen Vertrag geben, dass Solvejg den Weg über den Dachfirst hundertprozentig nicht in der realen Welt geht. Dann aber – und gewissermaßen als Gewinn oder als Belohnung – wird sie lernen, im Traum auf dem Dach zu balancieren.

Der Vertrag wird aufgesetzt und von Solvejg ernsthaft unterschrieben. Nun beginnt die Planung für die nächtliche Wanderung im Traum. Die Methode, die die Psychologin hierfür benutzt, funktioniert so: Solvejg denkt erst einmal jeden Tag mindestens einmal daran, über den Dachfirst zu balancieren. Dabei achtet sie darauf, wie das Wetter ist, ob sie Wind spürt und welche Schuhe sie zum Beispiel trägt.

Natürlich sind dies Dinge, an die Solvejg niemals gedacht hat. Sie könnte nass vom Regen werden. Oder einen Schuh verlieren. Jetzt lernt Solvejg, so etwas in der Fantasie zu korrigieren. Das bedeutet, wann immer sie etwa merkt, dass sie in ihrer Vorstellung auch die Möglichkeit wahrnimmt, sich am Dachfirst den Fuß zu verletzen, setzt die Fantasie ein und lässt sie aufmerksamer sehen, wo etwa ein Splitter hervorsieht.

Ein Splitter? Ja, richtig, denn Solvejg hat sich ein Holzhaus ausgemalt, wie sie es von den vertrauten Bildern her kennt. Das Haus ihrer Eltern aber hat ein Betondach – es gäbe folglich gar keine Splitter. Solche Punkte benutzt die Psychologin, um Solvejg den Unterschied zwischen »Draußen-Realität« und »Klartraum-Realität« bewusst zu machen.

Über was für einen Dachfirst möchte Solvejg also laufen? Über einen hölzernen, der aber keine Splitter hat. Und auch nicht so glatt ist, dass sie abrutschen könnte. Am besten bei schönem Wetter. Und tagsüber. Solvejg möchte ja auch etwas sehen können.

Sollte je die Gefahr bestanden haben, dass Solvejg aufs reale Dach gestiegen wäre, so wäre sie nun minimiert. Einmal durch den Vertrag. Sodann aber auch durch das immer traumähnlicher und wunschgemäßer werdende Entwerfen der Fantasien, die gewissermaßen maßgeschneidert werden. »Aber einmal«, sagt Solvejg mit einem Kichern, »bin ich echt abgestürzt. Da hab ich dann gemacht, dass ich wieder in mein Bett falle.«

Sich selbst besser kennenlernen

Einen Traum wach zu steuern – das klingt verführerisch und ist es wohl auch zunächst. Man kann aber noch mehr darin sehen. Zum Beispiel erwägt die Psychologin Ursula Voss, inwieweit es sich um einen Weg handeln könnte, sich selbst besser kennenzulernen.[2]

Wer wie ich häufiger mit Lehrern arbeitet, der weiß, dass diese oft bedauern, wie wenig heutige Kinder über sich selbst nachdenken. Besorgten Pädagogen kommt es mitunter so vor, als würde die Impulssteuerung bei vielen Kindern den Vorrang haben, während die Selbstauseinandersetzung auf der Strecke bleibt.

Diese Beobachtung weist auf einen realen Sachverhalt hin. Der präfrontale Cortex, der für die Aufmerksamkeitskontrolle so wichtig ist, reift nämlich erst spät aus. Bis dahin ist das, was Kinder an Interesse und Disziplin zeigen, an zwei Faktoren geknüpft: Interesse und Anpassung.

Die Frage ist nun, ob frühe Vertrautheit mit luzidem Träumen auf die Entwicklung dieser Hirnstruktur Einfluss nehmen könnte. Die Antwort ist: wahrscheinlich, ja. Wie bei unserem Körper gibt es auch in unserem Gehirn kein blindes Wachstum, sondern eine Interaktion zwischen genetisch bedingten Entwicklungsprozessen und der praktischen Nutzung, also dem Training. So könnte die Förderung der Fähigkeit zum Klarträumen den Nebeneffekt haben, Kinder in ihrer Aufmerksamkeit klarer und gerichteter werden zu lassen.

Aus Studien, in denen funktionelle Magnetresonanztomographie (fMRT) eingesetzt wurde, wissen wir, dass bei Klarträumern der frontopolare Bereich der Großhirnrinde deutlich stärker ausgebildet ist als bei Menschen, die keinerlei Klarträume haben. Diese Untersuchungsmethode zeigt den Sauerstoffverbrauch in Hirnregionen auf und lässt daher erkennen, in welchen Hirnregionen die Nervenzellen gerade besonders aktiv sind. Aktive Neuronenverbände entziehen dem Blut nämlich Sauerstoff, und daher muss eine Region, in der viel sauerstoffarmes Blut gemessen werden kann, gerade sehr aktiv sein.

Der frontopolare Bereich der Großhirnrinde ist auch bei sogenannten Meta-Kognitionen aktiv, zu denen das bewusste Reflektieren des eigenen Denkens und Wahrnehmens zählt. Simone Kühn und Elisa Filevich forschen hierzu am Max-Planck-Institut für Bildungsforschung.[3] Denn es wäre möglich, dass die Fähigkeit zur Meta-Kognition mit der Begabung für Klarträume zusammenhängt.

Wer meta-kognitiv denkt, der nimmt eine überschauende, selbstreflexive Haltung ein. Die wird mitunter von Erzieherinnen oder Lehrern eingefordert, wenn ein Kind zum Beispiel jemanden angegriffen hat oder Zeuge bei Vandalismus war. Auf Meta-Kognition ausgerichtete Fragen sind etwa: »Und bist du dir sicher, dass du das Ereignis so und so gesehen hast?« »Und was hast du gedacht, als du gemerkt hast, du kommst mit den Hausaufgaben nicht klar?« Oder auch: »Und wie fandest du dich in dem Moment, als du zugeschlagen hast?«

Man merkt, Meta-Kognitionen setzen einen hohen Grad an Bewusstheit voraus. Die wünschen sich, wie ich aus vielen Gesprächen weiß, Lehrerinnen und Erzieher bei Kindern häufig. Der Haken ist: Meta-Kognition ist in der Kindheit noch nicht sehr ausgeprägt. Sie stellt selbst für den Erwachsenen eine Aufgabe dar. Für ein Kind aber ist sie eine echte Bewusstseinsleistung.

Angenommen nun, wir könnten diese Kompetenz fördern, wenn wir unseren Kindern das Klarträumen beibringen würden. Hätten wir damit nicht zwei Fliegen mit einer Klappe geschlagen? Denn die Kinder könnten einerseits im Klartraum ausleben, was sie möchten. Und sie würden andererseits selbstreflektierter und also womöglich fähiger zur Verantwortung werden.

Vor- und Nachteile luziden Träumens bei Kindern

Bei allen Vorteilen, die luzides Träumen für Kinder bereithält, scheint es mir wichtig, zumindest die Möglichkeit von Nachteilen in Betracht zu ziehen. Insbesondere zwei Nachteile würde ich bei Kindern befürchten, die versuchen, häufig luzide zu träumen. Zum einen bezieht sich meine Sorge auf das kindliche Schlafverhalten und die Abfolge der Schlafphasen. Und zum anderen auf die unbewusste Selbstregulation, die im Traum möglich ist und die durch ein allzu geplantes Träumen ins Hintertreffen geraten könnte

Im luziden Traum ist der präfronale Cortex deutlich aktiver als in den REM-Phasen, in denen wir eher abenteuerlich, kreativ und bizarr träumen. Dieser Teil unserer Großhirnrinde ist für vieles zuständig, unter anderem für die Regulation unseres Sozialverhaltens. Er spielt aber auch eine Rolle bei Planungen, die sich auf die weitere Zukunft hin ausrichten.

Wenn nun Kinder auch im Traum betont planerisch und sozial wohlgesteuert agieren, dann ist das unter Trainingsaspekten betrachtet zwar schön. Aber es ist natürlich auch ziemlich einfallslos und im schlechtesten Fall überangepasst. Denn zwar ist der präfrontale Cortex im Wachzustand immer noch aktiver als in den luziden Träumen. Aber das weitgehend Ungesteuerte der REM-Phasen geht hier verloren.

Der zweite Nachteil ist womöglich noch wichtiger. Wer nämlich häufiger luzid träumt, der entfernt sich von der wilden Seite der Seele. Klar, Motocross-Rennen und Sprünge von Wasserfällen sind ohne Frage auch wild, und wenn man so etwas in Klarträumen tut, dann ist im Traum eine Menge los.

Aber irgendwie hat dies eben auch etwas von einem Kletterpark im Verhältnis zur wild wuchernden Vielfalt eines Dschungels. Die Abenteuer sind geplant und damit eine Spur zu sicher, um wirklich abenteuerlich zu sein.

Überdies wird der kreative Faktor der Träume ärmer. Kreativität ist ja nicht geplant, sie folgt anderen seelischen Mustern. Man muss sie kommen lassen und nicht machen wollen. Wer daher regelmäßig Klarträume sucht, der nutzt die kreativen Möglichkeiten seiner unbewussten Schatzkammer nicht mehr. Und das wäre, auch weil Kreativität in einer Welt, in der Maschinen schon so vieles besser können als wir, eine unserer wichtigsten Ressourcen darstellt, mehr als schade.

Allerdings könnten wir die Vor- und die Nachteile der Nutzung luzider Träume bei Kindern ja gegeneinander aufwiegen. Bewusstseinssteuerung ist eine große Kompetenz, und sie ist sicher nicht weniger bedeutsam als die schöpferischen Aspekte des Traums es sind. Und da man luzides Träumen wie Meditation erlernen, aber auch wieder verlernen kann, wenn man es nie praktiziert, so ist es eher eine Frage der Dosis und der Persönlichkeit, was hier zu empfehlen wäre. Wer ein-, zwei- oder dreimal pro Woche einen Klartraum hat, verliert ganz sicher keine Traumkreativität. Wer das jede Nacht womöglich mehrfach will, meiner Ansicht nach aber schon.

Zuletzt in diesem Kapitel ein bisschen Zukunftsmusik. Denn gegenwärtig gibt es Projekte, die das luzide Träumen bei Probanden gezielt fördern, weil sie davon eine gesteigerte und kompetentere Selbststeuerung erhoffen.[4] Sollte sich dies als möglich erweisen, wäre dem immer häufiger anzutreffenden Problem des Fehlens von Selbststeuerung bei Kindern vielleicht in absehbarer Zeit mit luzidem Träumen zu begegnen. Das würde bedeuten, Selbststeuerung käme endlich einmal auf eine Weise zustande, die auch noch Spaß machen würde.

11

Übergangs-, Ablösungs- und Schwellenträume

Übergänge: Wenn die Kinder größer werden

Jedes Kinderleben kennt Stadien und Übergänge. Um zu wachsen und zu reifen, müssen Grenzen überwunden und frühere Stadien zurückgelassen werden. Das ist manchmal leicht, weil man nichts dabei verliert. Wenn aus dem Krabbelkind eines wird, das laufen kann, dann verliert es seine Fähigkeit zum Krabbeln ja nicht. Es nutzt sie nur weniger, und entsprechend leicht erfolgt der Übergang.

Manchmal aber ist auch etwas einfach »weg«. Das naive Spiel etwa, insbesondere das Rollenspiel, ist Kindern, die der Pubertät näher kommen, oft mit einem Mal nicht mehr möglich. Sie werden kritisch, auch sich selbst gegenüber, und finden Rollenspiele eher lächerlich. In Träumen aber scheint manchmal noch etwas Kindliches auf, was im Alltagsleben keine Rolle mehr spielt.

So bei Samuel, der nachts von »Bob der Baumeister« träumt, das er als Vierjähriger liebte, während er tagsüber coole Sprüche probt. Es ist dabei weniger die Kinderserie, die ihn beschäftigt, als vielmehr die familiäre Nähe, die er vermisst und die ihn im Traum wieder in seine Kindergartenzeit zurückführt. Wie viele Pubertierende beginnt er sich einsam zu fühlen, sobald keine Kumpels da sind. Seine Familie kommt ihm komisch vor, anders. Wenn seine Mutter ihm übers Haar fährt, könnte er schreien. Nur nachts, in der Abgeschiedenheit der Träume, sitzt er neben seinem großen Bruder, der jetzt in der Oberstufe ist und für nichts mehr Zeit hat. Und sie gucken »Bob der Baumeister«.

Manchmal sind Träume Refugien, die etwas anscheinend Verlorenes bewahren. Sentimentale Erinnerungen an früher assoziiert man meist mit älteren Leuten, aber der Abschied und die diffuse Sehnsucht nach dem, was einmal war, entsteht früh. Immer dann nämlich, wenn etwas

Altes – das kindliche Spiel, der Spaß an Kindersendungen, die treuherzigen Witze – nicht mehr zugänglich ist und das Neue – eine Freundin oder einen Freund haben, der Starzocker sein oder die Youtuberin, abhängen und auf Partys gehen – noch nicht wirklich verfügbar.

Emmas Träume kreisen immer um die Grundschule. Schon seit zweieinhalb Jahren geht das aufgeweckte Mädchen aufs Gymnasium, aber in den Nächten ist sie weiterhin eine Grundschülerin. Als ihre Eltern mit der Klassenlehrerin besprechen, wie Emma auf dem Gymnasium zurechtkommt, wird eine Diskrepanz deutlich. Leistungsmäßig ist das Mädchen stark. Aber sozial fällt sie ein wenig auf. Sie mag den Lärm nicht, der auf der Schulhof herrscht, sie findet die »Größeren« mitunter angsteinflößend, und sie fühlt sich manchmal in ihrer Klasse unwohl, weil so viele der Mädchen schon pubertär sind, kurze Tops tragen, Lippenstift ausprobieren und sich die Haare färben.

Emmas Träume gehen ganz offenbar in eine Zeit zurück, in der sie sich sicherer und harmonischer fühlte. In der Grundschule war sie gut, die Größe des Gymnasiums und die Konfrontation mit den älteren, manchmal schon reiferen Kindern ist ihr unangenehm. Ob ein Schulwechsel eine Idee wäre? Die Klassenlehrerin rät davon ab und schlägt vor, Emma Rückzüge zu erlauben, für den Fall, dass es ihr auf dem Schulhof zu viel wird. Sie darf dann in den Ruheraum oder auch mit ein paar anderen in der Klasse bleiben.

Emma tun diese neuen Möglichkeiten gut. Sie träumt noch eine ganze Weile von der Grundschule, und die Eltern erklären ihr, dass es ganz in Ordnung ist, wenn sie sich noch als Kind fühlt und im Traum dorthin zurückkehrt. Manchmal muss man Kindern erlauben, im Traum noch ganz kindlich zu sein, während sie im Leben in der Welt draußen schon andere Bewährungsproben ablegen.

Die meisten Übergänge vollziehen sich allmählich und können Monate, ja, Jahre dauern. Die Pubertät etwa ist als Übergang vom Kindsein zum Erwachsenwerden ein Prozess, der sich über Jahre hinzieht. Da gibt es keinen Punkt, an dem man sagen könnte, jetzt geht es los damit, oder jetzt ist es vorbei. Nur Zeichen, an denen man die Vorpubertät oder das allmähliche Verlassen des pubertären Geschehens erkennen kann.

Über die Schwelle treten

Schwellen hinter sich zu lassen, ist eine spezielle Form des Übergangs, die sich in sehr kurzer Zeit ereignet. Hierbei muss eine erfahrbare Grenze überschritten werden. Im Gegensatz zum phasenweisen Übergang, bei dem man noch eine Zeit lang zwischen zwei Räumen hin- und herwechseln kann, bedeutet das Übertreten einer Schwelle zudem, dass ein neuer Raum betreten wird.

Man kann den Unterschied am Beispiel von Jugendlichen gut illustrieren. Dreizehnjährige Mädchen kriegen es hin, sich zugleich die Lippen zu schminken und doch in stillen Stunden noch einmal die Barbie rauszuholen und den Kuschelbär mit zur Klassenfahrt zu nehmen. Jungen im selben Alter haben unter Umständen schon Träume von Mädchen, während sie zugleich wieder die Flugzeuge aufstellen, mit denen sie als Neunjährige gespielt haben. So lassen Träume des Übergangs vom Kind zum Jugendlichen meist auch Ambivalenzen erkennen. Das Kind, das zum Teenager wird, träumt sich dabei in unterschiedlichen Rollen. Mal noch kindlich-verspielt und dann schon erprobend, wie sich Erwachsensein anfühlt.

Die erste sexuelle Erfahrung ist dann eine Schwelle. Dahinter kann man nicht mehr zurück. Wer Jugendliche kennt, der weiß von der anderen Ausstrahlung, die sexuell schon Erfahrene von denen unterscheidet, die hierfür noch Zeit brauchen.

Eine Schwelle zu überschreiten, meint sinngemäß: in einen anderen Zustand eintreten. Uns ist das in der Wendung vom »Über-die-Schwelle-

Tragen« eher spielerisch bei frisch Verheirateten geläufig. Aber mit dem Schwellenübergang ist kulturell ursprünglich etwas sehr Ernstes gemeint. Dass man nämlich einen Point-of-no-Return erreicht hat, jenseits dessen man anders sein wird, als man vorher war.

Riten versuchen aus Übergängen Schwellen zu machen. Was aber nicht immer gelingt. Wer einen Anzug trug, galt früher als potenziell erwachsen, ob er es nun war oder nicht. Das Abitur, früher Reifezeugnis genannt, besagt etwas über Kenntnisse und Kompetenzen. Über die persönliche Reife sagt es rein gar nichts aus.

Und doch haben auch schulische Übergänge manchmal Schwellencharakter. Vom Kindergartenkind zum Schulkind zu werden, bedeutet für Kinder auch einen Wechsel ihres Selbstbilds. Von der Grundschule zur höheren Schule zu gehen, ist ein weiterer Schritt, der kaum rückgängig gemacht werden kann. Allenfalls kann die höhere Schule die falsche sein und wird dann durch eine andere ersetzt. Wie Kinder dies in Träumen verarbeiten können, zeigt das folgende Beispiel.

»Klar doch«, hat David gesagt. Er würde sehr gern daran teilnehmen. Aber als es dann so weit war, hatte er keine Ahnung, worum es eigentlich ging. Eine leise Angst befiel ihn. Würden sie alle von dieser Reise überhaupt zurückkehren? Unversehrt? Wer sind sie? Sie alle, die auf einmal in diesem Zug sitzen, so als führen sie nach Hogwarts. Aber ist es auch Hogwarts? David weiß nur, dass er zugesagt hat. Und nun muss er mit.

Mit einem Mal ist da seine Grundschullehrerin und isst ein Eis. Die hat David sehr gemocht. Als er erwacht, fühlt er sich ein bisschen erleichtert. Aber die Angst ist trotzdem noch da.

Worum geht es in diesem Traum eines Zwölfjährigen? Das ist auf den ersten Blick schwer zu erkennen. Klar, es gibt die Harry-Potter-Bezüge. David mag Harry Potter sehr. Aber den Traum versteht er dennoch nicht.

Bei Träumen des Übergangs ist mehr noch als bei anderen Träumen nicht allein das Geschehen wichtig. Mindestens ebenso aufmerksam muss man auf die Gefühle achten, die diesen Traum begleiten. Welche Gefühle sind das hier? Am Anfang schien er wohl einverstanden, sich auf ein Abenteuer einzulassen. Doch dann fühlte es sich wie eine Verpflichtung an. Oder fast schon wie Gefangensein. Und dann hatte er Angst.

Wovon sollten sie – wer, sie? – denn eigentlich nicht zurückkehren? »Das ist wieder der Inhalt«, meint der Vater. »Bleiben wir bei dem, was du gefühlt hast.« David ist froh, dass sein Vater mit ihm den Traum durchspricht. Er ist mit Herzklopfen erwacht und konnte nicht mehr einschlafen. Und nun ist er verstört. Was kann er tun?

»War das Gefühl am Schluss auch noch Angst?«

David denkt nach. Nein, Angst eher nicht. Wohl aber … Aufregung. Eine große Aufregung!

Der Vater fasst zusammen: David hat mit selbstverständlichem Bejahen einer Reise zugestimmt, danach ein Gefühl von Gefangenschaft bekommen, Angst entwickelt und am Ende eine starke Aufregung empfunden. Gut. Steht denn in nächster Zeit eine Reise an?

»Eine Reise? Nee, eher nicht. Die Ferien sind doch gerade vorbei.«

»Lass mal überlegen. Die Reise geht nach …«

»Keine Ahnung, wohin. Aber nach Hogwarts wohl kaum.«

David lacht.

»Hogwarts ist eine Schule.«

Davids Vater hat sich ein bisschen mit den Träumen von Kindern beschäftigt. Nicht viel, nur gerade so, dass er helfen kann, wenn er gefragt wird. Oder es zumindest versuchen.

Sein Sohn hat ihm leidgetan, als er so verstört morgens auftauchte. Jetzt tut er, was er kann. Er lässt den Jungen erzählen. Lenkt seine Aufmerksamkeit sanft auf Dinge, die David nicht aufgefallen wären. Unterscheidet den Trauminhalt von den ihn begleitenden Gefühlen.

»Eine Schule …?«

»Ja. Eine Schule. Und da war erst etwas, was ganz selbstverständlich schien, das dir dann plötzlich unausweichlich vorkam. Und dann hattest du Angst, verändert zu werden.«

Alter Schwede, ja! Aber das ist doch – doch, das könnte sein …!

»Du meinst, dass ich ins Gymmi komme? Meinst du echt?«

»Wissen tust nur du das, David. Aber es klingt logisch, oder? Vielleicht ist darum auch deine Grundschullehrerin mit dabei. Irgendwie so als … Hilfe. Was hat sie immer gesagt?«

»Bleib, wie du bist!«

David strahlt jetzt. Das gibt wirklich viel mehr Sinn, als er gedacht hätte. David wird die Schule wechseln, trotz Gymnasialempfehlung war er von der Grundschule auf die Gesamtschule gegangen, der Freunde wegen, die auch dorthin gingen. Aber dort war es David zu laut, zu voll, zu wirr. Er kam nicht klar. Die Anfrage am Gymnasium hat dann ergeben, dass eine Aufnahme möglich wäre. Dort kennt er noch niemanden – wie im Traum. Und verändern wird er sich bestimmt irgendwie. Macht aber nichts, solange er der bleibt, der er ist.

»Kakao?«, hört er die Stimme seines Vaters. »Clash of Clans?«

Ablösungsprozesse und drastische Traumbilder

In Phasen des Übergangs bewegen sich Kinder nicht nur auf etwas zu, sondern auch von etwas weg. Solche Ablösungsprozesse sind nicht immer angenehm. Insbesondere wo tiefe Bindungen bestehen, führt die Dramaturgie des Ablösungsprozesses mitunter zu erschreckenden Traumbildern. Deren Drastik entspricht aber vor allem der Intensität des Prozesses und sollte deswegen auch nicht zu persönlich genommen werden.

»Mama«, strahlt der fünfjährige Golo, »jetzt habe ich dich totgeschossen.«

Keine angenehme Nachricht. Da möchte die Mutter doch gern wissen, was genau in seinem Traum passiert ist.

Golo, dem das Strahlen vergangen ist, erzählt. Es war alles ganz kurz und ganz einfach. Er kam aus seinem Schlafzimmer, ging auf seine Mutter zu, die am Frühstückstisch saß, und plötzlich hatte er ein Gewehr in der Hand. Dann schoss er. Und dann war Mama tot.

Während der Junge seine Cornflakes isst, denkt Golos Mutter nach. Er scheint wirklich ein Problem mit ihr zu haben. Eine kaum zu zügelnde Aggression. Welchen Grund könnte es dafür geben? Hat sie ihm irgendwie wehgetan, ihn zu heftig ausgeschimpft oder ihm zu enge Grenzen gesetzt?

Golos Mutter fällt manches ein. Golo hat gestern Abend keinen zweiten Pudding mehr bekommen, weil er sein Brot nicht aufgegessen hatte. Das hat ihm natürlich nicht gefallen, aber so sauer wirkte er gar nicht. Und auch am Nachmittag, als er den Ball gegen das Küchenfenster geschossen und sie geschimpft hat, machte er keinen übermäßig wütenden Eindruck.

Vielleicht ist es gar kein Hass, der in Golo wütet. Aber warum träumt er dann so erschreckende Dinge? Golos Mutter fällt nur noch eine Möglichkeit ein. Nach der wäre das Gewehr ein Phallussymbol. Golos Mutter kann nicht behaupten, dass sie das ruhiger stimmt.

Golos Mutter denkt in vertrauten Bahnen. Ein Gewehr ist entweder ein aggressives Instrument oder aber ein sexuelles Symbol. Beides passt hier nicht richtig. Doch wenn man sich mit Golo länger unterhält, so merkt man schnell, dass er wenig Grund hat, seine Mutter schlimm zu finden. Er liebt sie sehr. Wenn sie nur nicht immer so besorgt um ihn wäre …

Eine Frage, die Golos Mutter sich stellen könnte, wäre die, ob Golo Freude am Spiel mit Waffen hat. Mit Spielzeugwaffen natürlich. Und ja, da würde sie fündig werden. Golo und sein Kindergartenfreund würden liebend gern im Kindergarten mit Pistolen spielen. Das dürfen sie aber nicht, denn Spielzeugwaffen sind dort nicht erlaubt, nicht mal Holzschwerter. Golos Mutter findet das richtig. Niemand soll erschreckt werden. Und überhaupt – muss das sein, dass man Töten spielt?

Das ist eine sehr schwer zu beantwortende Frage. Sie ist vielfach diskutiert worden, und lange Zeit dominierte die Position, dass mit Waffen zu spielen Töten gewissermaßen einübe und damit gesunde Hemmungen herabsetze. Und man ging davon aus, dass kriegerische Spiele aggressives Verhalten fördern.

Manchmal können sie das. Aber sicher nicht immer. Sehr oft erproben Kinder im Spiel ja auch Rollen – in diesem Fall die archaische Rolle des bewaffneten Mannes. Dabei können Kinder zwischen dem Spieltod – »Du kannst nicht mehr mitspielen, du bist *tot*!« – und realem Sterben sehr viel verlässlicher unterscheiden, als besorgte Eltern und Pädagogen früher glaubten.

Manchmal scheinen Träume einen Übergang anzukündigen, von dem die bewusste Psyche noch nichts weiß. In Übergangsträumen sind die großen Themen des realen Lebens überdies oft metaphorisch zu verstehen. Nicht jeder sexuelle Traum verrät sexuelle Wünsche. Oft geht es um Nähe, ja Vereinigung. Nicht jeder Todestraum meint realen Tod. Meist geht es um fundamentale Veränderung, bei dem ein altes Selbst – der, der ich bisher war – stirbt, damit etwas Neues geboren werden kann. Und das Töten ist nicht selten eine Form von Abschied, manchmal auch von Befreiung.

Würde Golos Mutter dieses Wissen helfen? Schön wäre der Gedanke an eine Art von Befreiung sicher auch nicht. Immerhin aber besser als die Varianten »reaktive Aggression« oder »konfrontative Sexualität«. Aber es könnte auch sein, dass es sich hier um noch etwas anderes handelt. Nämlich um eine Aufforderung.

Ich stelle mir vor, wie Golos Mutter entspannt und souverän auf Golos begeistert vorgetragene Nachricht reagiert. Sie fragt vielleicht: »Und habe ich mich gar nicht gewehrt?«

Golo darauf: »Das wolltest du bestimmt. Aber ich war schneller!«

Golo genießt einen Triumph. Das fällt der Mutter jetzt erst richtig auf. Was ist das für ein Triumph? Oh, na klar – er hat nicht nur im Traum seine Mutter erschossen, sondern er hat im Traum mit Waffen gespielt. Und sie konnte nichts dagegen machen.

Golos Mutter fällt etwas ein. Hat ihr Junge mit seinem Freund nicht vor allem Zweikämpfe gespielt? Duelle, in denen zwei Männer einander gegenüberstehen, und dann hängt alles davon ab, wer schneller zieht? Keine Ahnung, woher er das hat. Er wollte sich sogar mit seinem Vater duellieren. Aber der reagierte eher humorlos und mochte das nicht. Wenn Golo im Traum also seine Mutter erschießt und das Duell gewinnt – könnte man da vielleicht auch einen Wunsch durchhören? Einen, der, verbalisiert, etwa so klänge: Mama, ich bin ganz bestimmt kein schlimmer Junge. Aber ich finde Duelle zu spielen so toll. Könntest du nicht vielleicht etwas lockerer werden? Aber so sprechen Kinder in diesem Alter nun einmal nicht. Und so setzt der Traum das, was ohne tiefere Reflexion in Golo stattfindet, in szenisches Geschehen um.

Golos Mutter macht nun etwas sehr Kluges: Sie geht auf den Traum eher spielerisch ein.

»Was, du warst schneller mit deiner Kanone als ich? Warte mal ab, ich übe noch. Und nächste Nacht bin vielleicht ich schneller …«

Perfekt: Golo strahlt. Und will wissen:

»Schießen wir uns jetzt öfter, Mama?«

Und setzt dann treuherzig hinzu:

»Weil wir dabei ja gar nicht totgehen können.«

Bei den Übergängen in das, was man »archaische Phasen« nennen könnte, weichen Kinder mitunter vorübergehend vom Pfad einer friedliebenden und empathischen Kultur ab. Gut, wenn dafür dann spielerisch Raum ist. Vermutlich hat Golo mit seinem Vater auch schon sogenannte »rough and rumble plays« spielen wollen – das heißt, er wollte raufen, ringen und auch mal zuhauen dürfen in der Gewissheit, dass dennoch alles gut ist und bleibt.[1] Aber wie wir gesehen haben, hat der Vater auf so etwas keine Lust. Da erscheint es ganz selbstverständlich, dass sich Golos Wunsch, archaisch zu spielen und sich gleichwohl geliebt zu fühlen, auf die Mutter richtet.

Schamträume und Traumkostüme

Zu den wichtigsten Übergangsträumen gehören Schamträume. Dass sich dort, wo einmal alles einfach und klar schien, plötzlich Scham entwickelt, ist ein normales Begleitphänomen der Kindheit. In der Präpubertät schließen Kinder sich im Bad ein und möchten nicht angeschaut werden. Aber auch Jahre zuvor schon können sie eine Scheu zeigen, beispielsweise bestimmte Wörter zu benutzen, die ihnen emotional besetzt erscheinen. Oder sie schreien »Iiiih«, wenn sie eine Kussszene im Fernsehen sehen – etwas, was sie vorher kalt lächelnd von sich fernhalten konnten.

Schaminhalte sind kulturell verankert. Das bedeutet, was hier zu Scham führen kann, löst anderswo dieses Gefühl nicht unbedingt aus. Am deutlichsten kann man das bei den Nackträumen sehen. In ihnen laufen wir nackt oder leicht bekleidet, gern auch in Nachthemd oder Schlafanzug, unter korrekt angezogenen Leuten herum.

Natürlich würde ein Nacktraum in einer Kultur, in der Nacktheit selbstverständlich ist, keinerlei Schamgefühl auslösen. Aber es könnte andere schamauslösende Themen geben, die uns vollkommen fremd wären. Der Groninger Psychologe Douwe Draaisma hat darauf hingewiesen, dass es in Ghana besonders peinlich ist, wenn einem als Hirte die Herde verloren geht. Da das Weidenlassen und Hüten der Herde kulturell tief verankerte, bedeutungsvolle Dinge sind, sieht der klassische Schamtraum eines Ghanesers so aus, dass er eben seine Herde verliert.[2]

Träumt nun in unserer Kultur ein Kind, es sei kaum bekleidet zwischen angezogenen Leuten herumgelaufen, so muss man genauer hinsehen. Denn das Kind unterscheidet sich in diesem Traum, so viel ist klar. Aber es ist die Art der Unterscheidung, auf die es hier ankommt.

Zum Beispiel könnte das Kind nur einen Lendenschurz tragen. In dem aber steckt womöglich, an einem Riemen hängend, ein Tomahawk. Wo das Kind sich so träumen würde, da könnte es seine Wildheit erfahren, aber es könnte durchaus auch Überlegenheitsgefühle mit sich bringen: Alle anderen sind brav und gut angezogen, ich aber bin ein wilder Krieger, wäre dann die Aussage dieses Traums.

Im schamhaften Nackttraum wird das Kind dagegen eher versuchen, sich zu verhüllen oder zu verbergen. Nichts Stolzes oder Wildes offenbart sich hier, sondern eher eine Art von Ungenügen. Interessanterweise wird aber die Nacktheit im Schamtraum für gewöhnlich von anderen gar nicht wahrgenommen. Die Kinder wie später auch die Erwachsenen laufen zwischen ihnen unbekleidet herum. Aber niemand nimmt Anstoß daran.

Träumt ein Kind solche Träume häufiger und leidet es unter ihnen, so gibt es eine einfache Abhilfe. Zunächst stellen Sie sicher, dass das Kind angenehm bekleidet schläft. Nackt zu schlafen, kann nämlich in den Traum hineinwirken, sodass diese erste Maßnahme schon einmal helfen kann. Dann sollten Sie schauen, ob die Nacktsymbolik für etwas stehen könnte, bei dem das Kind einen Mangel spürt, den aber noch niemand bemerkt hat. Oft betrifft das die Schule – ein Nichtwissen, das möglicherweise peinlich ist, zum Beispiel eine unbemerkt gebliebene Lernlücke, die aber nicht auffallen darf. Haben Sie den möglichen Mangel gefunden, so ist die Abhilfe einfach, und die Träume dürften damit vorbei sein.

Falls das nicht der Fall ist, liegt das Traumthema an einer anderen Stelle. Es besagt dann nicht, dass das Kind nackt ist wie der Kaiser im Märchen, sondern dass es seiner Eigenheit, seiner Besonderheit gewahr wird und sich dieser nicht sicher ist.

Eine Hilfe könnte dann so funktionieren: Spielen Sie mit dem Kind durch, wie es im Traum bekleidet sein möchte. Kinder sagen dann oft, dass sie »ganz normal« gekleidet sein wollen. Das aber sollten Sie nicht so stehen lassen, denn die im Traum erlebte Unterscheidung lässt ja gerade das nicht zu. Das Kind erfährt eine Besonderheit, die ihm als Mangel erscheint – und das erfordert eine Art inneres Spiel. Bitten Sie Ihr Kind daher, sich vier oder fünf »Traumkostüme« zu überlegen. Da sollten ruhig auch ein paar peppigere dabei sein, damit die Erlebnismöglichkeiten weit gesteckt sind. Für ein Mädchen also etwa: ein Prinzessinnengewand, ein Elfenkleid, das Lederkostüm einer Indianerin, der Dress von Wonder Woman und noch etwas richtig Hässliches, etwa Omas alter Blazer mit Bundfaltenhose. Für die Jungen zum Beispiel: ein Königsmantel, eine Polizistenuniform, der Dress von Batman sowie Cowboykleidung. Und auch hier etwas in Kindesaugen krass Unschönes, also etwa Opas karierter Wintermantel. Das sind bloß Vorschläge, und selbstverständlich ist beim Mädchen eine Polizistinnenuniform ebenso möglich wie beim Jungen die Kleidung eines Elfen. Entscheidend sind die Vielfalt und die Besonderheit, wie beim Karneval.

Nun spielen Sie den Traum mit dem Kind in Form von Tagträumen durch. Das Kind erlebt den gleichen Traum, nur ist es nicht nackt, sondern als Prinzessin oder als Batman gekleidet. Das fühlt sich meist ziemlich komisch an, und wenn Sie ein paar imaginative Beispiele durchgespielt haben, fragen Sie am Schluss nach einer Kleidung, in der das Kind sich im Traum richtig cool und wohlfühlen würde. Das ist nach der Reihe von schrägen Kostümen meist etwas Lässiges oder Trendiges, ein Kapuzenpullover mit Game-Logo oder ein T-Shirt mit einem Spruch darauf. Wenn das Kind hiermit nun noch einmal die Traumsequenz durchläuft, wird es gewöhnlich ein entspannteres Gefühl dabei haben. Und gewöhnlich ist es mit den schamhaften Nackttträumen dann auch vorbei.

Schambesetzte Ablösungsprozesse

William G. Niederland, ein deutsch-amerikanischer Analytiker, berichtete in den 1950er-Jahren von der langen Analyse eines Jungen, Johnny. Niederland hatte zuvor seine Mutter analysiert und von ihr gehört, dass

Johnny mitunter von seinen Träumen belastet war. Als Analytiker versuchte Niederland zu helfen.

Niederland berichtet, Johnny habe seine Träume stets freimütig erzählt, sobald er dazu in der Lage war. Nur einmal war das anders. Als der Junge nämlich, mittlerweile vier Jahre alt, von einem kleinen Mann träumte, der einen großen Mann mit einem Stein totschlug. Niederland deutet dies ganz freudianisch als Sichtbarwerden des Ödipuskomplexes. Offenbar stand der kleine Mann für Johnny selbst, der große dagegen für seinen Vater.[3]

Ich möchte offenlassen, ob die Deutung berechtigt ist oder nicht. Man kann sie gewagt finden, und man kann auch überlegen, ob der getötete Mann nicht vielleicht jemand anders gewesen sein könnte, nämlich jemand, den Johnny als überlegen empfand. Und den er gern besiegen wollte. Denn der unterlegene Junge – der *ursprünglich* unterlegene Junge – wird hier wie bei David und Goliath (auch Goliath stirbt durch einen Stein) zum Sieger gegen einen als übermächtig empfundenen Gegner.

Dieser Gegner könnte aber auch jemand ganz anderer sein als Johnnys Vater. Und der Grund für die Scham könnte auch darin liegen, dass Johnny ausgerechnet dem, den er gern besiegen würde, nun seinen Traum davon erzählen muss. Wäre meine Deutung richtig, so hätte Johnnys Scham damit zu tun, dass sein Analytiker merken würde, dass nicht Johnnys Vater, sondern vielmehr *er* da gemeint war.

Über Träume zu sprechen, gibt einem Kind die Gelegenheit, Beziehungsveränderungen auszudrücken, die es direkt und unmittelbar nicht aussprechen würde. Das gilt in Therapien ebenso wie in elterlichen oder anderweitig erzieherischen Belangen. Der Traum funktioniert dann gewissermaßen als die mildernde, in ein Bild gekleidete Botschaft, die so überreicht werden kann, ohne dass es zu schmerzlichen oder peinlichen Offenbarungen kommt.[4]

Lassen Kinderträume eine frühere Sexualisierung erkennen?

Träume kommen nie nur aus dem Inneren, sie interagieren mit der äußeren Welt. Da Träume überdies Stimuli verarbeiten, so lässt sich an kindlichen Träumen oftmals erkennen, wie äußere Phänomene im Kind nachwirken.

Gegenwärtig sind viele Eltern besorgt um das, was mit ihren Kindern geschieht oder geschehen könnte. Ausgehend von dem Sorgenpaket, das die digitale Revolution geschnürt hat, stellen viele zum Beispiel die Frage nach einer verfrühten Sexualisierung der Kindheit, die den Angeboten des Internets geschuldet wäre.

Kritische Erziehungswissenschaftler und Kulturkritikerinnen glauben tatsächlich seit einigen Jahren, eine schleichende Sexualisierung der Kindheit zu beobachten. Damit meinen sie eine Vielzahl von Einzelphänomenen, zum Beispiel den Trend zu bauchfreien Tops bei Mädchen, die Anreicherung der Kindersprache mit sexualisiertem Vokabular sowie die Angebote großer Mode- und Kosmetikhäuser, die Schminksets schon für Grundschulkinder produzieren.[5] Ersichtlich würde die Sexualisierung der Kindheit zum Beispiel in dem Versuch schon kleiner Mädchen, möglichst sexy zu tanzen.

Nadja ist elf Jahre alt, ein etwas frühreif wirkendes Mädchen, das gern vorm Spiegel Rihanna nachahmt und dabei lasziv die Hüften schwingt. Ihre Mutter ist deswegen besorgt, zumal sie dabei Stöhnlaute von sich gibt, die ihr ziemlich eindeutig erscheinen.

Die Freundin, mit der Nadjas Mutter spricht, erkundet behutsam, wie weit möglicherweise die sexuelle Entwicklung Nadjas ihre Posen vorm Spiegel prägt. Dabei zeigt sich etwas Erstaunliches: Nadja scheint tatsächlich keine Ahnung zu haben, wie sie da wirkt. Ein

Traum, den sie der Freundin ihrer Mutter schildert, zeigt das sehr deutlich.

Sie steht darin auf einer Bühne. Unten sind viele Leute, von denen man aber keine Gesichter erkennt. Nadja weiß aber, dass die Leute sie toll finden. Nadja tanzt und singt, dabei wirft sie den Kopf ab und zu nach hinten, wild wie eine Tänzerin aus einer archaischen Welt.

So sähe ein Star aus. Und das sähe auch sexualisiert aus. Wenn da nicht eine Kleinigkeit wäre. Das Mikrofon nämlich, das Nadja bei ihrer Show in der Hand hält, ist ihr alter Teddy. Der kleine braune Bär, den sie als Kuscheltier immer mit ins Bett nimmt. Er steht, könnte man sagen, für die Sehnsucht nach der sich entfernenden Kindheit. Während die Nachahmung von Rihanna eine Rolle erprobt, die für die kommende Entwicklungsstufe Bedeutung haben könnte, aber nicht muss.

Das Beispiel zeigt, wie bei vordergründiger Sexualisierung doch komplexere Inhalte das Traumgeschehen prägen können. Insgesamt erscheint es schwierig zu bestimmen, ob es eine schleichende Sexualisierung der Kindheit tatsächlich gibt. Ganz gewiss gibt es Phänomene, die darauf hindeuten, wie zum Beispiel das Posten von sexualisierten Fotos oft schon in recht jungen Jahren. Es spricht jedoch auch viel gegen eine generelle Sexualisierung, insbesondere weil die wachsende Aufmerksamkeit dafür, dass Kinder vor sexuell aufgeladenen Konfrontationen geschützt werden müssen, stetig wächst.

Was das Erleben der Kinder selbst angeht, so sind ihre Träume ein guter Gradmesser, um zu ermitteln, inwieweit sich die Kinder tatsächlich sexualisiert erleben oder ob sie womöglich reine Rollenimitation betreiben, wenn sie so sexy zu tanzen versuchen.

Als Therapeut, der mit kindlichen Träumen schon sehr lange zu tun hat, würde ich sagen: Mir scheint da kein Trend ersichtlich, der für eine Sexualisierung spräche. Wohl haben sich die Wunscherfüllungen im Traum verlagert, und Träume, in denen Mädchen sich als Tänzerinnen erleben oder als Model über den Catwalk laufen, gibt es natürlich. Andererseits: Auch Jungen träumen tendenziell weniger Träume von Cowboys oder Indianern – Träume, die ich selbst zum Beispiel noch als sehr befriedigend in Erinnerung habe – und mehr davon, in Dschungeln Schätze zu finden oder ein Flugzeug zu steuern. Das dürfte mit dem Wandel der Kulturbebilderung zu tun haben, der sich nicht nur in Fernsehfilmen und Spielzeug, sondern auch in der Werbung und im Computerspiel zeigt.

Ich denke, dass eine wirkliche Sexualisierung immer etwas braucht, was von innen her kommt und also eine tatsächliche Bedürfnislage anzeigt. Bei schlichtem Imitationsverhalten – Jungen versuchen, sich wie Batman zu bewegen, Mädchen tanzen wie Rihanna – ist die Bedürfnislage die, »groß« zu spielen, also die Kinderposition mit angestrebten erwachsenen Mustern anzureichern. Wobei diese erwachsenen Muster dann der Welt des abenteuerlichen und glamourösen Erwachsenseins entnommen werden und sich eher selten an dem freundlichen Verkäufer bei »Saturn« oder der lachenden Bedienung bei »Starbucks« orientieren.

Selbst extreme Träume sind als Schwellenphänomene normal

Vielleicht werden Sie einmal in die Situation kommen, dass Ihr Kind sehr extrem träumt. Nicht wenige Eltern fragen sich dann, ob bei dem Kind möglicherweise eine Störung vorliegt. Das ist aber in den allermeisten Fällen glücklicherweise nicht so.

Denn Träume sind ihrer Natur nach kein Ponyhof. Sie haben einen archaischen Hintergrund, das heißt, sie sind weniger von einem modernen Wellness-Verständnis gespeist als vielmehr zumindest anteilig von dem, was wir aus Mythen, Sagen und Märchen kennen. Darin geht es schon einmal heftiger zur Sache.

Überdies tauchen in unseren Träumen ganz generell Muster von dem auf, was wir unter anderen Umständen als psychisch krank ansehen würden.

Zum Beispiel fanden die Psychoanalytiker Ulrich Moser und Ilka von Zeppelin auch in den Träumen von vollkommen Gesunden Merkmale einer Borderline-Störung.[6] Bei kindlichen Träumen heißt das freilich nicht viel. Denn die Borderline-Störung ist eine sogenannte »Frühstörung«, das heißt, sie wird darauf zurückgeführt, dass eine kindliche Stufe nicht überwunden werden kann und so fixiert bleibt. Dahinter liegt oft der tiefe und unerfüllte Wunsch, nicht verlassen zu werden. Borderlinemerkmale in einem kindlichen Traum wären daher keineswegs unnatürlich, denn hierbei geht es vor allem um die Regulation von Nähe und Abstand, und solche Regulationen begleiten die Kindheit.

Typisch für das, was bei Erwachsenen Borderline-Störung hieße, wäre dabei vor allem die heftige Emotionalität, insbesondere bei Nähe, welche Angst erzeugt und so umso heftiger wieder zurückgewiesen werden muss.

Babette trägt einen Traum mit sich herum, der sie verstört. Sie war mit ihrer Mutter an einem See, an dem sie früher gern die Enten mit altem Brot gefüttert haben. Jetzt ist das verboten. Babette ist deswegen traurig und kuschelt sich an ihre Mutter. Die umarmt sie, doch mit einem Mal überkommt Babette eine Welle von Hass. Sie stößt die Mutter von sich und beschimpft sie.

Traurig geht die Mutter davon. Babette spürt eine schreckliche Leere. Unter verzweifelten »Mama, Mama«-Rufen eilt sie der Mutter nach. Mit wild klopfendem Herzen erwacht sie.

Dass dieser Traum verstört, kann man verstehen. Thematisiert er doch in einer sehr dramatischen Weise den Gegensatz von Autonomiestreben und gleichzeitigem Haltbedürfnis. Diese Gegensätzlichkeit ist für das Kind ausgesprochen belastend und tritt für gewöhnlich kurz vor Beginn der Pubertät in Erscheinung.

Archaische Schwellenträume bei Kindern

Haben Kinder schon ein unbewusstes Wissen? Womöglich sogar eines, das über das, was sie selbst erlebt haben, hinausgeht? Vielleicht. Analytikerinnen und Analytiker aus der Schule C. G. Jungs gingen früh schon davon aus, dass bereits Kinder über ein unbewusstes Wissen verfügen. Sie leiteten dies daraus ab, dass in Träumen mitunter Phänomene vorkommen, von denen die Kinder aus ihrer Lerngeschichte noch nichts wissen können – einfach weil sie diesen Phänomenen noch nicht begegnet sind.

Manchmal zeigen sich auch in einem Schwellenübergang Trauminhalte, die man nur schwer erklären kann und die man trotzdem als bedeutsam erlebt.

Lisa ist zwölf Jahre alt und durchläuft nach dem Umzug ihrer Familie eine depressive Phase. Grund hierfür ist weniger der Umzug an sich – Lisa findet den neuen Wohnort inmitten der Weinberge durchaus schön –, sondern vielmehr der Verlust ihrer besten Freundin. WhatsApp-Kontakte halten nur, wenn man auch gemeinsam etwas erlebt: Diese Erfahrung hat Lisa schon einmal gemacht. Und so ist es für sie jetzt schon Gewissheit, dass sie ihre Freundin verloren hat.

Eines Nachts hat Lisa einen seltsamen Traum. Sie wird von einer Gestalt, die sie nicht erkennen kann – vielleicht ihr Opa? – mit etwas Wasser bespritzt. Dazu sagt eine Stimme: »Cool, Felicitas.« Sie muss im Traum lachen und fühlt sich merkwürdig, als sie erwacht.

Befragt, was sie mit dem Wasserspritzen verbindet, sagt Lisa, das habe ihr Papa früher mit ihr gemacht. Sie hätten beide immer so gelacht dabei. Aber dieser komische Name?

Lisa ist ein cleveres Mädchen. Bei Wikipedia und in einem Namenslexikon findet sie, dass »Felicitas« als Wort »Glück« oder »Seligkeit« heißt, bei Namen aber »die Glückselige« bedeutet.

Der neue Name deutet die Wende an. Und tatsächlich bessert sich Lisas Befinden spürbar, was man vor allem daran merkt, dass sie erstmals seit dem Umzug Verabredungen trifft. Was aber ist von diesem Traum zu halten? Kann man tatsächlich sagen, dass Lisa womöglich ein unbewusstes Wissen über ihre kommende Entwicklung besaß, das hier im Traum emporgespült wurde?

Ich denke, ja. Kommende seelische Entwicklungen werden ziemlich häufig zuerst in Träumen erkennbar. Hier dockt die positive Wende im Traum an frühere gute Erfahrungen an, so als lade sich die belastete Psyche mit altem Erlebnismaterial auf, um daraus positive Energie zu beziehen.

Was aber ist mit dem Namen, mit »Felicitas«? Kann man dem Namen hier wirklich Bedeutung beimessen, oder ist das einer jener merkwürdigen Zufälle, die letzten Endes unerklärlich bleiben?

Mir scheint, es gibt zwei Möglichkeiten, die beide etwas für sich haben. Die eine wäre die, dass Lisa im Traum tatsächlich Zugriff auf ein altes, tiefes Wissen hatte und dass der Name Felicitas von dort her kam. C. G. Jung meinte einmal, dass die archetypischen Inhalte des Unbewussten oft in merkwürdig antiquierter Sprache zu einem sprechen würden. So, als zeige dies allein schon, auf wie alte Quellen hier zurückgegriffen werde. Denkbar wäre, dass die Namensbedeutung, die einem modernen Mädchen ja nicht gleich etwas sagt, so eine Äußerung in alten Sprachfügungen gewesen ist.

Wahrscheinlicher freilich ist doch etwas anderes. Nämlich, dass Lisa die Bedeutung dieses Namens doch unterbewusst gekannt hat. *Unter*bewusst, wohlgemerkt, und nicht unbewusst, nämlich in einer Weise, bei der das beiläufig aufgeschnappte, dann abgesunkene Wissen keine weiten Wege zurücklegen musste, um ins Traumbewusstsein eindringen zu können.

Dass wir etwas nebenher aufschnappen, das dann in andere Bewusstseinsschichten absinkt, kommt oft vor. Songtexte und politische Informationen, Szenesprüche und Wettervoraussagen dringen auf das menschliche Bewusstsein heute in ungewöhnlicher Dichte ein. Nicht alles davon kann bewusst reflektiert werden, ja, es kann nicht einmal alles bewusst registriert werden: Dafür ist die schiere Menge zu groß.

Dennoch sind alle diese Informationen in uns eingedrungen und werden in Anteilen auch aufbewahrt. Dabei kann man sich Gedächtnisse in ihrer Individualität wie unterschiedlich engmaschige Siebe vorstellen. In einem sehr engmaschigen Sieb bleibt viel hängen. Und es werden, unabhängig vom Interesse, auch jede Menge an nebensächlichen, eigentlich langweiligen, ja, nervtötenden Informationen aufbewahrt. Bei einem weitmaschigen Netz dagegen ist der Speichervorrat eher bescheiden; hier spielt dann die individuelle Interessenlage auch eine größere Rolle: Das Interessantere wird leichter erinnert, das weniger Interessante fällt durch die Maschen.

Würden wir Lisa auf ihre Gedächtnisleistung hin untersuchen, so fänden wir, dass das Mädchen ein ungewöhnlich gutes Erinnerungsvermögen hat. Vor diesem Hintergrund ist es ziemlich wahrscheinlich, dass Lisa wusste, was »Felicitas« bedeutet. Auch wenn sie es nicht *bewusst* wusste und also nicht hätte sagen können, dass sie die Bedeutung dieses Namens kannte, so verfügte sie doch mit großer Sicherheit über ein ins Unterbewusste abgesunkenes Wissen hierüber. Ein Wissen, das Lisas Traumkreativität dann verwenden konnte, um die kommende seelische Entwicklung anzudeuten.

Der Traum und die Zukunft

Unbewusstes Potenzial wird oft in Tagträumen zugänglich, die Kinder aber eher selten erzählen. Es kommt jedoch auch vor, dass es in nächtliche Träume einfließt, so wie hier:

Laurent hat sich für das zu interessieren begonnen, was angeblich unbewusst in ihm passiert. Der Zwölfjährige hat immer schon ein reges Interesse an Naturwissenschaften gezeigt. Doch seitdem er in der Vorpubertät ist, scheint das Interesse eher seinem eigenen Innern zu gelten. Mit Leidenschaft protokolliert er, was tagsüber passiert ist, und versucht, seine Träume dahingehend zu beeinflussen, dass sie ihm Auskunft geben über das, was er in dieser oder jener Situation tun sollte.

Laurent ist nicht ganz von allein zu diesen Experimenten gekommen. Er ist seit einem halben Jahr bei einer Psychologin, da er als Schulverweigerer auffiel. Obgleich spät eingeschult, ist er schon einmal sitzen geblieben und geht jetzt mit seinen zwölf Jahren immer noch in die fünfte Klasse. Sein Leistungsprofil ist diffus: Von Sprachen und von Literatur versteht er wenig, und er macht selbst im Deutschen viele Fehler. Dagegen glänzt er in Naturwissenschaft, die in seiner Klassenstufe noch nicht in verschiedenen Fächern, sondern als einheitliches Fachgebiet gelehrt wird. Zum Elternsprechtag kriegt Laurents Vater gesagt, der Junge sei als Naturwissenschaftler Oberstufe, als Sprachschüler dagegen Grundschule.

Kurze Zeit später hat Laurent Probleme bekommen, die erst einmal nur nach körperlichen Beschwerden aussahen. Morgendliche Übelkeit, Würgreiz vorm Spiegel. Dann erwischte ihn ein grippaler Infekt mit solcher Hartnäckigkeit, dass Laurent immer wieder nach kurzen Schulintermezzi daheimbleiben musste, als das Fieber und die Kopfschmerzen wiederkehrten. Als der Infekt abklang, erklärte Laurent, er fühle sich dem Schulbesuch nicht mehr gewachsen. Er habe Angst.

Angst wovor? Das kann Laurent nicht sagen. Die Psychologin, zu der seine Eltern ihn nach längeren Überzeugungsgesprächen bringen, lässt das so stehen. Ihr Interesse gilt zunächst ganz Laurents ungewöhnlichem Begabungsprofil. Dann möchte sie wissen, wie er sich selbst und womöglich seine Zukunft sieht.

Laurent erzählt, dass er manchmal träumt, wie er in einem großen Konzern das Labor leitet. Monitore und anderes technisches Gerät überall. Eine angenehme Stimmung, alle sind an etwas dran. Und dann ruft einer aus: »Laurent, ich hab's gefunden; du hattest recht!«

Ein Wunschtraum? Ja, sicher. Die Frage ist: Können Träume, in denen Kinder von einer gelingenden Zukunft träumen, ihnen helfen? Als Hypnotherapeut, der schon lange mit der Kraft von Imaginationen einer gelingenden Zukunft arbeitet, würde ich sagen: Ja, unbedingt. Zunächst einmal stehen sie oft kompensatorisch zur erlebten realen Welt. Das heißt, wenn wir ein unsportliches Kind vor uns haben, dann träumt es womöglich von sportlichen Erfolgen, die ihm ansonsten verwehrt sind.

Wer vordergründig denkt, sieht hier nur reines Wunschdenken. Doch meist handelt es sich um mehr. Fragt man nämlich beispielsweise das wenig sportliche Kind, ob es glaubt, dass an seinen Träumen etwas dran ist, so steht man oft vor einer erstaunlichen Fähigkeit zur Differenzierung. Das könnte etwa so klingen: »Na ja, ich weiß schon, dass ich in Handball nicht gut bin. Ich bin zu langsam, und wenn ich gefoult werde, weine ich meist. Da träumt man eben, man wäre doch ein toller Handballer …«

Das Kind, das von seinem Traum in dieser Weise spricht, ist sich des Wunschcharakters klar bewusst und glaubt, dass da kein wirkliches Potenzial dahintersteckt. Anders aber zum Beispiel hier: »Ich kann im Traum nie sehen, was das für ein Sport ist, aber ich bin richtig gut darin. Und vielleicht finde ich diese Sportart ja mal.«

Dieses Kind ahnt schon, dass die grobe Unterscheidung sportlich/unsportlich Unsinn ist. Und dass es durchaus Körperbegabungen geben kann, die nicht schulrelevant sind oder in der betreffenden Altersgruppe als uncool gelten. Ob ein Kind später einmal Freeclimberin wird oder Golfprofi, darüber gibt der Sportunterricht keine Auskunft. Der Traum aber kann nahelegen, dass es im Kind noch unerkannte Talente gibt.

12

»Erzähl mir von heute Nacht«: Traumgespräche

Das Erinnern begünstigen

Wenn Kinder kurz nach dem Wachwerden in die Kita oder auch in die Schule müssen, dann ist für die Träume meist kein Platz mehr. Und das ist ganz wörtlich zu nehmen. Das Bewusstsein vermag nur eine begrenzte Menge an Stoff aufzunehmen. Manches erst einmal sehr Interessante lässt es daher in der Versenkung verschwinden, wenn dafür der Raum nicht mehr besteht.

So verschwinden Träume oft kurz nach dem Aufstehen, obschon wir eben noch spürten, dass da etwas Wichtiges war. Wir kommen aus der Dusche, und es ist einfach alles weg. In unserem Bewusstsein ist ein Schalter umgelegt worden, auf dem nun steht: Tagesgeschäft. Bei dessen Bewältigung hindert das Traumgeschehen anscheinend nur. Und also scheinen wir zu vergessen, was sich eben noch so bedeutend anfühlte.

So etwas geschieht in einer durchgetakteten Welt wie der heutigen natürlich schneller als da, wo die Übergänge von der Welt der Träume in die äußere Welt gedehnter sind. Deswegen funktioniert die Traumerinnerung im Urlaub meist leichter, weil es hier nur wenige Taktungen gibt. In der gewöhnlichen Welt des Alltags dagegen sind die Terminpläne von Eltern und Kindern einander oft auf fatale Weise ähnlich. Was beiden nicht guttut.

Um Träume wieder erinnerbar zu machen, ist ein Traumtagebuch eine gute Idee. Man kann seinen Kindern eins schenken und ihnen ein paar Hinweise geben, wie sie ihren Träumen wieder näher kommen und sich besser an sie erinnern.

Traumtagebuch

Viele Kinder führen Tagebuch. Manche tun dies vor allem auf Reisen, um nichts Wichtiges von den Eindrücken, die sie dabei machen, zu vergessen. Wenn Kinder daher beginnen, sich für ihre Träume zu interessieren, ist das Führen eines Traumtagebuchs ganz naheliegend.

Wie macht man das, ein Traumtagebuch führen? Zunächst einmal braucht man die »Hardware«, also ein möglichst schönes Buch mit leeren Seiten. Wissenschaftler und Therapeuten benutzen oft simple Kladden, aber das passt bei Kindern nicht so richtig. Etwas Stil darf ein Traumtagebuch schon haben. Also nimmt man etwas schön Gebundenes, womöglich mit einem Schloss Abschließbares, oder auch die ledernen Büchlein, die man auf Mittelaltermärkten bekommen kann und die oft mit einem Stein verziert und einem Riemen umwunden sind. Traumtagebücher haben mit Fantasie und mit Tiefgründigkeit zu tun, und so dürfen sie auch aussehen.

Nun zu den Träumen selbst. Wir erinnern selten mehr als zwei, drei Träume pro Nacht. Und in den allermeisten Fällen bleibt es bei einem einzigen Traum, bei dem wir froh sein können, wenn er überhaupt komplett erinnert wird. Wer in der Traumerinnerung und im Protokollieren von Träumen nicht geübt ist, wird sich darüber hinaus erst einmal nur an Fetzen erinnern. Also etwa: »… da war irgendwas mit einem weißen Hund. Ich glaube, es war ein Pudel« oder »Wir sind geschwommen, das weiß ich noch, und dann gab es Eis«.

Das sind natürlich keine kompletten Träume. Aber es hilft, auch solche Traumfetzen nicht gering zu schätzen und sie genau so aufzuschreiben. Unbewusst wird dabei nämlich ein Signal gegeben: Die Träume werden ab jetzt gewürdigt und genau wahrgenommen. Wer ein paar Tage Traumfetzen konsequent aufschreibt, bekommt meist in kurzer Zeit größere Traumgeschichten zusammen. Anfangs sind unsere Filter so eingestellt, dass von den Nächten wenig bleibt. Doch mit etwas Übung werden die Filter weiter gestellt. Und es bleibt zumindest ein bisschen übrig.

Und das wird schnell mehr. Die Kinder entwickeln nämlich durch die sinnvolle Disziplin, auch das Zerrissene, Knappe zu würdigen, eine andere Art von Aufmerksamkeit. Es ist ein bisschen wie beim Muschelsuchen am Strand. Wer nur das Perfekte sucht, geht oftmals mit leeren Händen nach Hause. Wer hingegen auch mal eine angebrochene Herzmuschel oder ein beschädigtes Wellhorn mitnimmt, bildet die Wahrnehmung schärfer aus und hat damit größere Chancen, auch heilere Exemplare zu finden.

Das größte zu überwindende Hindernis stellt der Übergang von der Schlaf- zur Wachaufmerksamkeit dar. Üblicherweise verschwinden Träume dabei rasch, so als fielen sie vom Brunnenrand, auf dem wir sie abgelegt haben, zurück in den Brunnen, aus dem sie geschöpft wurden. Hinterherspringen können wir nicht: Die Träume sind dann einfach weg.

Daher braucht man, um Träume sicherer zu behalten, etwas zum Aufschreiben. Und zwar direkt an der Stelle, an der man schläft. Also auf dem Nachttisch zum Beispiel oder in einem Regal, das man, ohne aufstehen zu müssen, leicht erreichen kann. Da der Schalter von der Schlaf- zur Wachaufmerksamkeit sehr leicht umgelegt werden kann, genügen oft schon ein paar Schritte zum Schreibtisch, und der Traum ist verloren.

Kinder fragen gern, ob das nicht gut vermieden werden könnte, wenn man ein Smartphone aktiviert und den Traum dann mittels der Diktierfunktion einspricht. Das kann klappen – *kann* wohlgemerkt. Wer mit dem Gerät gut vertraut ist, der kann das hinkriegen. Wenn die Aktivierung aber dauert, kommt wieder zu viel Tagwahrnehmung ins Spiel. Und der Traum fällt in den Brunnen zurück.

In jedem Fall, ob diktiert oder notiert, ist eines wichtig: Den Traum nämlich so aufzuschreiben, dass er später noch gelesen werden kann. Das Traumtagebuch erfüllt ja eine ganze Reihe von Funktionen. Und es ist manchmal toll und sehr hilfreich, Träume vom vergangenen Jahr noch einmal anschauen zu können.

»Ich habe dich nie richtig scheiße gefunden, weißt du.«

Jenny spricht mit ihrer Freundin, mit der sie sich vor eineinhalb Jahren schlimm verkracht hatte. Damals war Jenny überzeugt davon gewesen, dass ihre Freundin eine superprivate Information – nämlich, dass Jenny verliebt war – weitergegeben hätte. Das hat sich nun als falsch herausgestellt.

Jenny hat in der Zeit ihres Bruchs manchmal sehr traurige Momente gehabt, in denen sie die verlorene Freundschaft beweinte. Das ge-

schah besonders, wenn Jenny davon träumte, wie sie und die frühere Freundin als Kinder schaukeln gingen, später heimlich Cola tranken und vorm Spiegel miteinander Moves probierten. Die Träume pickten dann aus der gemeinsamen Zeit einzelne Szenen heraus, manche aus der Grundschulzeit, manche schon aus der Zeit auf der Gesamtschule.

Auffallend ist: Es waren immer schöne Träume. Das hat Jenny damals furchtbar wehmütig gemacht, und sie hat sich gefragt, warum sie so etwas träumen kann, wo sie doch so treulos behandelt worden ist. Jetzt aber sehen diese Träume für Jenny ganz anders aus. So, als hätte sie damals noch eine andere Wahrnehmung gehabt, die die Freundin nicht völlig abschrieb.

Schlafforscher sagen, dass es sehr lange dauere, bis Veränderungen in das Traumleben eingehen. Das scheint mir nur die halbe Wahrheit zu sein und überdies auch nicht ausreichend, um manche emotional durchgehaltene Treue zu einem scheinbar verlorenen Menschen zu erklären. Gewiss, hier sind überdies Wünsche im Spiel. Aber manchmal eben auch Erkenntnisse, die der Traum gewissermaßen komplementär zum Wachbewusstsein hervorbringt.

Tagträume

»Hey Vivien. Hey, halloho … Vivien …«

Aber Vivien hört nicht, dass jemand sie anspricht. Ihr Vater, zunehmend frustriert, steht auf und geht ins Nebenzimmer. Ob seine Tochter schon den ganzen Tag so komisch ist?

Seine Frau muss lachen, als er von seiner Frustration erzählt. Nein, nein, das Kind ist nicht komisch geworden. Vivien versucht nur, einen

Traum wiederzufinden. Sie weiß ganz genau, dass sie letzte Nacht etwas Wunderschönes geträumt hat. Und dann war es mit einem Mal weg.

Das kennen Erwachsene auch. Dass da eben noch ein Traum war, der uns gefiel oder unsagbar wichtig erschien. Wir waren sicher, ihn behalten zu können. Und dann – war da nichts mehr …

Vivien benutzt die Methode des Tagträumens, um ihre Traumerinnerung wiederzufinden. Das ist die beste Methode, die man hier verwenden kann, denn das Grübeln und analytische Herumsuchen bewirken hinsichtlich der Traumerinnerung schlicht gar nichts. Überdies ist der Tagtraum mit dem nächtlichen Traum über eine innere Brücke verbunden. Diese Brücke ist die Imagination.

Der Tagtraum ist so etwas wie eine kindliche Kernkompetenz. Allerdings muss es der freie, der vom Kind selbst ausgehende Tagtraum sein. Die »Traumreise«, wie sie Kinder in Kita und Grundschule kennenlernen, ist zwar eine schöne Erfahrung, doch ist sie natürlich etwas Vorgegebenes und damit nichts, was aus der kindlichen Psyche selbst käme.

Auf den ersten Blick ist der Unterschied zwischen Tagtraum und Nachttraum ganz einfach. Ersteren können wir steuern, letzteren nicht. Aber ganz so einfach ist es nicht. Denn Tagträume lassen sich zwar steuern, aber dafür müssen sie erst einmal beginnen, und das geschieht gewöhnlich ohne vorherige Absicht. Und anders herum kann man auch Nachtträume, wie eben gesehen, mitunter durchaus steuern, wenn man weiß, wie.

Falk wusste nicht, wann es begonnen hatte. Aber er merkte, dass er Gefallen an seiner Reise fand. Er war nämlich, auf der Bettkante sitzend und mit dem Blick auf der Weltkarte, die an der gegenüberliegenden Wand hing, plötzlich in einer orientalischen Umgebung gelandet. Nicht richtig gelandet, natürlich nicht. Das Geld für den Flug hätte er ja niemals aufbringen können. Aber so, wie er da träumte, war er eben doch da.

Ihm war warm. Wohlig warm. Seine Alltagskleidung hatte er längst mit einem Burnus vertauscht, mit dem er übrigens auch nicht weiter auffiel, was angenehm war. Die Einheimischen grüßten ihn und er grüßte zurück. Trank Wasser an einem Brunnen, das köstlich war. Saugte trotz seiner zehn Jahre an einer Wasserpfeife und lachte mit den Leuten über einen Affen, der mit Datteln warf. Dann machte er sich auf, um eine lange Flinte zu erwerben und einen Krummsäbel. Denn er war hier, um Räubern in der nahe gelegenen Wüste das Handwerk zu legen.

Falk ist ein Junge, der öfter in Welten eintaucht, die anders sind als das Leben im Einfamilienhaus in der Vorstadtsiedlung. Spannender. Exotischer. Abenteuerlicher. Seinen Eltern macht das Sorgen. Ist er nicht zu oft weggetreten, um im realen Leben bestehen zu können? Mit dieser Frage kommen sie in die psychotherapeutische Praxis, um einer Klärung vielleicht näher zu kommen.

Tagträume haben nicht den besten Ruf. Verträumt zu sein, das hatte in den Ohren mancher Erwachsener schon immer etwas Weltfremdes. Und wer möchte schon ein weltfremdes, lebensuntüchtiges Kind? Aber so ist es ja auch nicht. Den Begriff »lebensuntüchtig« sollten wir ohnehin verbannen, denn auf irgendeine Weise tüchtig ist jedes Kind, auch wenn man das nicht immer sofort sieht. Und was den Begriff der »Weltfremdheit« angeht, so müssten wir vielleicht sagen: Wer der einen Welt fremd ist, der ist unter Umständen mit einer anderen Welt sehr vertraut. Das kann auch eine Begabung sein.

Allerdings erleben wir das träumende Kind als irgendwie »weg«. Und in früheren Generationen wurde sehr darauf geachtet, dass diese Zustände nicht andauerten. »Träumerle!«, rief dann immer irgendwer und wischte dem Kind mit der Hand vor den Augen herum. Das wirkte natürlich, denn das Kind kehrte wieder in die Außenaufmerksamkeit zurück. Aber wer genau hinsah, konnte merken, dass das Kind seltsam verstimmt blieb, so als habe man ihm etwas genommen.

Paradoxerweise lernen Kinder später, in der Kita oder in der Grundschule, wieder an Traum- oder Fantasiereisen teilzunehmen. Etwas, was sie eigentlich können – oder eben schon gekonnt haben. Nur dass es zuvor freier geschah und selbst geleitet. Während die geführte Traumreise der kindlichen Fantasie eine Richtung vorgibt, ist das Tagträumen des Kindes ja auch Ausdruck von Sehnsüchten und Hoffnungen, von selbst gefundenen Bildern und kindlicher Poesie.

Eine kleine, weniger bekannte Arbeit Sigmund Freuds erschien im Jahr 1908 unter dem Titel »Der Dichter und das Phantasieren«. Freud sagt in dieser Arbeit, dass der Ursprung aller dichterischen Fantasie stets beim Kind liege. Dabei kommt er kurz auf den Tagtraum zu sprechen und sagt dazu Folgendes: Das Dichterische hat mit dem Tagtraum insofern zu tun, als beide aus derselben Quelle kommen, nämlich der kindlichen Einbildungskraft.

Es gibt jedoch, so Freud, einen gravierenden Unterschied. Tagträume sind dem Kind eher peinlich, während es Ansätze dichterischer Tätigkeit für gewöhnlich gern präsentieren wird.[1] Hieran hat sich bis heute nicht viel geändert. In seinen Tagträumen überhöht das Kind sich nämlich mitunter, es kämpft wie Batman oder ist stark wie Wonder Woman. Auch gehört es manchmal zu anderen Gruppen oder Familien, ist eins von den »Wilden Hühnern« oder lebt in der magischen Welt von Hogwarts. Wenn davon erzählt wird, dann meist mit einem schamvollen Unterton.

Tagträume helfen bei der Selbstregulation

Durch die Verbindung des »Träumerletums« mit AD(H)S haben Tagträume in unserer Zeit eine noch negativere Zuschreibung bekommen. Überdies bringt die Frühförderung mit ihrer Betonung rationaler und kognitiver Faktoren die Gefahr mit sich, Kinder frühzeitig zu verengen und ihnen das freie Träumen als Basis aller Kreativität eher abzutrainieren.[2] Dagegen lässt sich früh schon ein familiärer Schutzraum erzeugen, in dem auch tagsüber geträumt werden darf.

Denn der Tagtraum ist ja in erster Linie eine kindliche Ressource. Das aus sich selbst heraus träumende Kind folgt zunächst mal seinem Eigensinn und nicht dem, was von außen her kommt. Das ist eine entscheidende Voraussetzung echter Kreativität.[3] Und überdies dient das aus dem eigenen Inneren kommende Tagträumen auch der Selbstregulation des Kindes, das zu sich selbst finden muss.

Der amerikanische Hypnotherapeut Ernest Rossi hat das Modell der sogenannten »ultradianen Rhythmen« entwickelt. Nach diesem Modell verändert sich die Richtung unserer Aufmerksamkeit etwa alle 90 bis 120 Minuten, und wir bekommen das Bedürfnis, uns eher nach innen zu wenden, zu träumen oder zu dösen.[4] Wir haben ja schon gesehen, dass da, wo wir das Tagträumen des Kindes stören, seine ureigene Biorhythmik gestört wird und es im wahrsten Sinn des Wortes »außer sich« gerät.

Je aufmerksamer Kinder dagegen mit ihren Träumen umgehen dürfen – den nächtlichen ebenso wie den Tagträumen –, desto tiefer wird das Gefühl für ihre schlummernden Potenziale und Ressourcen. Und Träume können großartige Ressourcen bereithalten, ja, sie eignen sich auch zur Selbsthilfe, wie das folgende Beispiel zeigt.

Eliot ist zehn Jahre alt und geht seit dem Sommer auf das Gymnasium. Ursprünglich kam er als sogenanntes »Kopfschmerzkind« zu mir, als eins von jenen Kindern also, die plötzlich wie aus heiterem Himmel starke, oft wiederkehrende Kopfschmerzen entwickeln.

Ich habe als Schmerztherapeut beobachtet, dass diese Schmerzschübe, die es erst seit ungefähr zwei Jahrzehnten gehäuft gibt, sehr häufig nach Schulwechseln, insbesondere kurz nach dem Wechsel auf die höhere Schule, eintreten. Bis vor wenigen Jahren noch konnte, wer einen alten Kinderarzt auf das Phänomen »Kinderkopfschmerz« ansprach, mit einem skeptischen Blick rechnen. Kinder, so hätte der ältere Kliniker gesagt, haben für gewöhnlich selten Kopfschmerzen. Der typische Schmerz eines Kindes ist der Bauchschmerz. Wer Kinder kennt, der weiß: Alle Gefühle schlagen sofort auf den Bauch, und je jünger das Kind, desto mehr drückt sich das, was es erlebt, in seinem Bauch aus.

Heute leiden Schätzungen zufolge 20 Prozent aller Schulkinder unter Kopfschmerzen. Solche Entwicklungen lösen Alarm aus. Zu Recht. Allerdings geht der Alarm mitunter in die falsche Richtung. Denn ganz dem Modell der gesellschaftsrelevanten Erkrankung entsprechend, werden die betroffenen Kinder und Jugendlichen einer aufwendigen Diagnostik unterzogen und vielfältig behandelt. Die Psychologin Hanne Seemann hat für die vom Kopfschmerz betroffenen Kinder ein Behandlungsmodell entwickelt. Es basiert auf der Erkenntnis, dass die Anzahl von zu verarbeitenden Daten für Kinder ein gewaltiges Ausmaß erreicht hat. Diesem Datenansturm vermag der bewusste Wille sich nur selten zu entziehen. Er sieht eher zu, dass er Schritt hält und den Anschluss nicht verpasst. Wenn aber dabei nun die zu verarbeitende Fülle kritische Grenzen überschreitet, so ist es möglich, dass der Organismus selbst eine Notbremse zieht und den weiteren Eingang von Daten durch den Schmerzschub verweigert.[5]

Ich frage Eliot, ob er auch in seinen Träumen Schmerzen empfindet. Der Junge ist erstaunt, dann denkt er nach. Nein, sagt er, sichtlich beeindruckt von der Erkenntnis, seine Träume sind schmerzfrei.

»Sehr schön«, stelle ich fest, »es gibt also einen Ort, an den die Schmerzen nicht hinkönnen.«

Eliot nickt, ein leichtes Grinsen zeigt sich auf seinem Gesicht.

Wenn ein Kind merkt, dass sein Leiden in die Welt der Träume nicht hineinzukommen vermag, ist es oft positiv von sich selbst überrascht. Es beginnt zu ahnen, dass das eigene Innere ein Zufluchtsort vor äußeren Druckmechanismen sein kann. Dies kann der Ausgangspunkt sein, um die Fähigkeit zum Tagträumen zu kultivieren und so für das Kind erfahrbar zu machen, dass es mentale Stärken besitzt, die nur ihm gehören.

»Erzähl mir deinen Lieblingstraum«

Einander die Lieblingsfilme oder Lieblingsserien, die Lieblingsbücher oder Lieblingsspeisen mitzuteilen, ist etwas ganz Normales. Man zeigt sich dabei und lernt die anderen kennen. Aus den hieraus entstehenden Gesprächen erwachsen neue Wahrnehmungen, kommen unerwartete Nähe und mitunter notwendige Grenzziehungen zustande.

Warum einander nicht auch die Lieblingsträume erzählen? Sie unterscheiden sich von all den anderen Lieblingsdingen, die wir einander mitteilen, nur dadurch, dass sie nicht von außen zu uns kommen, sondern Hervorbringungen unserer eigenen Psyche sind.

Hannah liebt nichts mehr, als im Traum über ihre Heimatstadt zu fliegen. Von oben sehen die Kaufhäuser und die Parkplätze, die Kirchen und die Burger-Filialen so süß und klein aus. Und sogar die Schule, die Hannah nicht besonders liebt, hat von oben etwas Erträgliches.

Hannahs älterer Bruder hat sich nur widerwillig an dem Lieblingsträume-Spiel beteiligt. Seinen absoluten Lieblingstraum wird er da auch ganz bestimmt nicht erzählen, der gehört ihm allein. Aber Robin kann sich an einen früheren Lieblingstraum erinnern, und der ging so: Robin balanciert über ein Brückengeländer. Die Brücke führt über eine Eisenbahnstrecke, die gibt es dort, wo Robins Familie wohnt, tatsächlich.

In Robins Traum mimt er einen Akrobaten. Macht Überschläge auf dem Geländer wie eine animierte Figur aus Matrix. Und es ist einfach nur cool.

Jetzt ist Maximilian an der Reihe, der Älteste, den Robins und Hannahs Vater aus einer früheren Beziehung mit in die Patchwork-

familie gebracht hat. Max ist ein cooler 19-Jähriger, der mitspielt, weil ihm klar ist, dass dies Spiel irgendwie auch ein bisschen ernst ist und alle sich dabei besser kennenlernen.

Max könnte jetzt seinen Dschungeltraum erzählen, in dem er wie Indiana Jones auf der Suche nach etwas ist, von dem er aber nicht weiß, was es ist. Der Traum hat etwas Mysteriöses, eine diffuse Spannung und auch etwas Unheimliches. Das schätzt Max – aber er ahnt auch, wie dieser Traum bei Hannah ankäme. Also berichtet Max von einem anderen Traum. In dem geht es auch filmisch zu, aber so, dass Hannah das besser verpacken kann. Max erinnert sich nämlich, wie gern er in einem Traum der Frontman einer Deutschrockband war. Und wie er die Texte einfach so sang, wie sie ihm in den Mund kamen, ohne dass es diese Texte je vorher gegeben hätte. Nur dass es deutsche Texte waren, das weiß Max noch.

Bekommt man nicht deutlich den Eindruck, dass alle drei Geschwister im Kern Wunschträume erzählen? Das hat etwas Verschwörerisches und verbindet. Leider macht Papa nicht mit. Keins der Kinder bzw. Jugendlichen hätte erwartet, dass er sich so anstellt. Er behauptet einfach, er hätte keinen Lieblingstraum, einfach weil er so selten träumt. Aber so wollen ihn die Kinder nicht davonkommen lassen. Wenn alle sich zeigen, dann muss Papa das auch tun. Warum nicht einen Traum von früher erzählen?

Träumen als Kommunikation

Sein Stiefpapa schläft immer auf dem Bauch, Mama auf der Seite. Die kleine Schwester durchwühlt ihre Decken wie ein Maulwurf die Erde. Und der ältere Bruder schnarcht, wenn er erkältet ist. Lenni selbst würde gern wissen, wie er denn wohl aussieht, wenn er schläft. Früher hat er immer einen Zipfel vom Kopfkissen im Mund gehabt, wenn er einschlief.

Lenni fragt sich, ob man nicht öfter über so etwas reden könnte. Er findet das interessant. Man sieht mal etwas, wovon man sonst nichts erfährt. Und es gäbe durchaus noch ein paar Dinge mehr, die er gern wüsste. Wovon sein älterer Bruder träumt, wenn er nachts lachen muss, zum Beispiel. Und ob sein Stiefvater auch manchmal Albträume hat, in denen er durch eine Prüfung fällt.

Träume sind nicht nur unsere private, oft intime Angelegenheit. Träume sagen auch etwas über unser Miteinander aus. Insofern sind sie auch kommunikative Prozesse. Verena Kast hat das so ausgedrückt, dass Träume »zwischen den Menschen geträumt« werden.[6]
Genauer gesagt: Träume haben zwei kommunikative Richtungen. Die eine verläuft innerhalb der Person, in diesem Fall des Kindes. Manches, was das Kind träumt, träumt es nur für sich selbst. Geheime Wunscherfüllungen, kleine oder größere Regelübertretungen – dies alles geht nur das träumende Kind selbst etwas an, dessen Unbewusstes ihm Erfahrungen sendet, die ihm sonst nicht zur Verfügung stehen.

Die andere kommunikative Richtung betrifft das soziale Miteinander. Wenn ein Kind zum Beispiel träumt, dass seine Mutter oder sein Vater plötzlich ganz anders sind, dann geht das die Beziehung etwas an.

»Mama, kannst du auch ein Bär sein?«

Die Frage klang witzig, aber Taras Gesicht blieb ganz ernst. Also hat die Mutter wahrheitsgemäß gesagt, dass sie nie im Leben ein Bär gewesen ist und auch keiner sein wird.

»Wirklich?«

Ja, wirklich.

Die Mutter kennt den Hintergrund der Frage. Am Sonntagnachmittag hat die Familie »Merida, Legende der Highlands« gesehen. In diesem Disney-Film verwandelt sich die Mutter der kleinen Heldin tatsächlich in eine Bärin.

Warum aber dieser Ernst? Im Gespräch, in dem Taras Mutter herauszufinden versucht, was Tara denn mit einer Bärin verbände, zeigt sich, dass Taras Frage eher meint: Mama, kannst du auch fremd, wild und bedrohlich werden? Als dies offen auf dem Tisch liegt, beginnt Tara sich zu entspannen. Und alle am Tisch setzen sich mit der Frage auseinander, was einen fremd und bedrohlich machen kann. Und warum.

Träume malen oder erzählen?

Es gibt einen engen Zusammenhang zwischen Traum und Erzählung. Träume, obschon oft von beeindruckender Bildhaftigkeit, bedürfen geradezu des Erzählens. Weil nämlich wesentliche Bestandteile eines Traums sich nicht in Bilder umsetzen lassen.

Das betrifft vor allem das innere Erleben des Protagonisten im Traum. In der Regel erleben wir uns da ganz klar als »uns«, das heißt, der Traum zieht keine Grenze zwischen dem, der ich in der Tagwelt, und dem, der ich in der nächtlichen Welt bin. Würde man nun das, was wir im Traum erleben, in Bilder umsetzen, so sähe man oft ein faszinierendes Geschehen. Was dabei aber auf der Strecke bliebe, wäre das innere Erleben.

Therapeutinnen und Analytiker haben eine reiche Erfahrung darin, Träume zum Beispiel malen zu lassen. Das kann mitunter helfen, wenn nämlich auf einem Bild die Bezüge und die Größenverhältnisse sichtbar werden, die den Traum mitbestimmt haben.

Arlena, elf Jahre, berichtet von einem miesen Traum, den sie vergangene Nacht hatte. Noch jetzt schüttelt sie sich, wenn sie daran denkt. Da war so ein Monster, und das ging nicht weg und wollte irgendetwas von ihr. Immer wenn Arlena sich bewegte, bewegte es sich auch. Es war furchtbar.

Arlena hat ihren Traum beim Frühstück erzählt. Da bis zur Schule noch etwas Zeit ist, fragt ihre Mutter, wie das denn ausgesehen hätte, dieses Monster. Arlena sucht sich einen Stift und zeichnet. Es zeigt sich, dass das Monster anscheinend einem Bären ähnelt. Einem sehr kleinen Bären allerdings, wie deutlich wird, als Arlenas Bruder vorschlägt, sie solle sich selbst doch auch mal mit in das Bild hineinmalen.

»Das ist ja voll süß!«, entfährt es ihrer kleinen Schwester. »Das hätte ich auch gern mal in meinen Träumen.«

Arlena sieht sie verärgert an.

Manchmal hilft es Kindern, wenn sie etwas anscheinend Furchterregendes für sich selbst klein und schwächlich imaginieren können. Aber das klappt nicht immer. Die Spinnen, Mäuse und Ratten, vor denen manche Menschen sich fürchten, sind ja auch keine Giganten. Und sie lösen auch weniger reale Angst aus, wie sie etwa ein Kampfhund auslösen könnte. Sondern eher eine Mischung aus Angstfantasie, Ekel und Grauen. »Wenn ich mir nur vorstelle, sie könnte über mich laufen«, sagt zum Beispiel eine Spinnenphobikerin, während ihr Gesicht das reine Entsetzen spiegelt.

Auch Arlena lässt eher Ekel und eine Art von Grauen erkennen. Was ist das, eine beginnende Phobie? Bisher hat Arlena nichts dergleichen erkennen lassen. Oder symbolisiert das kleine, ihr widerliche Monster doch etwas?

Mitunter sind Kinderträume von Monstern bevölkert, die keiner Spezies klar zuzuordnen sind, aber möglicherweise doch etwas Konkretes repräsentieren; sie geben dann wieder, wie ein fremdes, wildes Tier in seiner Bedrohlichkeit aus kindlicher Perspektive erscheint. Es gibt aber auch noch eine andere Möglichkeit. Und zwar die, dass das seltsame Wesen eine unbestimmte Angst ausdrückt.

»Sag mal, Arlena: Hast du vor irgendwas sonst Angst?«

Die Mutter kennt ihre Tochter. So leicht ist sie normalerweise nicht zu beeindrucken. Da muss etwas anderes, etwas Besonderes dahinterstecken.

Arlenas Mutter ist auf dem richtigen Weg. Und es wäre gut, wenn sie ihre Tochter nun etwas freier erzählen ließe. Vielleicht geschähe dann etwas Ähnliches wie im folgenden Beispiel, in dem es um den Traum von einem Lehrer geht:

»Heute habe ich Herrn Braun gesagt, wie sehr ich ihn verachte.«

Eine tiefe Befriedigung klingt darin mit, als Ilka den Satz ausspricht, während sie eine WhatsApp-Nachricht beantwortet. Als sie aufblickt, ist sie erstaunt über die erschrockenen Blicke, denen sie begegnet.

»Aber Herr Braun ist doch ganz nett …«

Beide Eltern kennen den Klassenlehrer der 13-jährigen Ilka als korrekt, aber warmherzig. Mit einem leichten Kopfschütteln geht er mitunter über das hinweg, was eben noch als Problem im Raum stand: fehlende Hausaufgaben, zu spätes Erscheinen im Unterricht. Da könnte man am Elternsprechtag schon sehr viel schlimmere Dinge zu hören bekommen als so etwas …

»Ich habe ihm gesagt, dass er ein Schleimer ist. Und dass man an seiner verkrampften Art merkt, dass er uns nicht so mag, wie er tut.«

Ilka ist selbst erstaunt von der Heftigkeit, mit der sie ihr Urteil fällt. Das Gefühl aus dem Traum ist sehr stark, und es ist ihr, als sei etwas offen ausgesprochen worden, was die ganze Zeit über schon da war. Nur eben versteckt, auch wohl vor sich selbst.

Kann man hier von einer Traumerkenntnis sprechen? Vielleicht nicht ganz, aber zumindest von einem zuvor verborgenen Gefühl, das nach oben gekommen ist. Und es ist nicht durch den Traum nach oben gekommen, sondern durch das *Erzählen* des Traums.

Manchmal passen Inhalt und Gefühl in einem Traum anscheinend nicht zueinander. Der simple Vorgartenzwerg löst ein Gefühl des Schreckens aus, ein Hausbrand lässt das Kind gleichgültig, und bei einem Überfall auf der Straße hat das Kind keine Angst, sondern zeigt sich eher neugierig. Dabei spielt dann die Erkundung der Traumgefühle eine entscheidende Rolle. Ja, meist sind diese Gefühle der Wegweiser, der uns helfen kann zu ergründen, was es mit dem Traum denn auf sich hat.

Träume aber muss man, um ihren Gefühlstiefen auf den Grund zu gehen, eben auch erzählen – oder zumindest fragend erkunden. Die Gefühle, die das träumende Kind hat, würden in einer rein visuellen Darstellung eher untergehen. Wenn aber die Stimme im Erzählen bricht oder sich hebt, wenn das Kind laut wird oder seltsam leise, dann kommt durch, was es eigentlich unterschwellig beschäftigt.

Die Märchenerzähler-Familie

Eine entspannte und fantasievolle Möglichkeit, Träume mitzuteilen, ist, sie als Märchen zu erzählen. Hierbei werden die Träume zugleich zu Geschichten, was bedeutet, dass man sie variieren kann. Sie bekommen aber auch etwas Entrücktes, was das Verarbeiten angsterzeugender Inhalte erleichtert.

»Und dann flog ich über unser Haus und über die Schule. Da haben alle zu mir nach oben geguckt.«

Lachen am Frühstückstisch, als Urs seinen Traum erzählt. Auftrumpfend ist sein Ton gewesen, und mit großer Befriedigung beißt er nun in seinen Toast. Dann wird er nachdenklich:

»Scheiße, heute ist Mathetest …«

Das knappe Nacheinander des Triumphgefühls beim Fliegen einerseits und der Erkenntnis, dass da noch eine sehr reale Herausforderung auf Urs wartet, kann stutzig machen. Denn bei näherem Hinsehen verrät der schöne Traum vom Fliegen ja auch ein Bedürfnis nach Losgelöstheit und Bewunderung. Und beides kann die Realität heute Urs leider nicht bieten.

Aber freundliche Ermunterung und Halt vielleicht schon. Dem Traum vom Fliegen steht ja oft die Angst, zu fallen, gegenüber. Und wenn Kinder in Träumen fallen, dann kann es sehr gut sein, dass sie sich im übertragenen Sinn vorm Fallengelassen-Werden fürchten.[7]

Andersherum: Fliegen kann ja auch davonfliegen sein. Jemand »hebt ab«, sagen wir, wenn wir finden, seine Wünsche oder seine Selbsteinschätzung seien übersteigert und es fehle an »Boden unter den Füßen«. Überdies kann der Wind einen mit sich nehmen, und, und, und …[8] Was kann die Familie hier also tun, um Urs zugleich ein sicheres Landen zu ermöglichen und ihn doch ein bisschen schweben zu lassen?

»Einfache Sache«, meint der Vater. »Du hast doch gelernt. Machst du den Test eben in der Luft.«

»Ja, klar«, fällt Urs' Mutter ein, »und im Übrigen weiß man ja, dass man aus der Ferne seine Aufgaben klarer erkennt.«

Lachen am Tisch. Ersichtlich wird, dass Urs sich vor dem Test nicht fürchtet. Aber er steht seinem Lebensgefühl im Weg. Alles so unabenteuerlich und ohne richtige Freude.

»Ich habe mir das früher immer so gedacht«, sagt Urs' Mutter jetzt, »in der Schule, da muss ich möglichst gut sein, damit keiner merkt, wer ich eigentlich bin. Das wusste nämlich nur ich, dass ich durch die Luft fliegen und nachts mit den Eulen schreien konnte. Das habe ich auch nicht erzählt. Nur jetzt, da fällt es mir plötzlich wieder ein …«

»Mama, du kannst auch … – oh Mann!«

Jetzt muss Urs lachen. Okay, der Test dauert ja auch nur eine Stunde. Dann aber – Flugstunde. Und er lacht noch einmal, als er sich die Zähne putzen geht.

Einander Märchenträume zu erzählen oder sie gemeinsam zu variieren, ist nicht nur ein schönes Ritual. Es hilft auch, eine Veränderung im Intelligenzprofil Jugendlicher auszugleichen, wie von den amerikanischen Intelligenzforschern Kathy Davis und Howard Gardner erkannt wurde.[9] Ihre große Studie über die Veränderungen im Intelligenzprofil junger Menschen zeigte, dass die Fähigkeit zu gutem und variantenreichem Erzählen heute deutlich nachgelassen hat. Auf der anderen Seite zeigt sich, dass die Fähigkeit zur bildnerischen Darstellung immens gewachsen ist. Eine nachvollziehbare Erklärung wäre die, dass im Internet die visuelle Darstellung deutlich mehr zählt als das erzählerische Vermögen.

Wenn Kinder unerfreuliche Träume erzählen – es müssen nicht gleich Albträume sein –, dann erlaubt die Verbindung von Traum und Märchen einen Zugang, der leichter handhabbar ist als die Deutung.

»Dann habe ich mich zwischen den Blättern versteckt. Und gehofft, dass sie mich nicht finden.«

Räuber waren im Traum des fünfjährigen Bastian hinter ihm her. Sie waren mit Säcken unterwegs wie manchmal die Panzerknacker, die Sebastian aus den Walt-Disney-Taschenbüchern seiner Eltern kennt. Erst haben sie die Kita geplündert, und dann wollten sie an die

Kinder ran. Da hat Bastian nach einem Versteck gesucht. Und unter zwei großen Bäumen eines gefunden.

Das klingt zunächst mal nach einem jener evolutionär bedeutsamen Flucht- und Versteckträume, wie sie gerade kleinere Kinder öfter haben. Bastian hat auch alles ganz prima gemacht und sich so versteckt und getarnt, wie ein kleines Tier im Wald das wohl täte. Jedoch – ängstlich ist Bastian immer noch.

Was können die Eltern tun? Mit dem Hinweis auf evolutionäres Erbe kann Bastian nichts anfangen. Ihn analytisch zu befragen, vor wem er denn wohl tatsächlich Angst haben könnte und vor wem oder was er sich verstecken müsste, wird bei einem Fünfjährigen wohl kaum von Erfolg gekrönt sein. Nicht, weil ihm da keiner einfallen würde, sondern weil er zwischen dem, was er erzählen könnte, und dem Traum keinen Zusammenhang herzustellen wüsste. Was bleibt?

Die Eltern entscheiden sich für eine Variante der Märchen-Methode. Zunächst erzählt die Mutter die Geschichte genauso, wie sie sie von Bastian gehört hat. Hat sie seinen Traum so richtig erzählt? Bastian nickt.

»Und jetzt«, beginnt sie den zweiten Teil dieser Traum-Praxis, »erzählen wir diesen Traum zu Ende.«

Bastian hört nun gebannt zu, wie er – die Mutter spricht von ihm in der dritten Person, so als erzähle sie wirklich eine Geschichte über jemand anderen – diesen Traum zu Ende träumen könnte.

»Bastian hatte sich gut unter großen Mengen Laub versteckt. Da stank es natürlich ein bisschen. Und manchmal liefen Bastian ein paar Käfer übers Gesicht. Die waren aber eigentlich ganz nett.«

Er könnte nun sagen, dass ihm noch nie irgendwelche Käfer übers Gesicht gekrabbelt sind. Aber das tut Bastian nicht. Er will wissen, wie es weitergeht.

»Da kommt nämlich plötzlich«, erzählt die Mutter, »ein Hund vorüber, der schnüffelt und mit der Schnauze im Laub wühlt. Das muss Wölfchen sein, der Hund der Kita-Leiterin, den alle lieben. Nicht gut, gar nicht gut. Bastian wird entdeckt werden. Aber nein, ein Glück! Der Hund macht sich davon.

Da! Die Räuber haben den Hund gesichtet. Hunde klauen sie auch, deswegen rennen sie hinter dem armen Tier her. Wölfchen bellt angstvoll, und Bastian, der den Hund gern hat, springt aus seinem Versteck. Sie dürfen Wölfchen doch nichts tun!

Bastian weiß, was er tun muss. Eben noch der Gejagte, setzt er nun Wölfchen und den Räubern nach. ›Folgt mir!‹, brüllt er. Und weiß eigentlich gar nicht, ob ihn überhaupt jemand hört.

›Folgt mir, folgt mir! Zu Hilfe, alle herbei! Hier werden Kinder gestohlen! Hier werden Kinder gestohlen!‹«

Der Junge am Tisch folgt gebannt der Erzählung. Das ist schon etwas anderes, als verängstigt unter altem Laub zu liegen. Nebenbei – er hat sogar gehört, dass er da etwas richtig macht. Wenn man als Kind angegriffen wird, soll man ganz laut schreien, damit alle wissen, dass man Hilfe braucht. Das sagt die Polizei, hat auch schon mal eine Erzieherin erzählt.

»Wölfchen bellt. Ein Mann rennt auf Bastian zu. Ja, das ist einer der Räuber. In seinem Sack zappelt etwas. Hände greifen nach Bastian. Bekommen ihn zu packen und heben ihn hoch. ›Wölfchen, fass!‹, ruft Bastian und beißt gleich darauf dem Räuber in seine hässliche Nase. Jetzt nicht lockerlassen, wenn der Räuber schreit. Kinderräubern muss man die Nasen zerbeißen!«

Oh, wie das geblutet hat. Und wie der feige Räuber sich die Nase gehalten hat, als dann die Polizei kam. Wölfchen hat schnell noch einem anderen Räuber in den Hintern gebissen. (Bastian lacht.) Und alle haben gesagt, wie mutig Bastian war. Kein Kind wurde gestohlen. Bastian hat zwei Gläser Apfelsaft getrunken, damit der Geschmack von Räuberrotz wegging.

Ein drastisches Ende? Ja, allerdings. Eines allerdings, das nach beiden Seiten, der evolutionären wie der märchenhaften berechtigt ist. Beginnen wir mit der evolutionären. Das Kind, das fürchtet, entdeckt zu werden, kann nur hoffen. Hoffen, dass eben dies nicht geschieht. Wenn es aber *doch* geschehen wird? Diese Möglichkeit ist der Kern der verbleibenden Angst. Bastian wird noch erfahren, dass es viele, viele Geschichten gibt, in denen Kinder sich verstecken und trotzdem entdeckt werden.

Der Weg, den die Geschichte hier vorgibt, ist rabiat. Aber er stärkt das Selbstvertrauen des Jungen. Bastian muss nicht hoffen, dass er nicht entdeckt wird. Denn er kann kämpfen, wie David das gegen Goliath konnte.

Was nun das Märchenhafte angeht, das zu einem guten Ende geführt wird: Der Autor des Kleinen Hobbit, J. R. R. Tolkien, hatte ein großes Wissen über Märchen. Seine eigene Erzählweise lehnte sich an die der Märchen an. Und er betonte auch seinen Kritikern gegenüber, wie wichtig ein gutes Ende im Märchen sei. Wie dies herbeizuführen sei, benötige freilich mitunter einen heftigen Eingriff, eine, wie Tolkien es nannte, »Eucatastrophe«; eine »gute Katastrophe« also.[10] Genauso eine gute Katastrophe hat Bastians Mutter hier dem Traum hinzugefügt. Und ihm so eine schlüssige und vor allem emotional befriedigende Wendung gegeben.

Traum als Theater

So ergibt sich als familienfreundlichste Art, mit erzählten Träumen umzugehen, diejenige, die aufs Deuten eher verzichtet. Und zwar einerseits, weil das Deuten eine sehr verkopfte Praxis ist, die dem Kind meist wenig entspricht. Und auf der anderen Seite, weil Deutungen eine machtvolle Praxis darstellen. Wenn Therapeuten oder Analytikerinnen dies tun, dann hat man ihnen zuvor einen Behandlungsauftrag gegeben. Wo aber Mütter oder Väter ungefragt deuten, da begeben sie sich in eine Machtposition, die das kindliche Vertrauen schädigen kann.

An die Stelle des Deutens kann ein gemeinsames Erkunden treten. Dabei hilft es, wenn man sich vorstellt, dass Träume meist einer bestimmten

Dramaturgie folgen. Und die muss man sich tatsächlich vorstellen wie bei einem Theaterstück. C. G. Jung hat gezeigt, dass nahezu jeder umfangreichere Traum sich in vier Phasen unterteilen lässt, von denen jede ihre eigene Bedeutung hat.[11] Die erste Phase nannte Jung die »Exposition«. Kinder erzählen sie oft sehr einfach: *»Ich bin in meinem Klassenzimmer aus der Grundschule gewesen.«* Manchmal ist der Einstand aber auch gleich etwas verrätselter, das klänge zum Beispiel so: *»Ich bin da in einem Hotel gewesen, das war genau so wie in den Ferien, aber woanders.«* Hiermit wird der Ort der kommenden Handlung umrissen, worauf die wesentlichen Personen erscheinen. Das klingt dann ungefähr so: *»Da sind viele Kinder um mich herum, die ich alle nicht kenne.«* Oder auch zum Beispiel, wenn alles vertrauter ist: *»Mama und der nette dicke Mann vom Obstladen sitzen auf großen Stühlen am Swimmingpool.«*

Jetzt kennen wir den Ort des Traumgeschehens und wissen von den darin auftretenden Personen. Damit ist die Exposition abgeschlossen, und es beginnt das, was Jung »Verwicklung« nannte. Das könnte hier folgendermaßen klingen: *»Die Kinder gucken mich alle so an, als müsste ich irgendwas tun. Aber ich weiß nicht, was.«* Oder auch, auf den zweiten Traum bezogen: *»Mama schimpft mit dem dicken Mann, und plötzlich ist er gar nicht mehr nett. Er schaut sie sehr böse an.«*

Man merkt, in der Verwicklung wird ein Knoten geknüpft, irgendwas ist jetzt los im Traum, und das Kind weiß nicht, was.

In der dritten Phase des Traumtheaters – Jung spricht von der »Kulmination« oder »Peripetie« – geschieht etwas, was die Situation steigert, auf die Spitze treibt oder umschlagen lässt. Kinder wie Erwachsene beginnen diese Phase oft mit »Plötzlich …« oder »Und dann …« zu erzählen, man merkt schon, dass es jetzt dramatisch wird. Das könnte man sich in dem Klassenzimmer-Traum zum Beispiel so vorstellen: *»Eins von den Kindern ist plötzlich ganz groß und geht auf mich zu. Ich merke, das ist der Arzt von der Station, wo die Babys herkommen. Er fragt mich nach meinem Namen.«* Oder im Fall des Traums, der sich im Hotel ereignet: *»Und dann ist da ein ganz doller Regen. Alle werden furchtbar nass. Nur Mama hat einen Regenschirm, aber da lässt sie den Obstmann nicht drunter.«*

Nachdem der Traum so in die Steigerung hineingegangen ist, folgt schlussendlich eine Lösung des geschürten Konflikts. Entsprechend nannte Jung diese Phase die »Lysis«. Fehlt diese Phase, weil etwa der Wecker klingelt oder die Eltern das Kind wecken kamen, so wirkt der Traum seltsam unvollständig, was manchmal an einer von dem Traum zurückbleibenden Spannung erkennbar wird.

Wie kann das aussehen, was in der Phase der Lysis geschieht? Zum Beispiel so: *»Ich sage dem Arzt, wie ich heiße. Er sagt, dass er mir gratulieren möchte. Dann lachen alle Kinder im Klassenraum. Ich lache auch, aber ich bin nicht richtig froh.«* Man spürt hier, die Verwicklung hat sich gelöst, an die Stelle der Spannung ist eine Art Ende der Geschichte getreten, das aber emotional noch einiges offenlässt. Leicht vorzustellen, dass dies der Traum eines Jungen ist, der im Alter von acht Jahren noch ein Geschwisterchen bekommen wird. Ganz deutlich wird schließlich, wie aus der uneinsichtigen, ja bedrohlich scheinenden Situation am Ende eine emotionale Ambivalenz hervorgeht, die der echten Gefühlslage des Kindes entspricht.

Im zweiten Traumbeispiel erfolgt die Lysis etwas spektakulärer: *»Nun kommen viele Leute von der Straße gerannt, die wollen alle schwimmen. Der Regen wird stärker, bis man den Swimmingpool nicht mehr sieht. Der dicke Obstverkäufer springt dort hinein, und man kann ihn nicht mehr sehen. Mama und ich flüchten unter dem Regenschirm und laufen zum Hafen. Ein Schiff liegt im Hafen, das uns wegbringen wird. Das ist gut.«*

Das Mädchen, das diesen Traum träumt, hat vor Kurzem miterlebt, dass die Eltern seiner besten Freundin sich getrennt haben. Der Traum nimmt die unklaren, aber gleichwohl drängenden Sorgen des Mädchens, dass ihm etwas Ähnliches widerfahren könnte, auf. Dass ihr Vater im Traum keine Rolle spielt, könnte auf zweierlei hindeuten: Entweder ist er ein eher abwesender Vater, der im Gefühlsleben des Mädchens keine so große Rolle spielt. Oder der Vater der Freundin hat bei der Trennungsgeschichte eine eher blasse, kraftlose Rolle gespielt. In diesem Fall hätte unsere Träumerin die Mutter der Freundin als Schlüsselfigur erlebt und als diejenige, die Schutz und Sicherheit gewährt, wenn alles den Bach runtergeht. Dies hätte sie im Traum dann auf die eigene Mutter übertragen.

Die seelischen Wurzeln pflegen

Schriftsteller wie Erich Kästner und Astrid Lindgren haben gesagt, die besten Kinderbuchautoren seien die, die mit der eigenen Kindheit noch in dichtem Kontakt stünden. Ich glaube, mit dem Zugang zu kindlichen Träumen verhält es sich ähnlich. Er wird der Mutter oder dem Vater, dem Analytiker oder der Kinderpsychologin leichterfallen, wenn sie zu den eigenen Kindheitsträumen noch ein Verhältnis besitzen.

Solche Väter oder Mütter werden auch ein Gefühl dafür entwickeln können, wann ein Kind das Bedürfnis hat zu erzählen – und wann eher nicht. Träume sind ja etwas Privates, mitunter Intimes. Und auch ein Kind muss natürlich nicht wiedergeben, was ihm womöglich wie ein eigener nächtlicher Schatz erscheint.

Der Kinderpsychologe Bernhard Pietrowicz schrieb einmal hinsichtlich der Träume eines Kindes, dieses wisse sehr wohl, wie »fantastisch und undurchführbar« vieles darin sei. Dennoch benötige es die Träume, um zu sich selbst zu finden. Dabei sei das Gespräch mit den Eltern gar nicht zwingend nötig, wohl aber ihre Bereitschaft zum Zuhören.[12]

Hier ist eine Ergänzung fällig: Denn manchmal ist das Halt gebende Gespräch mit den Eltern sehr wichtig: wann immer nämlich Verstörendes, Angstmachendes, das Kind mit sich selbst Alleinlassendes in den Träumen auftaucht. Und wenn es sogar gelingt, in der Familie miteinander Träume anzuschauen, dann ist dies ein stärkendes, die seelischen Wurzeln pflegendes Ritual.

Was Kinder dagegen gar nicht brauchen können, sind »Hobby-Freuds«, die jedem Traumgeschehen sofort eine dem Kind oftmals fremde Bedeutung zumessen. Umso mehr aber lieben sie es, wenn Erwachsene mit ihnen gemeinsam die Traumwelten erkunden und entschlüsseln. Und last, but not least: Manche Träume darf man ja auch für sich behalten.

Danksagung

Ich empfinde Dankbarkeit für vieles, was meine Arbeit mit dem Traum angeregt, bestärkt und inhaltlich erweitert hat.

Ich danke den Teilnehmerinnen und Teilnehmern meiner Traum-Seminare, deren Fragen und Beiträge oftmals sehr wertvoll waren, ebenso wie den vielen Kolleginnen und Kollegen, mit denen ich über den Traum diskutierte. Es sind zu viele, um sie alle zu nennen; ich vertraue darauf, dass alle, die gemeint sind, sich gemeint fühlen werden.

Ich danke meiner Agentin Rebekka Goepfert, die als schirmende Kraft im Hintergrund wirkte, sowie meinen Lektorinnen Petra Dorn und Katharina Theml für hilfreiche Auseinandersetzung und freundlich-kritische Unterstützung.

Ich danke meiner Frau Melanie Rundel-Milzner, die meine erste Leserin ist und die meine forschende und publizistische Arbeit mit viel Anteilnahme und künstlerischer Intelligenz begleitet.

Ich danke meinen Kindern, mit denen großartige Diskussionen möglich sind und immer waren.

Insbesondere danke ich allen Kindern und Eltern, die ihre Träume mit mir geteilt haben. Sowie all denen, mit denen ich meine Träume teilen konnte.

Anmerkungen

1 Willkommen im Traumland

1 Walter Moers, *Wilde Reise durch die Nacht*. 4. Auflage. München: Goldmann 2009.

2 Stefan Klein, *Träume. Eine Reise in unsere innere Wirklichkeit*. 2. Auflage. Frankfurt am Main: Fischer 2017.

3 Jean-Bertrand Pontalis, »La pénétration du rêve«. Der Text erschien in: *Nouvelle Revue de Psychanalyse*, 5/1972, S. 257–271.

4 Hierzu mehr bei David Chamberlain, *Woran Babys sich erinnern. Über die Anfänge unseres Bewusstseins im Mutterleib*. 7. Auflage. München: Kösel 2010.

5 So der Hirnforscher Gerald Hüther in: Hüther, G. & Weser, I., *Das Geheimnis der ersten neun Monate. Reise ins Leben*. 2., erweiterte Neuausgabe, Beltz 2017.

6 Den Begriff »Hintergrundfilm« verwendet der Psychoanalytiker und Erforscher des vorgeburtlichen Lebens Ludwig Janus. Er wies immer wieder darauf hin, dass die vorgeburtliche Erfahrung nicht nur das individuelle Leben, sondern auch unsere Kultur beeinflusst. Hierzu etwa: Ludig Janus, »Prenatal Period of Life as a Matrix for our lives and our societies«, in: *International Journal of Prenatal and Perinatal Psychology and Medicine*, 22/2010, S. 46–55. Sowie vom selben Verfasser: »The Significance of Pregnancy and Birth for Cultural Evolution«, in: *Journal of Prenatal and Perinatal Psychology*, 30, 4/2016, S. 42–49.

7 Mehr dazu findet sich bei Martin Dornes, *Der kompetente Säugling. Die präverbale Entwicklung des Menschen*. 16. Auflage. Frankfurt am Main: S. Fischer 2015.

8 Otto Rank, *Der Mythos von der Geburt des Helden. Versuch einer psychologischen Mythendeutung*. Die zweite, erweiterte Auflage erschien 1922 in Leipzig bei Deuticke.

9 Otto Rank, *Das Trauma der Geburt und seine Bedeutung für die Psychoanalyse*. Leipzig: Internationaler Psychoanalytischer Verlag 1924.

10 Daniel N. Stern, *Die Lebenserfahrung des Säuglings*. Stuttgart: Klett-Cotta 2003.

11 Tiger, L. & McGuire, *M. God's Brain*. Amherst, N. Y.: Prometheus Books 2010.

12 Edouard Claparède, *Le Jeu chez l'Enfant*. Neuchâtel und Paris: Delachaux & Niestlé 1905.

13 Hierzu auch Eckart Rüther und Angelika Gruber-Rüther, »Traum – Affekt, Spiel, Theorie, Therapie«, in: *Psycho*, 26/2000, S. 250–258.

14 Siehe auch Thomas Metzinger, *Der Ego-Tunnel. Eine neue Philosophie des Selbst: Von der Hirnforschung zur Bewusstseinsethik*. Berlin: Berlin-Verlag 2009.

2 Warum die Resonanz der Eltern so wichtig ist

1 Hierzu mehr in Annemarie Schimmels Buch *Die Träume des Kalifen – Träume und ihre Deutung in der islamischen Kultur*. München: Beck 1998.

2 Stefan Klein, a. a. O.

3 Michel Magnin et al., »Thalamic deactivation at sleep onset precedes that of the cerebral cortex in humans«. Die Arbeit erschien im Jahr 2010 in: *Proceedings of the National Academy of Sciences of the United States of America*, 107, 8, S. 3829–3833.

4 Hierzu J. Allan Hobson, »Sleep is off the brain, by the brain and for the brain«, in: *Nature*, 437, 7063/2005, S. 1254–1256.

5 Eugene Aserinsky und Nathaniel Kleitman, »Regularly occuring periods of eye motility, and concomitant phenomena, during sleep«, in: *Science*, 118/1953, S. 273 f.

6 J. A. Hobson, *Dreaming as Delirium*. Das Buch erschien bei der zum MIT gehörigen Edition Bradford Books in Cambridge, Massachussetts 1999.

7 J. A. Hobson, *The Dream Drugstore*. Das Buch erschien im Jahr 2002 ebenfalls bei Bradford Books.

8 Wer hier noch weiter nachlesen will, kann auf Hobsons kurze Übersicht zurückgreifen, die in einer Reihe knapper Monographien bei der Oxford University Press erschien. Der Titel der Monographie lautet: *Dreaming. A Very Short Introduction*. Sie erschien 2011 in Oxford.

9 Ernest Hartmann, »Outline for a Theory on the Nature and Functions of Dreaming«. Der Aufsatz erschien in: *Dreaming*, 6/1996, S. 147–170.

10 Ernest Hartmann, *Dreams and nightmares. The origin and meaning of dreams*. Das Buch erschien 2001 in Cambridge, Massachusetts, bei Perseus Publishing.

11 Mehr über das Thema des zentralen Traumbilds in Hartmanns Buch *The Nature and Functions of Dreaming*. Oxford: Oxford University Press 2010.

12 Netta Weinstein, Rachel Campbell und Maarten Vansteenkiste, »Linking psychological need experiences to daily and recurring dreams«. Erschienen in: *Motivation and Emotion*, 2017, DOI 10. 1007/s11031-017-9656-0.

13 Domhoffs Werk *Finding Meaning in Dreams* ist Calvin Hall gewidmet und greift viel auf dessen Arbeiten zurück. Das Buch erschien 1996 in New York bei Plenum Press.

14 G. W. Domhoff, *The Scientific Study of Dreams*. Das Werk erschien 2002 als Druck der American Psychological Association in Washington, D. C.

15 Wer mehr über Winnicotts Erfahrungen und Sichtweisen wissen möchte, liest am besten weiter in: Donald W. Winnicott, *Von der Kinderheilkunde zur Psychoanalyse*. Das Buch erschien 2008 in Gießen beim Psychosozial-Verlag.

16 Heimo Schwilk, *Ernst Jünger. Ein Jahrhundertleben*. München: Piper 2007.

17 Hermann Hesse, *Die dunkle und wilde Seite der Seele*. Dieser Briefwechsel mit Hesses Psychoanalytiker Josef Bernard Lang erschien im Jahr 2006 bei Suhrkamp in Frankfurt am Main.

3 Nicht nur zum Fürchten da: Albträume

1 Margaret T. Floress et al., »Nightmare prevalence, distress, and anxiety among young children, in: *Dreaming*, 4/2016, S. 280–292.

2 Antti Revonsuo, *Inner presence. Consciousness as a biological phenomenon*. Cambridge: MIT-Press 2006.

3 Antti Revonsuo, »The reinterpretation of dreams: An evolutionary hypothesis of the function of dreaming«, in: *Behavioral and Brain Sciences*, 23, 6/2000, S. 877–901.

4 Hierzu auch Valli, K. & Revonsuo, A., »The threat simulation theory in the light of recent empirical evidence: A review«, in: *The American Journal of Psychology*, 122, 2009, S. 17–38.

5 Martina Köthe, Olaf Lahl und Reinhard Pietrowsky, »Habituelle Stressverarbeitung, Befindlichkeit und Verhalten nach Alpträumen«, in: *Zeitschrift für Klinische Psychologie und Psychotherapie*, 35, 4/2006, S. 306–313.

6 Hierzu Reinhard Pietrowsky und Martina Köthe, »Personal Boundaries and Nightmare Consequences in Frequent Nightmare Sufferers«, in: *Dreaming*, 13/2003, S. 245–254.

7 Ernest Hartmann, *Boundaries in the Mind. A New Psychology of Personality*. New York: Basic Books 1991.

8 Mehr bei Michael Schredl und Iris Reinhard, »Gender differences in nightmare frequency: A Meta-Analysis«, in: *Sleep Medicine Reviews*, 15/2011, S. 115–121.

4 Wie das Kind, so die Träume

1 Zu Unterschieden in den Träumen von Mädchen und Jungen hat insbesondere der Stuttgarter Psychoanalytiker Hans Hopf publiziert. Ich verweise stellvertretend auf diese zwei Arbeiten: »Geschlechtsunterschiede in Träumen – Inhaltsanalytische Erfassung von oknophilen und philobatischen

Traumbildern in den Träumen von Kindern und Jugendlichen«. Die Studie erschien in: *Praxis der Kinderpsychologie und Kinderpsychiatrie*, 41, 1992, 5, S. 176–184. Sowie vom selben Verfasser das Buch *Die Psychoanalyse des Jungen*, das 2014 in zweiter Auflage bei Klett-Cotta in Stuttgart erschien. Zu diesem Buch sei komplementär *Die Psychoanalyse des Mädchens* von Inge Seiffge-Krenke empfohlen, das 2017 ebenfalls bei Klett-Cotta erschien.

2 Michael Schredl, »Sex differences in dream aggression«, in: *Behavioral and Brain Sciences*, 32, 3–4/2009, S. 287 f.

3 Michael Schredl und Ruth Pallmer, »Geschlechtsspezifische Unterschiede in Angstträumen von Schülerinnen und Schülern«, in: *Praxis der Kinderpsychologie und Kinderpsychiatrie*, 47, 7/1998, S. 463–476.

4 M. Schredl und Ewald Piel, »Gender differences in dream recall: Data from four representative German samples«, in: *Personality and Individual Differences*, 35, 2003, S. 1185–1189.

5 Warum Kinder im Schlaf auch lernen können

1 Kenway Louie & Matthew A. Wilson, »Temporally Structured Replay of Awake Hippocampal Ensemble Activity during Rapid Eye Movement Sleep«, in: *Neuron*, 29, 2001, S. 145–156.

2 Hierzu zum Beispiel R. Stickgold und M. P. Walker, »Sleep dependant memory consolidation and reconsolidation«, in: *Sleep Medicine*, 8, 4/2007, S. 331–343. Sowie als neuere Studie etwa: I. Djonlagic, R. Stickgold et al., »First night of CPAP: impact on memory consolidation attention and subjective experience«, in: *Sleep Medicine*, 16, 6/2015, S. 697–702.

3 Hierzu Susanne Diekelmann und Jan Born, »The memory function of sleep«, in: *Nature Reviews Neuroscience*, 11, 2/2010, S. 114–126.

6 Konfliktträume: Wenn Menschen zwei Gesichter haben

1 *Die Traumdeutung* ist vielfach aufgelegt worden. Mir liegt die dritte Auflage vor, die 1911 bei S. Fischer in Frankfurt am Main erschien.

2 Katja Valli, »Dreaming in the multilevel framework«, in: *Consciousness and Cognition*, 20/2011, S. 1084–1090.

3 Siehe Katja Valli et al.: »Dreams are more negative than real life – Implications for the function of dreaming«, in: *Cognition and Emotion*, 22, 5/2008, S. 833–861.

4 Antti Revonsuo, Jarni Tuominen und Katja Valli, »The Avatars in the Machine. Dreaming as a Simulation of Social Reality«. Der Aufsatz erschien auf der von Thomas Metzinger und Jennifer Windt begründeten Plattform *Open Mind* im Jahr 2015.

5 Die Position, dass Träumen selbst ein therapeutischer Akt sei, wird zum Beispiel von der Wiener Traumforscherin Brigitte Holzinger vertreten. Hierzu auch Brigitte Holzinger, *Anleitung zum Träumen. Träume kreativ nutzen*. Das Buch erschien 2007 in Stuttgart bei Klett-Cotta.

7 Symbole: Die drei Fragezeichen der Traumdeutung

1 Wer hier mehr Interesse verspürt, sei auf Carlo Ginzburgs *Spurensicherung. Die Wissenschaft auf der Suche nach sich selbst* hingewiesen. Meine Ausgabe stammt von 1995 und erschien in Berlin bei Wagenbach.

2 Zu nennen wären hier Hans Hopf, *Träume von Kindern und Jugendlichen. Diagnostik und Psychotherapie*. Stuttgart: Kohlhammer 2007. Sowie Klaus-Uwe Adam, *Therapeutisches Arbeiten mit Träumen. Theorie und Praxis der Traumarbeit*. Berlin u. a. O.: Springer 2000.

3 Erich Fromm, *Märchen, Mythen, Träume. Eine Einführung in das Verständnis einer vergessenen Sprache*. Die zweite Auflage erschien 1981 in Reinbek bei Rowohlt.

4 Georg Milzner, »Die Ertrinkenden. Im Traum kann das Flussmotiv Freiheitsbote, dunkle Gefahr, mysteriöse Heimat gespenstischer Wesen oder sommerlicher Badespaß sein«, in: *Publik-Forum*, Juli 2018, S. 14ff.

5 William Domhoff, *The Emergence of Dreaming: Mind-Wandering, Embodied Simulation, and the Default Network*. New York: Oxford University Press 2018.

6 Verena Kast, *Traumbild Wüste. Von Grenzerfahrungen unseres Lebens*. Olten: Walter 1986.

7 Verena Kast, *Traumbild Auto. Von unserem täglichen Unterwegssein*. Olten: Walter 1987.

8 Stefan Klein, *Träume. Eine Reise in unsere innere Wirklichkeit*. Ich zitiere nach der Taschenbuchausgabe, die in zweiter Auflage 2017 bei Fischer in Frankfurt am Main erschien. Das Zitat steht auf S. 245.

8 Unheimliche Träume: Wie im Gruselfilm

1 Siegmund Freud, »Das Unheimliche«, in: *Imago*, 1919, Bd. 5, Heft 5/6, S. 297–324.

2 J. A. Hobson, *Dreaming as Delirium. How the Brain Goes Out of its Mind*. Cambridge, MA: Bradford Books 1999.

3 J. Allan Hobson, »A model for madness?«, in: *Nature*, 430, 6995/2004, S. 21.

4 Mehr hierzu in: Georg Milzner, *Die Poesie der Psychosen. Zur Hypnotherapie des Verrücktseins*. Das Buch erschien 2001 im Psychiatrie Verlag, Bonn.

5 James Allan Cheyne, »Recurrent isolated sleep paralysis«, in: Michael J.

Thorpy & Giuseppe Plazzi (eds.), *The Parasomnias and Other Sleep-Related Disorders*, S. 142–152. Cambridge: Cambridge University Press 2010.

6 J. A. Cheyne; S. D. Rueffer und I. R. Newby-Clark, »Hypnagogic and hypnopompig hallucinations during sleep paralysis: neurological and cultural construction of the nightmare«, in: *Consciousness and Cognition*, 8, 3/1999, S. 319–337.

7 Hierzu die Untersuchung von Pierre Rainville und D. D. Price, »Hypnosis Phenomenology and the Neurobiology of Consciousness«, in: *The International Journal of Clinical and Experimental Hypnosis*, 51, 2/2003, S. 105–129.

8 Ernest Hartmann, *Boundaries. A New Way to Look at the World.* Das Buch erschien 2011 in Summerland, Kalifornien bei Ever Press.

9 Wie Computerspiele bei Albträumen helfen

1 Michel Serres, *Erfindet euch neu! Eine Liebeserklärung an die vernetzte Generation*. Berlin: Suhrkamp 2013. Das Zitat steht auf Seite 14.

2 J. I. Gackenbach, B. Kuruvilla & R. Dopko, »Video game play and dream bizarreness«, in: *Dreaming*, 19, 4/2009, S. 218–231.

3 Die Aussage entstammt einem Gespräch, dass der Ethnologe und Schriftsteller Hans-Jürgen Heinrichs mit Virilio führte. Es erschien in der Zeitschrift *Akzente*, 3, 1999.

4 Das Buch erschien 2016 in Weinheim bei Beltz.

5 Jayne Gackenbach und Teace Snyder, *Play Reality. How Videogames Are Changing EVERYTHING*. Das Buch erschien 2012 bei der Self-Publishing-Plattform lulu.com, die ihren Sitz in Raleigh, North Carolina hat.

6 Antti Revonsuo, »Consciousness, dreams and virtual realities«, in: Philosophical *Psychology*, 8, 1/1995, S. 35–58.

7 J. I. Gackenbach; M. Darlington; M. L. Ferguson and A. Boyes, »Video Game Play as Nightmare Protection. A replication and extension«, in: *Dreaming*, 23, 2, 2013, S. 97–111.

8 J. I. Gackenbach, D. Swanston und H. Stark, »Effects of video game play versus meditation/prayer in waking and dreaming experiences«. Die Studie erschien 2016 in: *Journal of Transpersonal Psychology*, 47, 2, S. 1–31.

9 Paul Feyerabend, *Wissenschaft als Kunst*. Das Büchlein erschien 1995 bei Suhrkamp in Frankfurt am Main. Das Zitat steht auf S. 28.

10 T. B. A. Mason und A. I. Pack, »Sleep terrors in childhood«, in: *The Journal of Pediatrics*, 147/2005, S. 388–392.

11 Hierzu auch J. B. Murray, »Psychophysiological aspects of nightmares, night terrors and sleepwalking«, in: *The Journal of General Psychology*, 118/1991, 2, S. 113–127.

10 Luzide Träume: Was Kinder sich wünschen

1 F. W. van Eeden, »A Study of Dreams«. Der Text erschien in: *Proceedings of the Society for Psychical Research*, 1913, 26, S. 431–461.

2 Ursula Voss, »Lucid dreaming: Reflections on the role of intrespection«, in: *International Journal of Dream Research*, 2010, 3, 1, S. 52 f.

3 Mehr hierzu bei Inga Richter, »Träumen macht das Denken klar«. Der Text erschien im Wissenschaftsmagazin der Max-Planck-Gesellschaft, *Max Planck Forschung*, Heft 1/2015, S. 52–58.

4 Ursula Voss, »Lucid dreams unlock clues about consciousness«, in: *Scientific American Mind*, Ausgabe vom November 2011.

11 Übergangs-, Ablösungs- und Schwellenträume

1 Zur Bedeutung des raueren Spielens siehe auch: Stuart Brown, S. & Christopher Vaughan, *Play: How it shapes the brain, opens the imagination, and invigorates the soul.* Das Buch erschien 2009 bei Avery in New York.

2 Douwe Draaisma, *Wie wir träumen.* Das Buch erschien 2015 bei Galiani in Berlin.

3 William G. Niederland, »The Earliest Dreams of a Young Child«, in: *The Psychoanalytic Study of the Child*, 12, 1957, S. 190–208.

4 Vgl. auch Hanspeter Mathys, *Wozu werden Träume erzählt? Interaktive und kommunikative Funktionen von Traummitteilungen in der psychoanalytischen Therapie.* Gießen: Psychosozial Verlag 2010. Das Buch zeigt etwas, was meines Erachtens nicht auf psychoanalytische und psychotherapeutische Situationen beschränkt ist, sondern überall da gelten kann, wo dichte Beziehungen im Spiel sind.

5 Hierzu die Erziehungswissenschaftlerin Diane E. Levin und die Kritikerin der Werbeindustrie Jean Kilbourne, *So Sexy So Soon. The New Sexualized Childhood and What Parents Can Do to Protect Their Kids.* Das Buch erschien 2008 in New York bei Ballantine Books.

6 U. Moser und I. von Zeppelin, »›borderline‹ im Traumalltag«, in: *Psyche*, 58, 3/2004, S. 250–271.

12 »Erzähl mir von heute Nacht«: Traumgespräche

1 Sigmund Freud, »Der Dichter und das Phantasieren«, in: *Neue Revue*, Bd. 1, Heft 10/1908, S. 716–724.

2 Georg Milzner, »Das früh verengte Kind. Hirnforschung, sozialer Ausschluss und die Folgen der Frühförderung«, in: R. Kock und H. Günther (Hrsg.): *Lasst*

uns leben – lebt mit uns! Pädagogik der sozial Ausgeschlossenen. Frankfurt am Main u. a. O.: Peter Lang 2008, S. 43–64.

3 Georg Milzner, »Das nicht verwendbare Kind. Suggestionen zu AD(H)S«, in: *Sozialpsychiatrische Informationen*, 3, 2006, S. 24–32.

4 Mehr hierzu findet sich in Rossis Buch *Die Psychobiologie der Körper-Seele-Heilung. Neue Ansätze der therapeutischen Hypnose*, das 1991 in Essen bei Synthesis erschienen ist.

5 Hanne Seemann, *Kopfschmerzkinder. Was Eltern, Lehrer und Therapeuten tun können*. 2. Auflage. Stuttgart: Klett-Cotta 2013.

6 Verena Kast, »Träume werden zwischen den Menschen geträumt«, in: *Forum der Psychoanalyse*, 32, 3/2016, S. 219–231.

7 Hierzu auch Hans Hopf, »Vom Fliegen und Fallen und von der Sehnsucht nach einem geliebten Objekt«. Die Arbeit erschien in: *Kind und Umwelt*, 66/1990, S. 12–25.

8 Hierzu auch Daniel Barths Fallschilderung der sechsjährigen Anja, nachzulesen unter dem Titel: »Zur Reflexion im Traum. Oder ›Geht man mit der Mama im Heißluftballon verloren?‹«. Die Studie erschien 2012 in *Kinderanalyse*, 21, 1, S. 4–20.

9 Howard Gardner und Kathy Davis, *The App Generation: How Today's Youth Navigate Identity, Intimacy, and Imagination in a Digital World*. Die Studie erschien 2014 in New Haven bei Yale University Press.

10 Mehr hierzu, wie auch zu Märchen überhaupt, findet sich in: J. R. R. Tolkien, *Die Ungeheuer und ihre Kritiker. Gesammelte Aufsätze*. Das Buch erschien 1987 in Stuttgart bei Klett-Cotta.

11 Carl Gustav Jung, *Über psychische Energetik und das Wesen der Träume*. Die zweite Auflage, aus der ich dies entnehme, erschien 1948 bei Rascher in Zürich.

12 Bernhard Pietrowicz, *Auffällige Kinder. Beispiele und Ratschläge*. Die 14. Auflage erschien 1990 in Bochum bei Ferdinand Kamp.

Literatur

Adam, K.-U.: *Therapeutisches Arbeiten mit Träumen. Theorie und Praxis der Traumarbeit.* Berlin u. a. O.: Springer 2000.

Aserinsky, E. & Kleitman, N.: »Regularly occuring periods of eye motility, and concomitant phenomena, during sleep«, in: *Science*, 118, 2000, S. 273 f.

Bachelard, G.: *Das Wasser und die Träume. Versuch über die Imagination der Materie.* Frankfurt am Main: Suhrkamp 1998.

Barth, D.: »Zur Reflexion im Traum. Oder ›Geht man mit der Mama im Heißluftballon verloren?‹«, in: *Kinderanalyse*, 21, 1, 2012, S. 4–20.

Brown, S. & Vaughan, C.: *Play: How it shapes the brain, opens the imagination, and invigorates the soul.* New York: Avery 2009.

Chamberlain, D.: *Woran Babies sich erinnern: Über die Anfänge unseres Bewusstseins im Mutterleib.* 7. Auflage. München: Kösel 2010.

Cheyne, J. A.: »Recurrent isolated sleep paralysis«, in: M. J. Thorpy & G. Plazzi (eds.): *The Parasomnias and Other Sleep-Related Disorders.* Cambridge: Cambridge University Press 2010.

Cheyne, J. A.; Rueffer, S. D. & Newby-Clark, I. R.: »Hypnagogic and hypnopompig hallucinations during sleep paralysis: neurological and cultural construction of the nightmare«, in: *Consciousness and Cognition*, 8, 3, 1999, S. 319–337.

Claparède, E.: *Le Jeu chez l'Enfant.* Neuchâtel und Paris: Delachaux & Niestlé 1905.

Diekelmann, S. & Born, J.: »The memory function of sleep«, in: *Nature Reviews Neuroscience*, 11, 2, 2010, S. 114–126.

Djonlagic, I.; Guo, M.; Matteis, P.; Carusona, A.; Stickgold, R. & Malhotra, A.: »First night of CPAP: impact on memory consolidation attention and subjective experience«, in: *Sleep Medicine*, 16, 6, 2015, S. 697–702.

Domhoff, G. W.: *Finding Meaning in Dreams. A Quantitative Approach.* New York: Plenum Press 1996.

Domhoff, G. W.: *The Scientific Study of Dreams. Neural Networks, Cognitive Development, and Content Analysis.* Washington, D. C.: APA Press 2002.

Domhoff, W.: *The Emergence of Dreaming: Mind-Wandering, Embodied Simulation, and the Default Network.* New York: Oxford University Press 2018.

Dornes, M.: *Der kompetente Säugling. Die präverbale Entwicklung des Menschen.* 16. Auflage. Frankfurt am Main: Fischer 2015.

Draaisma, D.: *Wie wir träumen.* Berlin: Galiani 2015.

Feyerabend, P.: *Wissenschaft als Kunst.* Frankfurt am Main: Suhrkamp 1985.

Floress, M. T.; Kuhn, B. R.; Bernas, R. S. & Dandurand, M.: »Nightmare prevalence, distress, and anxiety among young children«, in: *Dreaming*, 4, 2016, S. 280–292.

Freud, S.: »Der Dichter und das Phantasieren«, in: *Neue Revue*, Bd. 1, Heft 10, 1908, S. 716–724.

Freud, S.: *Die Traumdeutung*. 3. Auflage. Frankfurt am Main: Fischer 1911.

Freud, S.: »Das Unheimliche«, in: *Imago*, Bd. 5, Heft 5/6, 1919, S. 297–324.

Fromm, E.: *Märchen, Mythen, Träume. Eine Einführung in das Verständnis einer vergessenen Sprache*. 2. Auflage. Reinbek: Rowohlt 1981.

Gackenbach, J.; Kuruvilla, B. & Dopko, R.: »Video game play and dream bizarreness«, in: *Dreaming*, 19, 4, 2009, S. 218–231.

Gackenbach, J. & Snyder, T.: »Play Reality. How Videogames Are Changing EVERYTHING«. Raleigh: lulu.com. (BoD) 2012.

Gackenbach, J.; Darlington, M.; Ferguson, M. L. & Boyes, A.: »Video Game Play as Nightmare Protection. A replication and extension«, in: *Dreaming*, 23, 2, 2012, S. 97–111.

Gackenbach, J.; Swanston, D. & Stark, H.: »Effects of video game play versus meditation/prayer in waking and dreaming experiences«, in: *Journal of Transpersonal Psychology*, 47, 2, 2016, S. 1–31.

Gardner, H. & Davis, K.: *The App Generation: How Today's Youth Navigate Identity, Intimacy, and Imagination in a Digital World*. New Haven: Yale University Press 2014.

Ginzburg, C.: *Spurensicherung. Die Wissenschaft auf der Suche nach sich selbst*. Berlin: Wagenbach 1995.

Hartmann, E.: *Boundaries in the Mind. A New Psychology of Personality*. New York: Basic Books 1991.

Hartmann, E.: »Outline for a Theory on the Nature and Functions of Dreaming«, in: *Dreaming*, 6, 1996, S. 147–170.

Hartmann, E.: *Dreams and nightmares. The origin and meaning of dreams*. Cambridge, MA.: Perseus Publishing 2001.

Hartmann, E.: *The Nature and Functions of Dreaming*. Oxford: Oxford University Press 2010.

Hartmann, E.: *Boundaries. A New Way to Look at the World*. Summerland, CA.: Ever Press 2011.

Hesse, H.: »*Die dunkle und wilde Seite der Seele*«. *Der Briefwechsel mit seinem Psychoanalytiker Josef Bernard Land 1916–1945*. Frankfurt am Main: Suhrkamp 2006.

Hobson, J. A.: *Dreaming as Delirium. How the Brain Goes Out of its Mind*. Cambridge, MA.: Bradford Books 1999.

Hobson, J. A.: *The Dream Drugstore. Chemically Altered States of Consciousness*. Cambridge, MA.: Bradford Books 2002.

Hobson, J. A.: »A model for madness?«, in: *Nature*, 430, 6995, 2004, S. 21.

Hobson, J. A.: »Sleep is off the brain, by the brain and for the brain«, in: *Nature*, 437, 7063, 2005, S. 1254 ff.

Hobson, J. A.: *Dreaming. A Very Short Introduction*. Oxford. Oxford University Press 2011.

Holzinger, B.: *Anleitung zum Träumen. Träume kreativ nutzen*. Stuttgart: Klett-Cotta 2007.

Hopf, H.: »Vom Fliegen und Fallen und von der Sehnsucht nach einem geliebten Objekt«, in: *Kind und Umwelt*, 66, 1990, S. 12–25.

Hopf, H.: »Geschlechtsunterschiede in Träumen – Inhaltsanalytische Erfassung von oknophilen und philobatischen Traumbildern in den Träumen von Kindern und Jugendlichen«, in: *Praxis der Kinderpsychologie und Kinderpsychiatrie*, 41, 5, 1992, S. 176–184.

Hopf, H.: *Träume von Kindern und Jugendlichen. Diagnostik und Psychotherapie*. Stuttgart: Kohlhammer 2007.

Hopf, H.: *Die Psychoanalyse des Jungen*. 2. Auflage. Stuttgart: Klett-Cotta 2014.

Hopf, H.: *Kinderträume verstehen*. 2. Auflage. Frankfurt am Main: Mabuse-Verlag 2016.

Hüther, G. & Weser, I., *Das Geheimnis der ersten neun Monate. Reise ins Leben*. 2., erweiterte Neuausgabe. Weinheim: Beltz 2017

Janus, L.: »Prenatal Period of Life as a Matrix for our lives and our societies«, in: *International Journal of Prenatal and Perinatal Psychology and Medicine*, 22, 2010, S. 46–55.

Janus, L.: »The Significance of Pregnancy and Birth for Cultural Evolution«, in: *Journal of Prenatal and Perinatal Psychology*, 30, 4, 2016, S. 42–49.

Jung, C. G.: *Über psychische Energetik und das Wesen der Träume*. 2. Auflage. Zürich: Rascher 1948.

Kast, V.: *Traumbild Wüste. Von Grenzerfahrungen unseres Lebens*. Olten: Walter 1986.

Kast, V.: *Traumbild Auto. Von unserem täglichen Unterwegssein*. Olten: Walter 1987.

Kast, V.: »Träume werden zwischen den Menschen geträumt«, in: *Forum der Psychoanalyse*, 32, 3, 2016, S. 219–231.

Klein, S.: *Träume. Eine Reise in unsere innere Wirklichkeit*. 2. Auflage. Frankfurt am Main: Fischer 2017.

Köthe, M.; Lahl, O. & Pietrowsky, R.: »Habituelle Stressverarbeitung, Befindlichkeit und Verhalten nach Alpträumen«, in: *Zeitschrift für Klinische Psychologie und Psychotherpie*, 35, 4, 2006, S. 306–313.

Levin, D. E. & Kilbourne, J.: *So Sexy So Soon. The New Sexualized Childhood and What Parents Can Do to Protect Their Kids*. New York: Ballantine Books 2008.

Louie, K. & Wilson, M. A.: »Temporally Structured Replay of Awake Hippocampal Ensemble Activity during Rapid Eye Movement Sleep«, in: *Neuron*, 29, 2001, S. 145–156.

Magnin, M.; Rey, M.; Bastuji, H.; Guillemant, P.; Mauguière, F. & Garcia-Larrea, L.: »Thalamic deactivation at sleep onset precedes that of the cerebral cortex in humans«, in: *Proceedings of the National Academy of Sciences of the United States of America*, 107, 8, 2010, S. 3829–3833.

Mason, T. B. A. & Pack, A. I.: »Sleep terrors in childhood«, in: *The Journal of Pediatrics*, 147, 2005, S. 388–392.

Mathys, H. P.: *Wozu werden Träume erzählt? Interaktive und kommunikative Funktionen von Traummitteilungen in der psychoanalytischen Therapie*. Gießen: Psychosozial-Verlag 2010.

Metzinger, T.: *Der Ego-Tunnel. Eine neue Philosophie des Selbst: Von der Hirnforschung zur Bewusstseinsethik*. Berlin: Berlin-Verlag 2009.

Milzner, G.: *Die Poesie der Psychosen. Zur Hypnotherapie des Verrücktseins*. Bonn: Psychiatrie-Verlag 2001.

Milzner, G.: »Das nicht verwendbare Kind. Suggestionen zu AD(H)S«, in: *Sozialpsychiatrische Informationen*, 3, 2006, S. 24–32.

Milzner, G.: »Das früh verengte Kind. Hirnforschung, sozialer Ausschluss und die Folgen der Frühförderung«, in: R. Kock und H. Günther (Hrsg.): *Lasst und leben – lebt mit uns! Pädagogik der sozial Ausgeschlossenen*. Frankfurt am Main u. a. O.: Peter Lang 2008, S. 43–64.

Milzner, G.: *Digitale Hysterie. Warum Computer unsere Kinder weder dumm noch krank machen*. Weinheim: Beltz 2016.

Milzner, G.: »Die Ertrinkenden. Im Traum kann das Flussmotiv Freiheitsbote, dunkle Gefahr, mysteriöse Heimat gespenstischer Wesen oder sommerlicher Badespaß sein«, in: *Publik-Forum, Juli-Ausgabe*, 2018, S. 14–16.

Moers, W.: *Wilde Reise durch die Nacht*. 4. Auflage. München: Goldmann 2009.

Moser, U. & von Zeppelin, I.: »›borderline‹ im Traumalltag«, in: *Psyche*, 58, 3, 2004, S. 250–271.

Murray, J. B.: »Psychophysiological aspects of nightmares, night terrors and sleepwalking«, in: *The Journal of General Psychology*, 118, 2, 1991, S. 113–127.

Niederland, W. G.: »The Earliest Dreams of a Young Child«, in: *The Psychoanalytic Study of the Child*, 12, 1957, S. 190–208.

Pietrowicz, B.: *Auffällige Kinder. Beispiele und Ratschläge*. 14. Auflage. Bochum: Ferdinand Kamp 1990.

Pietrowsky, R. & Köthe, M.: »Personal Boundaries and Nightmare Consequences in Frequent Nightmare Sufferers«, in: *Dreaming*, 13, 2003, S. 245–254.

Pontalis, J.-B.: »La pénétration du rêve«, in: *Nouvelle Revue de Psychanalyse*, 5, 1972, S. 257–271,

Rainville, P. & Price, D. D.: »Hypnosis Phenomenology and the Neurobiology of Consciousness«, in: *The International Journal of Clinical and Experimental Hypnosis*, 51, 2, 2003, S. 105–129.

Rank, O.: *Der Mythos von der Geburt des Helden. Versuch einer psychologischen Mythendeutung*. 2. erweiterte Auflage. Leipzig: Deuticke 1922.

Rank, O.: *Das Trauma der Geburt und seine Bedeutung für die Psychoanalyse*. Leipzig: Internationaler Psychoanalytischer Verlag 1924.

Rasch, B.; Büchel, C.; Gais, S. & Born, J.: »Odor cues during slow-wave sleep prompt declarative memory consolidation«, in: *Science*, 315, 5817, 2007, S. 1426–1429.

Revonsuo, A.: »Consciousness, dreams and virtual realities«, in: *Philosophical Psychology*, 8, 1, 1995, S. 35–58.

Revonsuo, A.: »The reinterpretation of dreams: An evolutionary hypothesis of the function of dreaming«, in: *Behavioral and Brain Sciences*, 23, 6, 2000, S. 877–901.

Revonsuo, A.: *Inner presence. Consciousness as a biological phenomenon*. Cambridge: MIT-Press 2006.

Revonsuo, A.; Tuominen, J. & Valli, K.: »The Avatars in the Machine – Dreaming as a Simulation of Social Reality«, in: T. Metzinger & J. M. Windt (Eds). *Open MIND: 32(T)*. Frankfurt am Main: MIND Group 2015. Doi: 10.15502/9783958570375.

Richter, I.: »Träumen macht das Denken klar«, in: *Max Planck Forschung*, 1, 2015, S. 52–58.

Riedel, I.: »Dinos, Zauberer und Engel – Konstellationen des kollektiven Unbewussten oder Modetrends?«, in: *Analytische Psychologie*, 34, 4, 2003, S. 251–265.

Rossi, E. L.: *Die Psychobiologie der Körper-Seele-Heilung. Neue Ansätze der therapeutischen Hypnose*. Essen: Synthesis 1991.

Rüther, E. & Gruber-Rüther, A.: »Traum – Affekt, Spiel, Theorie, Therapie«, in: *Psycho*, 26, 2000, S. 250–258.

Schimmel, A.: *Die Träume des Kalifen. Träume und ihre Deutung in der islamischen Kultur*. Müchen: Beck 1998.

Schredl, M.: »Sex differences in dream aggression«, in: *Behavioral and Brain Sciences*, 32, 3/4, 2009, S. 287 f.

Schredl, M. & Pallmer, R.: »Geschlechtsspezifische Unterschiede in Angstträumen von Schülerinnen und Schülern«, in: *Praxis der Kinderpsychologie und Kinderpsychiatrie*, 47, 7, 1998, S. 463–476.

Schredl, M. & Piel, E.: »Gender differences in dream recall: data from four representative German samples«, in: *Personality and Individual Differences*, 35, 2003, S. 1185–1189.

Schredl, M. & Reinhard, I.: »Gender differences in nightmare frequency: A Meta-Analysis«, in: *Sleep Medicine Reviews*, 15, 2011, S. 115–121.

Schwilk, H.: *Ernst Jünger. Ein Jahrhundertleben*. München: Piper 2007.

Seemann, H : *Kopfschmerzkinder. Was Eltern, Lehrer und Therapeuten tun können*. 2. Auflage. Stuttgart: Klett-Cotta 2013.

Seiffge-Krenke, I.: *Die Psychoanalyse des Mädchens*. Stuttgart: Klett-Cotta 2017.

Serres, M.: Erfindet euch neu! *Eine Liebeserklärung an die vernetzte Generation*. Berlin: Suhrkamp 2013.

Stern, D. N.: *Die Lebenserfahrung des Säuglings*. Stuttgart: Klett-Cotta 2003.

Stickgold, R. & Walker, M. P.: »Sleep dependant memory consolidation and reconsolidation«, in: *Sleep Medicine*, 8, 4, 2007, S. 331–343.

Tiger, L. & McGuire, M.: *God's Brain*. Arnherst, N. Y.: Prometheus Books 2010.

Tolkien, J. R. R. (1987). Die Ungeheuer und ihre Kritiker. Gesammelte Aufsätze. Stuttgart: Klett-Cotta.

Valli, K.: »Dreaming in the multilevel framework«, in: *Consciousness and Cognition*, 20, 2011, S. 1084–1090.

Valli, K.; Strandholm, T.; Sillanmäki, L. & Revonsuo, A.: »Dreams are more negative than real life – Implications for the function of dreaming«, in: *Cognition and Emotion*, 22, 5, 2008, S. 833–861.

Valli, K. & Revonsuo, A.: »The threat simulation theory in the light of recent empirical evidence: A review«, in: *The American Journal of Psychology*, 122, 2009, S. 17–38.

Van Eeden, F. W.: »A Study of Dreams«, in: *Proceedings of the Society for Psychical Research*, 26, 1913, S. 431–461.

Virilio, P.: »›Man muss das Feuer durchschreiten, um es zu zivilisieren.‹ Ein Gespräch von Hans-Jürgen Heinrichs«, in: *Akzente*, 3, 1999, S. 260–287.

Voss, U.: Lucid dreaming: »Reflections on the role of intrespection«, in: *International Journal of Dream Research*, 3, 1, 2010, S. 52 f.

Voss, U.: »Lucid dreams unlock clues about consciousness«, in: *Scientific American Mind*, November, 2011, S. 33 ff.

Weinstein, N.; Campbell, R. & Vansteenkiste, M.: »Linking Psychological Need Experiences to Daily and Recurring Dreams«, in: *Motivation and Emotion*, 2017, DOI 10. 1007/s11031-017-9656-0.

Winnicott, D. W.: *Von der Kinderheilkunde zur Psychoanalyse*. Gießen: Psychosozial-Verlag 2008.